一本关于幸福的
天然属性与后天培养的书

HAPPINESS

幸福的心理学

[美] 戴维·吕肯（David Lykken） 著

黄敏儿　崔丽弦　袁俏芸　马淑蕾
胡艳华　张小东　王筠榕　等译

著作权合同登记　图字:01-2004-3193 号

图书在版编目(CIP)数据

幸福的心理学/(美)吕肯著;黄敏儿等译.—北京:北京大学出版社,2008.1
ISBN 978-7-301-12922-7

Ⅰ.幸…　Ⅱ.①吕…②黄…　Ⅲ.幸福-研究　Ⅳ.B82

中国版本图书馆 CIP 数据核字(2007)第 168890 号

Copyrights © 1999 by David Lykken
All rights reserved.

书　　名:	幸福的心理学
著作责任者:	〔美〕戴维·吕肯(David Lykken) 著　黄敏儿 等译
责任编辑:	陈小红
标准书号:	ISBN 978-7-301-12922-7/B·0710
出版发行:	北京大学出版社
地　　址:	北京市海淀区成府路 205 号　100871
网　　址:	http://www.pup.cn　电子信箱:zpup@pup.pku.edu.cn
电　　话:	邮购部 62752015　发行部 62754140　编辑部 62752038
	出版部 62754962
印刷者:	北京大学印刷厂
经销者:	新华书店
	890 毫米×1240 毫米　A5　8.5 印张　210 千字
	2008 年 1 月第 1 版　2010 年 7 月第 2 次印刷
定　　价:	25.00 元

未经许可,不得以任何方式复制或抄袭本书之部分或全部内容。
版权所有,侵权必究
举报电话:010-62752024　电子信箱:fd@pup.pku.edu.cn

本书献给我所有的孙儿孙女：

劳拉，埃里克，萨拉，泽克，阿丁，卡尔，走克，罗克桑娜，奥利弗和埃兹拉，

他们都姓"Lykken"，在挪威语里意思就是"幸福"。

致中国读者

在人类所有与生俱来的情绪中——例如,愤怒、恐惧、悲伤、嫉妒、情欲等,幸福感或主观良好感觉最持久,并具有最重要的适应价值。假如那些产生具体情绪的大脑机能突然停止工作,我们大多数人也都还可以保持快乐的、相对正常和适应的样子。如果机器人最终被发明,他们可以正常地交流和解决问题,正如你我一样;可是,他们不可能成为一个机敏且恰到好处的雇员或同事,除非我们给他们装上一套"幸福系统",这套装置可以使人类(或机器人)产生适当的和适应的行为。假如没有对有用的行为或富有成果行为的享受能力,人类大脑——宇宙中最复杂的装置将基本上成为废物,而其拥有者——人类也将很快灭绝。

上面所列的那些情绪大多数是短暂的,并具有特定的情景性。如果你要求他人用一个0~10的尺度去评定现在正在感受的愤怒(或恐惧、嫉妒、情欲等)程度如何?——大多数的反应可能是0。假如你用同样的尺度让同样的人群去评定他们的主观幸福感,大多数的回答都高于0。感觉快乐是适应的。快乐的感受足以使人高兴起来去做一些有益的事情,对周围感兴趣,去学习技能。而且,快乐的人更健康、更有吸引力,有更大可能找到配偶(伴侣)和繁衍后代。

假如我们让同样的人群一周或一年之后重复评定他们的主观幸福感,每个人都会给出一个评定的范围,从高到低。这些数值的平均值,我称之为**"幸福定点"**,在人与人之间可能存在一定的差异(例如1~5)。当有好事发生时,他们会感受到短暂的快乐、喜悦或满意；当有不幸发生时，这些评定人将遭遇负情绪，其主观幸福感将会下降到低于他们的幸福定点，甚至会跌落 0 点。

大多数快乐的起伏是短暂的，最多持续 1~2 个小时或 1~2 天。"大喜"与"大悲"对主观幸福感的增强或减少可产生长时间的持续作用，但大多数人可以在几个月内恢复到他们内在的幸福定点，就算是中了彩票大奖，或者是遭受严重的身体伤害。如果那些具有人工智能的机器人处于过高或过低的快乐水平，也不再有用。我们是有血有肉的人，类似地，如果我们进入持久的狂喜和抑郁状态，也将不再具有适应能力。

所以，幸福感不仅是主观上的愉悦感，它对人生也很重要。我想，这本书将呈现给大家的是，我们所了解的心理学和遗传学对幸福的研究，以及个人如何能管理自己，以恢复或达到更高的幸福定点。而且，也包括如何使自己避免落入低谷，陷入恐惧、抑郁及神经过敏。本书还将讨论如何为我们的配偶、子女甚至身边所有的人创造快乐和幸福的家庭生活。

我很高兴也很荣幸可以与中国读者一起分享这些想法。在我的印象中，中国人特别具有建设性和富于成效性。如果是这样，那么，你们很可能都可以"达到或恢复到较高的幸福定点"。让我们一起加油吧！

戴维·吕肯

英文版引言

我写作这本书纯属偶然。当时《心理科学》（美国心理协会的一份杂志）上曾刊出一篇论文，指出主观上的良好感觉（或称幸福感）大部分与收入水平、教育成就、社会地位无关，与已婚还是单身也无关*。该论文作者，美国密歇根 Hope 学院的戴维·迈尔斯、伊利诺伊大学的埃德·迪纳都是这个领域倍受尊敬的研究者，他们对自己的研究结果感到震惊，并给予了慎重的思考。同样，我这也有类似的几千个中年人的数据，这些数据来自明尼苏达州具有高度代表性的样本。这些数据包括由我的同事奥克·特勒根编制的含有自我良好感觉量表的人格问卷。因为我们了解这些样本中每个人的人口学资料，如教育年限、大概的年收入、职业等。我们可以重复迈尔斯和迪纳的研究，看看在不同样本中，对相关的变量进行不同测量是否也可以得到一样的结果。

我们的被试都是双胞胎。他们的记录从出生时开始，一直保持，而且受聘参与长期的研究。我们可以看到那些在遗传上属同卵双胞的人，尽管在不同的生活环境中成长，他们的幸福感的相似性在平均数上高于那些性别相同的异卵双胞，即在基因上只有一半相似性的人。如果真是这样，就意味着个人的主观幸福感在平均水平上受母亲怀孕时基因排列的影响。于是，特勒根和我赶忙分析数据，并于 1996 年将结果发表在《心理科学》杂志上**。结

---

* Myers D G, Diner E. Who is happy? Psychological Science, 1995, 6: 10~19.

** Lykken D T, Tellegen A. Happiness is a stochastic phenomemon. Psychological Science, 1996, 7: 186~189.

果在媒体上引起了一连串的空前的轰动效应。许多文章出现在《纽约时报》、《洛杉矶时报》、《华盛顿邮报》、《华尔街杂志》、《伦敦时报》、《每日快报》、《每日邮报》,在意大利的 *La Repubblica* 和加拿大的《太阳报》,德国的 *Stern* 杂志,西班牙的 *El Tiempo*,加拿大的 *Maclean's*,在《新闻周刊》、《财富》及《福布尔》等,乃至如《科学》、《科学新闻》和《自然·遗传》等以科学家为读者的杂志上。特勒根和我接到了没完没了的电台的采访邀请(特勒根甜美的荷兰口音尤其吸引听众)。毫无疑问,公众对幸福感很有兴趣。

我们在《心理科学》上的文章的最后一段话引起了媒体的注意,却令我越来越不安。现有研究发现,幸福感有着极强的遗传根源。同卵双胞胎中,一个人的幸福感可以预测另一个人的幸福感。我们曾经这样写道:"努力追求幸福如同努力使自己长得更高一样,都是徒劳的。"后来,许多证据表明,如此悲观的结论并没有太多的依据。事实上,我相信这是错的。一家著名的出版代理公司建议我可以写一本书去解释我所认为的我们知道的人类幸福的来源,以及人类不幸福的来源,即"幸福盗贼"。我认为这是一个有价值和有意思的项目,并决定借此机会纠正那个错误的结论。

能够完成本书受惠于我的妻子哈瑞特和我的儿子约瑟、约瑟夫和马修。他们阅读了书稿的多个章节,并提出了有用的建议。我以前的导师,也是一位老朋友,保罗·梅尔和他的妻子莱斯莉·永斯,也慷慨地花了许多时间来阅读书稿,并提出了许多有帮助的建议。有兴趣的读者还可以去阅读迈尔斯精彩的著作《追求幸福》*,其中涉及了一些相同的资料,也非常精彩。

---

* Myers D G. The Pursuit of Happiness. New York: Avon Book, 1992.

目　　录

第一部分　幸福的可遗传性

1 **幸福的人类** ………………………………………… (3)
　　进化心理学 ………………………………………… (10)
　　进化的改变和遗传的变异 ………………………… (13)
　　成功不能导致幸福 ………………………………… (14)
　　适应 ………………………………………………… (16)
　　产生幸福的特质 …………………………………… (19)
　　效能感动机 ………………………………………… (19)
　　抚养 ………………………………………………… (20)
　　自我意识 …………………………………………… (22)
　　对未来的预期 ……………………………………… (22)
　　替代的经历 ………………………………………… (23)
　　审美快乐 …………………………………………… (24)
　　好奇心 ……………………………………………… (26)
　　小结 ………………………………………………… (27)

2 **幸福定点：平均幸福感的个体差异及原因** ……… (30)
　　你当前的幸福水平是多少？ ……………………… (31)
　　评估幸福的遗传性 ………………………………… (34)
　　分开抚养的双胞胎的研究 ………………………… (36)
　　一些可遗传的心理特质的例子 …………………… (39)
　　兴趣 ………………………………………………… (39)
　　非家族遗传的基因特质 …………………………… (40)

智力 …………………………………………………… (41)
自闭症和模块式大脑 ………………………………… (42)
IQ 的遗传性 …………………………………………… (46)
基因差异是如何导致心理差异的？ ………………… (47)
一个真正的"自造"的人 ……………………………… (49)
幸福的可遗传性 ……………………………………… (50)
可遇但不可求的幸福 ………………………………… (52)
改变你的幸福定点 …………………………………… (54)

第二部分 幸福感的缔造者

3 效能感与娱乐 …………………………………………… (65)
　心理能量 ……………………………………………… (67)
　效能感驱动力 ………………………………………… (71)
　娱乐 …………………………………………………… (74)
4 快乐的老饕 ……………………………………………… (78)
　烹饪 …………………………………………………… (83)
　种菜 …………………………………………………… (85)
5 劳动带来的幸福 ………………………………………… (88)
　高效的员工→快乐的员工→高效的员工 ………… (93)
　一个关于幸福的实验 ………………………………… (93)
　来自现实世界的建议 ………………………………… (96)
　皮特法则 ……………………………………………… (99)
　楼上楼下 ……………………………………………… (100)
　沉浸 …………………………………………………… (103)

第三部分 幸福的家庭

6 幸福的父母 ……………………………………………… (111)

全职母亲 ································ (116)
7 幸福的宝宝 ································ (120)
　　摇篮里的婴儿 ································ (122)
　　幸福的母亲 ································ (128)
8 快乐的孩子 ································ (132)
　　快乐的孩子是社会化良好的孩子 ········ (136)
　　对立违抗障碍诊断标准 ················· (140)
　　品行障碍诊断标准 ······················· (143)
　　精神病患者 ································ (144)
　　预防初期精神病患者 ···················· (149)
　　社会病态 ································· (151)
　　单身父母 ································· (152)
9 宠物之乐 ································· (156)
　　为宠物而写的后记 ······················· (160)

第四部分　性别问题

10 性别差异 ································ (165)
　　兴趣的性别差异 ·························· (168)
　　身体魅力与幸福 ·························· (171)
　　幸福的性别差异 ·························· (172)
　　社会关系中的性别差异 ················· (173)
11 如何保持婚姻的幸福 ················· (177)
　　迷恋的心理学 ····························· (178)
　　人们为什么会恋爱？ ···················· (181)
　　这些都意味着什么？ ···················· (186)
　　离婚的遗传学 ····························· (188)
　　婚姻中的幸福 ····························· (190)

个人特质 ……………………………………… (190)
　　嫉妒 ………………………………………… (191)
　　怨恨 ………………………………………… (193)
　　积极强化的作用 ……………………………… (194)
　　一个家庭的爱情故事 ………………………… (195)

第五部分　幸福的盗贼

12　盗贼之一：抑郁 ……………………………… (203)
　　百忧解的意义 ………………………………… (210)
13　盗贼之二：畏惧和害羞 ……………………… (214)
　　舞台惊恐 ……………………………………… (219)
　　应对畏惧和紧张 ……………………………… (220)
　　人们将会怎么想（WWPT）………………… (222)
14　盗贼之三：愤怒和怨恨 ……………………… (225)
　　怨恨 …………………………………………… (230)

第六部分　幸福的长者

15　愉快的退休生活 ……………………………… (235)
　　什么令老人如此快乐？ ……………………… (238)
　　那再也不是我的问题了 ……………………… (240)
　　事情是越变越好，还是越变越糟？ ………… (243)
16　最后一章 ……………………………………… (248)

译者后记 …………………………………………… (253)

第一部分

幸福的可遗传性

> 快乐与痛苦决定于你先天的气质和后天的运气。
>
> ——拉·罗什富科(La Rochefoucauld)
>
> 生活如同下水道；你所能获得的决定于你曾为之付出的。
>
> ——汤姆·莱雷尔(Tom Lehrer)

本书的主要意图是要放弃我先前的观点——幸福具有很强的遗传根源,所以"努力追求幸福好比努力使自己长得更高一样"。我将从几个方面来阐述,假如可以完全地控制,如何将一个人培养成具有高于他自己的遗传定点而可能达到的更高水平的"幸福定点"(happiness set-point)。

大多数心理学家,甚至像我这样在过去接受过激进的环境决定主义训练的人,都已经意识到现代研究给我们的启示——人类中每一个成员在出生前都存在一定程度的先天倾向,这些先天倾向在久远的先祖时代是具有适应性的。而且,几乎所有能够被可靠测量的心理特质或倾向的变异都可以归功于个体之间在遗传上的变异。然而,由于意识形态的原因,或是对最近双胞胎的研究中关于人类自由和约束意义的误解,有些人却因为这些有趣的发现完全改变了自己原有的看法。

一般人都认为,人们在行为和情绪倾向上存在着某种先天的差异。至于有的人以为——例如,以为人类婴儿的大脑就像一台崭新的苹果电脑一样,没有任何先前的存储,没有预先设置好的程序——完全是高级错误。只有那些拥有博士学位的人才可能犯如此错误。另外,许多人不认为幸福和快乐是一种特质。他们认为,特质应该是一些倾向,如攻击、冲动或聪明;幸福是一种目标、奖励或是一个圣杯。怎么可能在遗传上存在着决定幸福个体差异的遗传密码?

出于这些原因,本书的第一部分由两章组成,主要陈述一些必要的基础。

第1章给读者介绍一个新的领域——进化心理学。我相信这一领域可以为心理学在研究许多问题时提供很有用的知识和富有成果的有利观点。进化心理学更多地像历史,而不太像科学,因为它的许多论点不一定能够被实验证实。另外,进化心理学中也有一部分不寻常的预测被检验和实证研究所证实。尤其是这样一个预测——在许多时间上,大多数的现代人都存在着本质上享乐和幸福的一面——已经被反复证实,令人惊讶。

第2章将解释如何评估个体差异(例如特质、智商、易怒或幸福等)与遗传上的个体差异的相关程度。同时也要涉及一些比较困难的问题(甚至有些人认为是不能回答的问题),即人类的遗传如何起作用?如何影响酶或其他蛋白质的合成,从而影响复杂的心理倾向和特质。

1

幸福的人类

> 人类本质上就是那些在适应已经逝去的冰川时期的狩猎采集生活后所遗留下来的遗传"大杂烩"。
>
> ——E. O. 威尔森（美国生物学家）

> 基因传诵着史前的韵律,尽管有时候被抑制,却不可能被忽视。
>
> ——布沙尔等人

出身于贵族的哲学家、《数学原理》的作者,同时还出版过许多经典的小册子的罗素(Bertrand Russell)在1930年却出版了一套大部头的《幸福的征服》。该书行文简洁,没有任何符号与逻辑,令读者爱不释手;可是,作者却是终生抑郁。罗素年轻时为了逃避自杀的念头而发奋学习数学。这位曾使他许多的亲密朋友感到痛苦的英国贵族,在他追求幸福的手册开篇说到"我要提出一种治疗方法,去医治现代文明社会中大多数人每天都在承受的、没有明显的外部原因的、不可避免的、却是难以忍受的痛苦"。

罗素指出,通过"察言观色的艺术",可以在街上、在工作中,甚至在晚会中,正如诗人布莱克[1]所说的:"我所见到的每一张脸,都显示了弱点,流露着悲伤。"

从传道士到培根(Roger Bacon),从拜伦到好奇的美国人约瑟夫·克鲁奇(Joseph Wood Krutch)(他写了一本令人沮丧的书,名为《现代脾气》),罗素收集了大量的例子来说明,至少学者本质上是不快乐的,因为总是存在着太多的不愉快。至于他为什么没有引用戏剧家斯特林堡(Strindberg)的至理名言:"在他的眼睛不得不谦卑地去享受这个世界之前,他不可能真正地看清楚这个世界。"这是一个谜。这两位作者可比的相似之处还有,他们都有着一系列失败的恋爱经历。但是,这只是一个严酷的开始,好戏还在后头。

与罗素书中的假设完全不同,我相信有可能看到人类自然属性上的快乐。事实上,许多人大部分时间都是快乐的。人们有足够的能力去忍受厄运所带来的各种打击并尽快恢复。当然,有的人会更快乐一些。有的人生下来就具有更多的"愉快的天分",而另一些人却有更多的坏习惯,阻碍他们去发现幸福。我相信大多数人,甚至如抑郁的罗素,在大多数时候,都可以学习将快乐恢复到先天定点之上。

20世纪80年代后期,我们对4000多名生于1936~1955年明尼苏达州的双胞胎进行了问卷调查。他们的记录从出生时就已经开始,一直保持到现在。除了是双胞胎,这个人群也能代表明尼苏达州大部分人:他们生活在城市、小镇或乡村;他们中少部分人接受了高等教育,大部分没有。部分问卷如下:

> 在以下问卷,请你在某项具体的特质或能力上,将自己与他人比较——与同年龄和性别的人相比较,你认为可以将自己评定在哪个等级上?对某些特点的评定可能有一些的困难,但是,请你尽可能对自己做出最恰当的评估。对每个项目,可以按以下尺度进行评定:

```
              自己在人群中的位置
    0   5%          35%           65%         95% 100
        最低的5% 比较低的30%  中等的30%  比较高的30% 最高的5%
评价等级   1         2          3          4         5
```

(1) 抽象智力:解决智力问题、理解复杂现象及判断事物的能力,也称为"学校智力"。

(2) 幸福的能力:享受生活中所遇到的各种好事,去经历愉悦、狂热和满足的能力。不是指你现在正经历快乐,而是当这些好事当真来临时,你能够真正地快乐起来。

(3) 痛苦的能力:当事情出错时,经历和感受痛苦、悔恨、失望、苦恼的倾向。不是指你现在很痛苦,而是当事情出错时,你能真切地感受痛苦。

(4) 满意:乐观地考虑消极事件,在平均水平上与别人比较,你有多少快乐和满意?

(5) 近期记忆:快速识记新的人名、事情、数字并在需要的时候回忆出来的能力。

在我告诉你明尼苏达州的中年人对自己的评定之前,请你就这五个方面对自己进行评定。

首先,依照我们的指导语,这些被试在这几个方面的评定都非常好。例如第5条,近期记忆,只有4%的人评定自己为1,有5%的人评定自己为5。在第1条抽象智力中,选择第1等级到选择第5等级的人数比例依次为:2,15,43,34和6。加里森·谢勒说在他的家乡明尼苏达州的翁伯根湖地区,"所有孩子都在平均水平之上",但这并不完全真实,因为他们都已经是中年。大多数条目上,男女的评定没有差异,可是,在第2条幸福的能力和第3条痛苦的能力上,女性的评定高于男性。痛苦的能力——当事情出现困难,感觉不好时的承受能力,25%的女性和16%的男性,评

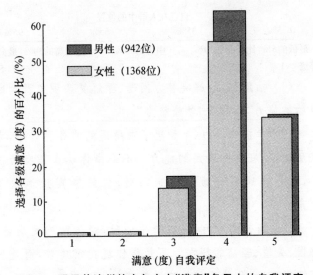

图 1.1 明尼苏达州的中年人在"满意"条目上的自我评定
1:代表他们评定自己在较低的 5% 人群中,2:表示其评定落在第二个 30% 人群中,3:表示其评定落在中间的 30% 人群中,4:表示其评定落在比较高的 30% 人群中,5:代表其评定落在最满意的 5% 的人群中。

定自己的一般水平在 35% 上。关于幸福的能力——享受美好生活的能力方面,65% 的男性和 80% 的女性认为自己的一般水平在 35% 之上!当问及他们是怎样地幸福和满意,大多数被试都认为他们一定比 2/3 的人快乐。

我们能相信人们在问卷中关于他们自己的这些回答吗?心理学家在这个问题上进行了许多的研究,结论是肯定的。如果我们问的是一个合适的问题,而且,这些问题的内容不会使人们有要歪曲事实的动机,那么,完全可以相信自我报告的结果。也许我们可以问这样一个不可理解的问题:人们如何认定自己的"幸福能力"在一般水平之上?显然,每个人都认为自己"在总体上比 2/3 的人更快乐",这在数学上不成立。对这个结果的一个解释是,人们大概认为普通人应该既不是快乐的,也不是不快乐的,所以,他们认为自己是在平均水平以上的。

这个结果与其他的研究所发现的一致,虽然那些研究所问的问题有所不同。例如,当问人们"你对自己最近生活总体上满意度如何"时,中间的选择很明显是既不是满意,也不是不满意,但是有82%的人评定自己在满意(或者是幸福)的范围中。

表1.1 你对自己最近生活总体上满意程度如何?[2]

完全不满意			中 性			完全满意
1	2	3	4	5	6	7
0.9%	2.1%	3.7%	11.3%	20.7%	39.6%	21.7%

有的研究者认为图片比语言能更清楚地表达问题,他们的问题是:这几张面孔表达着不同的感受,哪一张面孔更能体现你对自己整体生活的感受?[3]

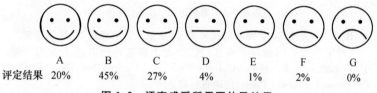

	A	B	C	D	E	F	G
评定结果	20%	45%	27%	4%	1%	2%	0%

图1.2 评定感受所用图片及结果

在这项研究中,92%的人说他们一般的感受是快乐的(在中性以上A~D图)。然后,以不同的方式访问不同的群体,也发现一般的英语国家的成年人大部分觉得自己是幸福的。

"幸福"的结果似乎是一个共同的发现,不仅在美国,在许多发达国家和地区也有同样的结果。图1.3来源于密歇根大学罗纳德·安格勒哈特所组织的"世界价值问卷",反映了24个国家的公民对于"你对生活总体上的满意程度如何?"的反应。[4]这些反应从0(极端不满意)到10(超级满意,大概是一种完全幸福美满的状态)。这个问题并非完全符合我们的目标,因为"对总体生活的满意"涉及较多对外部环境的评价,如经济、犯罪问题、谁当选总统,等等。

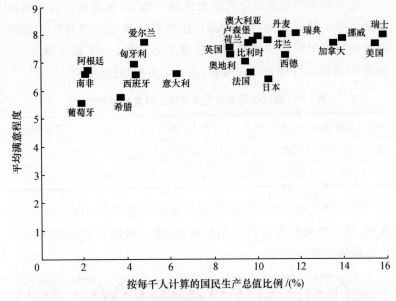

图1.3 来自24个国家的抽样关于"生活总体满意度"的平均评定

评定尺度从0(极端不满意)到10(超级满意),所以,5.5分为中性。
引自:Inglehart R. 1990. Culture Shift in Advanced Industrial Society. Princeton Unversity Press.使用被许可。

我想正是因为这个原因,满意程度与国家人均财富之间的相关系数达0.67。(例如,瑞士和瑞典,很富裕也很满意,处于图中的右上角;葡萄牙人与希腊人,相对不太富裕,也不太满意,处于图的左下角)。但是,其中惊人之处是,在所有24个国家中,从南非到瑞典,其平均满意度在0～10的尺度中,都高于5.5。这样就有问题了:"你通常是怎样感受幸福和满意的?"然而,我相信这24个国家的人的平均满意程度非常接近,从图中可见是7.0～8.0。

在本书里,我们将在许多地方使用"相关系数",如果对统计知识有一些了解,那么你会发现这是一个非常有用的概念。使用"相关系数"来描述双胞胎之间的相似程度。假设有100对同卵双胞胎,都是男性,想知道他们身高的相似程度。应用正确的相关系数计算公式[5],可以得到他们之间的相关为0.90。假设双胞胎的身高是一样的,那么他们之间的相关系数应该是1.00(表明是完全一样)。在双胞胎的所有数据中,很难找到完全不相关的,要解释相关系数为0的意义,我们人为地设计一个例子。假如,不是身高,而是我们给每一个人的一个值,即他的口袋中硬币的值(假如,正面为1,反面为0,每个人得到"正"或"反"的概率相等,都是50%)。双胞胎在这个值上的相关基本上为0,不相关。双胞胎之间体重的相关系数为0.78,比身高要小一些,因为体重可能受更多外界因素的影响,如饮食习惯,或许,与他们的妻子也有关。异卵双胞胎在身高和体重上的相关系数大概是同卵双胞胎的一半,因为异卵双胞胎之间相似的基因大概只有一半[6]。两种类型双胞胎的出生体重相关大约为0.70,因为出生体重比较多地决定于双胞胎母亲的妊娠年龄和每对双胞胎是否是同时出生。

大多数人有理由在大多数时间内感觉是幸福的。这是一件好事——一件可让人适应的事情——幸福的人比较少生病,如果生病或受伤了,他们也恢复得更快一些。诺曼·康辛斯,《周六回顾》的前任主编,曾患没有希望医治的结缔组织坏死疾病。在一位很开明的医生的帮助下,康辛斯住进了一家旅馆(这家旅馆是需要付费的,提供全套服务,其中四分之一费用由医院支付)。在那儿,他用笑声来给自己治疗——看好玩的电影和有趣的故事——后来他为此写了一本书[7]。除了更健康,幸福的人更有吸引力,与他们一起生活和工作会更有趣,"求偶"时他们也会变得更受欢迎,更有可能成为好的父母。在远古时代,我们的祖先进化时,郁郁寡欢和悲伤忧愁的个体估计不太可能延续下来并足以成为我们的祖先。就算他们可以生存下来,求偶时也没有太多优势。这样一来,似乎有理由相信,那些能产生快乐和幸福的基因组合——能使大脑更容易产生快乐体验,或形成更容易引起快乐和幸福的性格——更容易被自然选择,从而使我们成为拥有平均水平以上快乐的人类。

进化心理学

"伸出手,闭上眼,我会让你更聪明。"假如我们来玩这个小孩子的游戏,当你张开眼睛,发现你的左手上有一只大的死蜘蛛,而右手是一把大口径手枪。当你意识到那是一只蜘蛛时,你会迅速将它扔掉。可是,你不会将手枪扔掉。手枪应该比蜘蛛更危险。为什么我们会对蜘蛛和蛇有更本能的恐惧和厌恶?而对枪、刀、电源插座等在我们日常生活中似乎更加危险的物品却没有这样的本能的恐惧呢?

在几百万年前,我们的祖先并没有枪和刀,但是,那时候有蜘蛛和蛇,而且是有毒的。在早期的人类中,有的人可以迅速识别和辨认有毒的爬行动物,而有的行动鲁莽的人更有可能在繁衍后代之前就被这些毒蛇和蜘蛛咬死。那些在基因构成上倾向于对蛇和蜘蛛更恐惧的人类因为有更大的生存机会,使他们可以存活到足够大的年龄并繁衍后代,从而成为我们的祖先。这是达尔文的自然选择过程,同样的机制给了我们一颗很大的大脑、直立行走的能力、可与其他手指相对的大拇指。自然选择过程需要漫长的岁月,几百、几千年,一代接一代;枪和刀出现的时间还不足以使我们进化出本能的恐惧。

在大约 20 万年前的非洲,住着一位妇女叫线粒体-夏娃(Mitochondrial Eve),她体内的所有细胞,包括具有生育能力的细胞,由一群类似细菌的名为线粒体的生命体供给能量。像狩猎采集时代的所有其他母亲一样,夏娃将她的线粒体遗传给她的下一代,作为能量来源供养其他细胞。男性不能给下一代传递线粒体;精子仅供给了它做游泳运动的能量。当精子遇见卵细胞,它的尾巴掉落。所以,每个孩子的线粒体仅来源于母亲。你的线粒体来源于你的外祖母,而你的外祖母的线粒体也只来源于她的外祖母。在夏娃时代,所有的母亲都像夏娃一样,将线粒体传递给下一代。只是，她们之中有的没有生下女孩，只有男孩子，这样，她们的线粒体就没有被传递下来。那些没有外孙女的妇女，她们的线粒体的传递就终止在第二代。只有夏娃的线粒体传递一直没有中断，一直到我的外祖母，再到我的母亲。你也一样，一直到你的外祖母，再到你的母亲。所以，夏娃是我们所有人的母亲[8]。

夏娃和她所有的亲属，近的和远的，与他们的祖先大猩猩比，长得与我们更像。与我们一样，他们也是社会动物，喜欢生活在大家庭里。这些早期的人类群体给每个成员带来许多的好处。年长的可以教年幼的如何制作工具、缝补衣服和生火，如何在自然环境中寻找庇护，如何打猎，识别哪些植物是可以吃的，哪些是有药用的，而哪些是有毒的——这些是所有他们的祖先所积累下来的智慧。假如某个人能制作很好的弓箭，他会拿一支与另一个人交换一块肉或他在别的地方找到的老虎牙齿。假如某个人生病了或受伤了，其他人会照顾他，使他恢复健康。许多人一起协作，可以有更多的猎食，也可以躺下来休息，以保存蛋白质。在大家庭中，孩子可以得到更多的照顾，更容易存活。当他们慢慢地从热带雨林地区迁徙到比较寒冷的地区，群体中相互的照顾和实用的智慧变得更加重要。归来的猎人和战士告诉他们关于外面世界的信息，老人们讲述着古老的神话让他们觉得这个世界更有序，从而没有更多的恐惧。

隶属于这样一个大家庭并与他人共享这些智慧，有利于生存适应。夏娃家族的一部分成员尝试离开单独地生活，但没有能存活下来。那些不能遵守群体规则或在群体生存中拒绝合作的成员，可能因此被排斥而不能成为我们的祖先。在某些方面，我们不能确定是在夏娃时代之前或之后，我们的祖先的发音比其他的灵长类更复杂多样，但重要的是，这些发音可以与某些具体的意义建立联系。假如夏娃具有这样的言语能力，她就有可能与一个具有相当言语能力的男性交配，他们的孩子与人交谈的能力就可能比别人的后代有更大的优势。几百年后，任何可以增进生存可能性的基因,尤其是那些可以增进个人维持和受益于群体关系可能性的基因,逐渐将我们的祖先与其他失败者(淘汰者)分离出来。

令人惊讶的是,这些具有适应意义的差异之一,还包括我们内在固有的着重于光明一面的倾向。这种倾向使得我们更加快乐和幸福。所有哺乳动物都进化出一定的神经基础,使得它们去做事,或使得它们去学习做事,并且在做事时有良好的感觉。这些古老的倾向被进化下来,因为大多数令动物有良好感觉的事情基本上是对它们有益而且能帮助它们生存和繁衍后代的(自从那些可以令人兴奋的饮料和精神药物问世之后,这个定律就不一定完全适用于人类了)。大多数人都很善于管理他们的行为来保持良好的感觉,使自己在许多时候拥有合适的幸福感。

如果你觉得在人类进化的早期很有吸引力的一些方面在今天的生活中基本没有必要或没有意义的话,可以考虑这个熟悉的故事!1987年明尼苏达州双子城棒球队赢了世界职业棒球大赛,1991年卫冕。400万理智的明尼苏达人激动起来了,像发生了什么神奇而重要的事情。那些从不观看双子城赛事的人,那些以前不曾记得球队中任何队员名字(当然,科比·帕基特除外)的人,都守在电视机前。1991年的赛事期间,一个寒冷的夜晚我在遛狗,突然听见那些安静的邻居在房子内欢呼的声音。当国家联盟队击中了一个球,我们叹息;当我们的队员表现出色,我们欢呼。25个被高薪聘请的职业运动员,他们可能出生在其他州,甚至是其他国家,我们从未谋面。可是,我们的行为似乎将这25名球员当成我们家庭中的一员,而对方的队员就像是入侵的敌人。在所有报道这些球迷反应的媒体上,没有人去问这样一个明显却令人费解的问题:我们为什么在乎?他们并不是我们的人;而且球队属于一个富有的银行家,不属于我们。我们为什么痛苦、欢呼、雀跃并为之自豪?这些赛事的结果对我们每个人的生活可能产生什么实际的影响吗?事实上,大多数人的第一反应是觉得这个问题听起来显得有点愚蠢:我们当然在乎!可是,当我们再想深一层,有些事情似乎无法否认——甚至我们还曾经以农场做赌注来赌这个球队获胜——我们对这件事情的反应是不理性的。然而,这确实是自然的和不可避免的。

对于这种现象,我想唯一有意义的是去回忆一些进化下来的固有的倾向:当我们的祖先过着狩猎采集的部落生活时,部落群体的命运取决于他们的年轻人是否可以战胜其他部落群体。有的部落的妇女鼓励和赞扬他们的战士并激励他们的男孩长大后成为能打仗的战士,这些部落在平均水平上会更容易成功地抵御入侵,也更可能存活下来并繁衍后代。

进化的改变和遗传的变异

进化论的基本原理是机体可以通过基因来复制自己[9]。原始人类个体之间存在有基因上的差异。这种差异有两个来源,一是,有可能发生随机性的基因突变;二是,他们的基因组合由来自母体的卵细胞和来自父体的精子组合而成。每一个卵子仅含母体基因的一半数目,这一半的基因的构成是随机排列出来的;同样,精子所包含的那一半的父体基因也是随机排列出来的。基因上的差异是个体差异最根本的来源。我们今天已经知道,事实上,基本上每一种可以可靠测量的人格特质在人群中的变异都在一定程度上由遗传上的变异决定(见第2章)。所以,我们可以肯定,因为遗传上的差异,我们的祖先在行为倾向上也存在一定的差异[10]。那些受基因影响的、可以增加后代成活概率的行为倾向在后代中出现的概率将大大增加。

如果有稳定的环境和足够的时间,具有重要的适应优势的基因变异将成为种系中固定下来的特质,而那些不太适应的变异将逐渐消失。可是,为什么还有那么多的基因影响着现代人类如此丰富心理特质?首先,这需要足够的时间。我们人类正式生活在地球上的时间只有10万年左右,从进化论看来,时间还不够长。

其次,环境不够稳定。与心理相关的环境包括所有人类文化和技术(这比影响生理发展的环境的范畴要广泛得多),这些环境一直在改变。人类的许多才能和特性,在当今时代很重要,可在原始时代可能根本没有关系,所以,进化的压力对此毫无作用。例如,出生在旧石器狩猎采集时代的孩子,即使拥有像莎士比亚或牛顿一样的基因,在那样的环境中,也不能肯定他们会很特别。

再说,许多心理特质的遗传决定机制十分复杂,包括来自旧石器时代的基因构造——也就是说,遗传所具有的其他的功能与它们在特质上的贡献不同。这些特质很难说是自然选择的结果或是人工培植的结果。纯种赛马秘书处的记录提供了一个很好的例子,我们将在下一章讨论。经历了千万年,人类特质的变异也没有那么明显,但有些特质的变异可能比远古时代更大一些。例如,现代的人类可能比从前更聪明,因为配偶双方需要在智慧上具有一定的协调性。

成功不能导致幸福

一般来说,只要工作,都会快乐,无论你是为了什么去工作。在我们的社会里,尽管男性仍然很冒险地掌握着大部分权利的缰绳,但他们并不比女性更幸福。尽管存在种族偏见和相对的贫困,美国黑人与白人的主观幸福感在平均水平上是一样。心理学家迈尔斯和迪纳1995年报告,社会地位、收入、性别、肤色与幸福感没有显著的相关。[11]这些令人吃惊的研究结果同样被其他不同技术的研究所重复。当我第一次读到迈尔斯和迪纳的文章,我就意识到,我们可以用已经收集到的中年双胞胎的样本来检验他们的结果。我们的样本的年龄跨度30～55岁;有的只接受了小学四年级的教育,有的已经拿到了博士学位;有的正被雇用,而有的在领救济金;有的是很好的专业人士,有的是小职员或农民;90%已婚或至少有婚史,20%已经离异。在他们填写的问卷中,有由我的同事特勒根所编制的用于测量11项基本人格特质或气质的"多项人格问卷"(MPQ)。

在MPQ中,其中一项测量是关于良好感觉的,这些条目询问答卷人对日常生活的各项活动的兴趣,对正在进行的事情的热情,对自己的现状或将来的乐观程度——即他或她是否幸福。因为编制了多个条目来测量,MPQ的一个分测表(MPQ-WB)对幸福的测量比以往仅仅用单一的"满意"来测量更加可靠。其他的幸福研究者没有用特勒根的量表,但我个人认为他的是最好的。更重要的,这是不同的量表。当我们将双胞胎的幸福感分数与他们的社会地位、收入、婚姻状态、教育年限等比较时,可以肯定,我们得到与迈尔斯和迪纳一样的结果不是因为使用了相同的测量工具。然而,我们确实得到了一致的结果,幸福感的变异只能解释被试在社会地位、收入及教育年限的变异的2%。已婚的双胞胎比单身的要稍微幸福一些,这种差异值得重视。幸福的性别差异也不大,女性比男性更幸福一些。

迈尔斯和迪纳(及其他人)指出,宗教信仰可以起双重作用,一方面可筑起心墙抵御失望,另一方面也为幸福感开启了心门。MPQ也可以测量在传统方面的人格特质。传统的个体一般比较保守,尊重家庭价值和世俗道德,更容易投身到宗教信仰之中。但是,我们发现,个体的传统性与幸福感之间的相关系数仅0.05(±0.016),接近于0。最近我们对3300名有11~17岁双胞胎的父母施测了MPQ,对他们最近的宗教虔诚度有了一次比较详细和具体的测量。知道他们如何经常性地参加宗教活动,如何经常性地通过祷告来寻求指导和宽恕,知道他们对自己的宗教承诺在日常生活中的重要性的考虑。这些具体的宗教虔诚度与MPQ幸福感的相关系数只有0.07;专业地说,这种相关在统计上已达到显著水平,但很弱。宗教人士并非比无宗教信仰的人更幸福。或许这种布道会只是为了重建个人信心并从宗教承诺中获得良好感觉。

适　应

　　运气太好并不是一件好事，所以上帝要在甜蜜中加一些醋。

——约翰·加尔文（John Calvin）

　　为什么成功——例如获得金牌，得到晋升，比老爸当年做得更好，获得学位，得到一位好搭档——实际上并不能给我们带来预想的那份快乐？我们再一次看看达尔文理论是如何回答这个问题的。在古代，没有银行账号，没有企业 CEO，但他们有部落首领。假如新上任的首领对自己感到很自豪，对自己新的地位一直觉得快乐和满意，以致使他们停止追求，不再产生思想、扩大网络、解决问题，更不去努力工作以保持其领导地位，那会怎样？假如任何人实现了一次成功都导致个体主动、永久地退步，那会怎样？就像小孩子学会加法之后沉浸在快乐之中，就不再想学习减法、乘法及除法，那将会是什么？假如一次糟糕的经历、挫折、失败、失去亲人、身体受伤，会引起持续地受伤，月复一月，强度不减，一如刚开始时，结果又会是什么？这样有可能使人们更容易生存并将基因遗传给下一代吗？

　　科学家认为，哺乳动物共有的一种特质是有能力去适应相当广泛的环境条件。我们会逐渐地习惯一个新的环境，我们的神经系统也会习惯这些变化。心理学家对人的习惯进行了多年的研究，对其有了一些了解。我最愿意列举的一个生活中的例子是，我家一个有摆的落地大座钟，它每隔 15 分钟就会发出一声巨响。有时，在床上刚醒，隔了一层楼，门是关着的，还有一段距离，我们会听到这个大闹钟的叮当声。当妻子和我在起居室阅读时，我们并不在意这个响声，我们已经习惯了。然而，如果有客人在，每当这个大座钟发出"正常的"巨响时，客人的谈话就会终止，甚至会被吓得跳起来。假如相同的声音被录下来,在我开车时,从后座不经意地播放出来,那么很可能会发生交通事故。我们对这样的机制还不是很清楚,或许当我在起居室时,我的大脑很放松,我甚至听不见钟声响起。当刺激重复出现时,人们没有必要做出反应,对它已经习惯了,所以,"下意识的机制"会将这类信号视为熟悉的信号,至少是没有意义的信号,减弱它对人们的影响。人们不需要去在意它,就算留意,它的强度也会减弱。

比尔·拉科诺和我一起在实验室研究"习惯化"。我们给被试重复呈现一阵阵的噪声(有时甚至是没有伤害但可令人有痛觉的电刺激),这些被试对刺激做出惊跳反应并出现很强的生理紊乱[12]。经历多次重复,对于大多数人,就会出现习惯化——其反应减弱了。我们的研究表明,有些人的习惯化比一般人更快一些。而且,习惯化的个体差异也是有其遗传根源的;假如一对同卵双胞胎同时进行习惯化,他们之间的相似一定很高[13]。

个体从成功、失败、亲人丧亡或获得巨大胜利等重大事件中恢复的速度,目前还没有标准的测量方法。我猜测,那些在实验室可以快速地习惯强噪声的个体,在好事或坏事暂时地改变了他们正常生活后,会比较快地恢复到从前的常态。但是,我对此也还不是很肯定。

然而,令人鼓舞的是,伊利诺伊大学的研究者为理解这种现象给出了重要的回答[14]。他们首先测量被试在当时的主观幸福感(subjective well-being)水平。然后,要求每位被试报告在过去的这些年里,使他们的幸福感增加或减弱的每一件重要的事件,包括积极的和消极的。那些在最近几周遭遇过不幸和痛苦的人,他们的幸福感比较低;那些在最近经历了一些快乐和愉快的事情的人,他们的幸福感比平均水平要高一些。可是,如果这些令人痛苦或快乐的事情已经过去,时隔3个月以上,它们对现在心境的影响就不太显著;假如时隔6个月以上,这些事件对当前心情的影响就几乎看不见了。

与绝大多数的哺乳动物一样,人类是一种非常具有适应性、可习惯各种不同环境的物种(我们似乎找不到更恰当的说法来描述这种特点)。那些因为失去爱人而悲伤的人往往会感到内疚而且惊奇地发现,6个月后,他们竟可以重新展现微笑,重新享受他们的生活。那些因事故而永久性四肢残疾的人在心理上的恢复速度往往比我们认为的更幸运一些的人更快一些。我有一位同事,原来是一位体操运动员,19岁时,在一次事故中摔断了脊椎上部。然而,他活过来了,成了一个四肢麻痹的人,但取得了生物统计的博士学位,结婚成家,并变成一个受欢迎的(很风趣的)教员和学者。电影《超人》的男主角扮演者美国影星克里斯托夫·里夫在他事业的巅峰经历了同样的劫难,可是,在一年之内,他发现自己又可以"重获快乐"了。先天失明和聋哑的海伦·凯勒成为了一个多产且快乐的作家。1995年,简·多米尼克,法国时尚杂志ELLE的编辑,由于中风而全身麻痹,成为了自己身体的"囚犯"。他只能以眨眼对字母进行编码并与别人进行交流。据《纽约客》报道,时至1997年,他就是以这种不可思议的、费劲的方式写成了一本书——《潜水钟与蝴蝶》,书中写道,"因为自我痛苦与绝望而卸下负担高飞"[15]。

我们对成功和好运的适应仅仅是因为我们有这样的准备性。许多彩票大奖获得者一年后接受采访时都感慨,刚中彩票那一刻的极度兴奋已经荡然无存。明尼苏达州松林湖的卡尔,1996年中了彩票并赢得了940万美元。之后,他依然每天天没亮就起床,上班工作,为一个货仓开铲车。他说:"不能总呆在家里,那样生活会很闷。"生活似乎并不存在永远的起或伏;自然选择造就了人们这个样子,因为以这样的方式适应厄运和幸运,能保持更高的生产力、对变化的环境更加适应、拥有更多能养活的后代。

产生幸福的特质

1996年10月,宇航员香农·卢齐迪在"和平号"空间站环绕地球188天之后返回地球。她非常高兴地返回了,但是,被限定在密封的太空舱里6个月,一直很高兴吗?其他任何一个人也能这样高兴吗?很显然,卢齐迪博士在这么长的时间内,保持很好的精力,但是,并非因为她天生就是一个快乐的人。她可以忍耐那样极度缺乏精神刺激的考验是因为她有事情要做,她知道如何将这些重要的事情做好,而且她有所期待。她有重要的科学实验要监控,能够通过电子邮件与家人联络,通过无线电与美国国家航空航天局的控制员保持联系,每天做两个小时的体育运动,还可以看书。在同样的环境中,黑猩猩就不可能去期待最终返回时的胜利,等待家人的下一封电子邮件,8月份供给船的访问以及玛氏的新股票。快乐的人在脑子里可能有更强的"快乐中枢",但这些中枢需要一些可制造快乐的输入去反应;快乐的人不是坐在那儿享受永恒的福佑。他们热衷于做可以刺激他们兴趣、热情、满足及快乐的事情。快乐的人需要做一些事情,以维持这种需要的状态;人们也已进化了一些特质,使满意度保持在平均水平以上。下面是对维持快乐有关的事情及特质的研究及讨论。

效能感动机

我的哈巴狗威利知道三种不同的网球玩法。"庭院球"是一种普通的球。威利发现用嘴一次可以叼两个球。或者当它吐出去一个时,还叼着另一个。"楼梯球"是一种比较复杂的球,呈棱角形,在厨房里玩,玩法也更复杂一些。威利喜欢玩这些球是很有趣的。熟悉这些玩法可以丰富它的生活。哈巴狗并非经常自己创造这些游戏,它不是非常聪明。德国牧羊犬天生喜欢照顾其他动物：它喜欢照顾小鸡、小孩，如果没有找到其他可照料的对象，它甚至去照料客人。一只牧羊犬被训练去牧羊，对它是一件很快乐的工作。它会乐此不疲。

与其他许多物种比较，人类进化了创造游戏和其他目标定向任务的能力。在这些努力中人类发展出真正精细的技术，并且完全地享受这些过程。心理学家会说，人类有很强的效果动机，使事情如预期的那样发展，并控制这些事件。很明显，这使具有适应性的人类祖先发明武器和许多种工具，并最终学会耕种田园、建构房子。但是，似乎他们进化的不仅是做这些事情的能力，还有从事这些事情时感到快乐和享受。我们知道，做这些事情不仅是为了得到物质上的结果，例如，他们做窑烧陶，在武器和食用器皿上进行装饰。现代的人类喜欢精雕细刻、玩游戏、制造工具、成就事业、学习新事物等。许多时候，工作是因为我们不得不要对文化的要求做出回应。然而，富有成效地工作依然是人类幸福中最可靠的来源之一，这是一个真理。监狱中的犯人不能工作，不能发展和从事一技之长，所以他们不幸福。我能想象，在监狱中，引起囚犯越狱的，可能是"刀具"或其他武器的制作，监狱内小群体等级的形成，或帮派之间的冲突。但是，更深层的原因是他们在那里没有什么建设性的事情可做，也没有任何可引起他们自豪的事情。换言之，在"较文明"的监狱，一些囚犯会第一次领会到做有用的事情及将事情做好所带来的满足。

抚　养

幼小的动物容易受伤且无助。所以，人类与其他的哺乳动物一样，进化了为人父母要去保护和照顾后代的倾向。这种倾向被进化的原因是，可以使被养育和照料的后代成活以及繁衍下去的可能性增加。但是，进化产生这种有用倾向的实际机制还不太清楚。如许多哺乳类动物，包括人类，似乎都有一种天生的倾向去保护无助者和受伤者。一只母狗有时能被激发起来去接受一只刚出生的小猫,一旦有了这个想法,它就会给予这个"弃婴"以母性的保护。许多成年人在面对婴儿时,就算与自己无关,内心也会充满温柔;一旦接受照顾的责任,就像爱自己的孩子一样。我猜测抚养和照顾可以产生爱,就像我们对待周围的其他事物一样。为婴儿、年幼的同胞或宠物做事似乎可以提高他们在我们内心的价值,并增强同情心。

对无助者和受伤者非特异的温柔感觉,照顾他们时内心涌现的愉快,构成了父母行为的主要原因。没有被进化是因为它的非特异性。而且,作为一种非特异的倾向被保留下来,是因为它引起的父母养育行为足以在进化上实现其重要结果。但是,因为它是非特异的,这种倾向可能有意想不到的结果。这可以解释一个有趣的事实:许多人都喜欢养宠物,像对待自己的孩子一样。这种倾向似乎不太可能作为具体行为而被进化。

这个例子所展现的重要原则——适应,包括各种行为倾向,之所以被选择是因为它们可以增加远古人类的内在适应性。这些适应性在整体上具有特别作用,负责进行"进化上适应环境"的最初选择[16]。然而,现代生活条件巨变,这些适应性可能从生殖适应转移到其他方面。另一个很酷的例子,陌生恐惧——憎恨那些与我们不同的人。当陌生人要袭击我们的村庄,偷袭我们的妇孺,这种特质有适应作用。但是,由于变得过分警觉,陌生恐惧也可能导致无休止的纷争和痛苦。

可见,抚养、照顾那些我们喜爱的人,甚至生物,可以带来内在的快乐,是幸福的来源。这种养育特质,女性的程度比男性高。当我们测量40岁以上双胞胎的养育特质时,78%的女性自我报告的平均数高于男性。按照我个人的经验,我妻子是一个很喜欢养宠物的人。她每年喂养宠物的花费(一只哈巴狗(威利)、三只猫、无数只小鸟、六只松鼠和一只蜘蛛)与花费在我身上的一样多(蜘蛛的食物(死昆虫等)并不会花费太多,但是,成群的宠物可以吃掉一桌子的食物）。这是她生活中满足感的重要来源之一。

自我意识

尽管大猩猩与人类在基因上有一些差异，但它们似乎也具有基本的自我意识——像儿童一样，可以在镜子前认出自己。只有这个种属的成员才可以发展出关于自己特性，即一个自我的详细心理表征。因为人们有着不可抗拒地去评价、欣赏、轻视，甚至蔑视别人的倾向，并倾向于以同样的标准来评估自己。这就意味着拥有自我概念——一个重要的进化进程。假如我所了解的自己的特点或做事的特点如我所瞧不起的那些人一样，我就不可能是一个幸福的人，至少我要做出足够的改变以满足自尊的要求。很幸运，人们被建构成这样一种方式，激励自己努力成为自己想要的那个样子。我们努力成为自己所欣赏的那种人。一旦实现，一个积极的自我概念是我们努力实践的财富。正如塞缪尔·约翰逊（Samuel Johnson）所言："那是一种给予我们最大可能获得自尊的幸福生活。"这一重要观点将在后面关于父母行为的章节里有进一步的论述。

不幸的是，有这样一些人，他们的自我概念很糟糕，使与他们相处的人感觉很差。他们的自尊很强，因为他们有与我们不一样的价值观。他们尊重那些令我们恐惧或轻视的人，并且欣赏别人说他是"一个真正的坏蛋"。自尊与幸福，并非只为好人预备。而且，有的好人，他们的自我概念也很差。在精神病学概念中，这些人经常被称为"神经质"。他们需要的是心理治疗，帮助他们更准确和现实地认识自我和世界[17]。

对未来的预期

人类是唯一能够预期未来的种属，尽管其他的哺乳动物也能做一些近期的计划。当我家的狗的生物钟告诉它时间是下午4：00时（它的生物钟的准确性能在5分钟之内），它就会跑来告诉我是去玩网球游戏的时候了。我们的猫到了开饭时候就会叫（它的生物钟经常会提前一些）。我家的牧羊犬波利基本上可以决定每天傍晚散步时它想走的路线。一旦离开车道，它就会将头低下来，在我们决定走哪个方向之前，它的头的朝向就决定了我们要走的方向。然而，动物不可能计划下周的工作，不可能为明天的奖励工作，也不能很快乐地预期将来的快乐，同样也不能预期将要来临的悲伤和丧失。人类对未来的预期也不能保证幸福。但是，以我长期的生活经验分析，如果不能或多或少地预期未来的相聚、成就、奖励或其他的满足，那么幸福肯定会减少很多。

替代的经历

分享他人经历的能力是人类另一种重要的特质，这种特质能够以重要的方式积极地或消极地影响我们的主观幸福感。因为能够（学习）移情于他人，人们就可以间接地学习到一些东西：无需被烧，也能感受到火烧的痛；无须生病，就可以了解这些浆果是否有毒。尽管自然并没有安排成那种方式，人们也可以从一些电视剧的角色中享受到一些间接的经历，在恐惧片中感受一种"安全的发抖"，在电视中观看比赛时投入到"我们球队"的胜利之中。每一个呆在家里的人都有知道，这些替代性的快乐一会儿就会消退，成为平静。一些替代性的愉快不仅是一种娱乐，而且能让人们了解这个世界及许多真实的事情；不仅是获得一种满足，而且使人们获取更多的知识以应付将来新的经历，避免痛苦，获得快乐。一本好书及一出感人的戏剧可以长久地起作用。就算是一段最简单的娱乐性表演，也会基于替代的经验，在每个人的生活里占一定位置。

审 美 快 乐

　　人类一种真正神奇的特质是有能力在某些感官感受中体验到快乐，显然，这种特点与达尔文主义相关不大，至少对我是这样。我并非在谈味觉、性或养育愉悦，因为这些特点都具有显著的达尔文的生物意义，可以维持生命、繁衍后代，并保证孩子能够成活下来。我要讲的是在明尼苏达的冬天，我与威利傍晚散步时，看着那些树，光秃秃的树枝在夜空中所形成的各种美丽而复杂的形状时，内心所感受的真正的愉悦。老橡树的树枝歪斜着，看起来满世界都是脾气粗暴的老人或盘旋的山脉；年轻一些的枫树和岑树，从那蓝灰的背景中分离开，看起来像端庄清秀的女士；还有小的像纺锤一般的榆树很经典，就像电影《欲望号街车》中费雯丽饰演的布兰奇。然而，对审美感兴趣的科学家正在从进化的角度来考虑这些事情[18]。

　　为什么人们听音乐会得到快乐？我的听力不是很好，而且也没有太多的音乐知识，然而我听音乐，每天至少1~2小时，如此美妙的音乐演奏，至尊的愉快享受。进化论的奠基人威尔逊，将音乐列于他的"人类本质"里，可是，他并没有回答"为什么"。假如我是一位年轻的进化论心理学家，我会努力去思考，为什么音乐鉴赏能力被进化下来？但因为我不是，我仅满意于享受进化所带来的这样的事实。

　　我对视觉艺术知道得更少，对绘画的欣赏也没有什么天分。但我很喜欢去美术馆，至少可以去猜想艺术家想为人们做些什么。似乎幼小的婴儿比年龄大一些的儿童，甚至成年人，对这些视觉刺激有更大的情绪反应。婴儿需要如此大量的知觉学习，所以，其自然本性则尽可能多地预备可引起婴儿内在奖赏的视觉刺激来维持婴儿的注意。40年前的一个夏天，我沿着居民区的一条尘土飞扬的街道上走着，现在想起来还历历在目。就像《绿野仙踪》中的桃乐丝迈出她的第一步,我还能记起四岁时在家的后院里,在一个温暖、充满黑色污垢的土堆边玩耍。当时,我有一辆红色玩具车,在土堆的斜坡上做了一条行车道,小车行驶时还发出各种噪声。这些都是活在我记忆中的事情,没有确切的动作,但充满了泥土的味道,玩具车的色彩和热烈的阳光——简单但是强烈的愉快感觉体验。我想起奥尔德斯·赫胥黎(Aldous Huxley)关于墨司卡灵的幻觉经验,他能感觉到颜色、形状及房间里书架上的书本都充满了他能承受的强烈体验,以至于他不敢去看花园里的鲜花,这与我回忆色彩缤纷的童年一样。

　　当促进知觉学习的发育完成之后,大概这种强烈的感觉经历会逐渐消退,因为对成年人而言这种状态属于适应不良。那些整天沉迷于颜色、味道及各种形状、结构的远古时代的人,将永远不可能将野味烤熟,也不会将浆果摘下来;他们很容易成为老虎的食物,不可能成为我们的祖先。但是,因为这些特性和偏好在不同个体上存在差异,有的现代人,如高更与凡·高,保留了许多儿童式的异常生动的视觉特点,帮助人们再现他们的经历,去看他们所看见的事物。为什么诗歌可以将一件事、一个风景或一个念头叙述得如此生动,不像简单的说明书?也许,诗中的词语和韵律,就像绘画中的形状和颜色,用赫胥黎的话来说,"打开了我们知觉的大门"。

　　比这些思索更肯定的事实是,从多个原因看,人类本质上依然难以预测。人们从音乐、美丽的自然、人类艺术、诗歌和散文的优美词句等方面感受快乐。这种快乐是如此的神秘,也许应该将这种特质尊视为神灵的恩赐并最大限度地创造这种快乐。那些没有能力创造这种美丽与快乐的人一定会欢呼、鼓励有那些能力的人们,使大家的生活充满光明。

好 奇 心

与其他的哺乳类动物一样,人类都有一定程度的好奇心。可是,无论是了解自身与环境的驱力,还是发现的快乐,没有一个物种可以与人类相比。关于这种特质的进化论解释并不神秘。了解是为了预测,而正确的预测可以使一个人的生存机会最大化。因为人类拥有这样一个大脑,可以比其他物种花更多的时间和努力去寻找解决问题的方法,人们有极大的乐趣去了解别人的新发现及其发现的新方法。公元前250年,居住在埃及亚历山大的希腊人艾拉托申尼斯,发现南边的一个村子在市场边上有一口井。这口井在夏至的正午,可以从井底看到太阳完整的倒影。已知从亚历山大到这个小村庄的近似距离,艾拉托申尼斯测量夏至这天的正午太阳射线在亚历山大的角度(这时候在此是90度垂直),他就可以依据这些数据估计地球的圆周。

"数学王子"高斯(Karl Friedrich Gauss),当他还是一个乡村小学的10岁小学生时,校长想让嘈杂的课堂有1小时的安静,就要学生将1~100所有数字加起来。校长惊讶地发现,在高斯的桌子上放着一个以蓝笔写出的答案——5050,教室不再安静了。这位"小王子"(他的父亲是一名石匠,而他的母亲基本就不识字)一开始就发现,如果将数列1,2,…,50从左到右排列,将51,52,…,100从右到左相应地排列到下面的另一行,那么,每一个竖列的两个数(如50,51)相加就是101;这样,50对这样的数,就是101×50=5050!"这就是答案!""小王子"说。

像我这样的心理学家在研究这些解决问题的人中得到更多的快乐,而不是解决问题的答案本身。我相信人类天赋,如赛马"秘书"惊人的竞赛能力经常是人们从前没有见过的、源自于个体血统的某一个基因的独特构成[19]。但是,所有人都可以从得到知识中获得快乐,甚至仅仅是知道事物的名字——如小鸟、歌曲、树、政治家、星座、电影明星。当我们知道如何去发现问题、去解决问题时,那将是一种巨大的满足。

小　　结

大多数人,在许多时候,有了基本的食物、住所及一定程度的安全感,就会快乐起来。如果厄运使他们的快乐水平跌入绝望的低谷,大多数人都可以很快恢复。我们都知道"这些总是会过去的",现在的悲伤失望,大约3~6个月后,一般都会消退。好运气所带来的快乐也会随着时间而消逝,所以,我们必须"快乐时,生活在一个上升时期,事情一件接一件地永无休止"[20]。正如英国小说家摩根(Morgan)所倡导,"生活的艺术不是要永远保持幸福,而是要让幸福不断地改变它的形状,永不绝望;幸福,像一个孩子,要让他成长"。自然选择给了我们体验幸福的能力,其意义在于使我们有能力去建设性地做事,适应环境,生存下来,生养后代。请记住,人类与其他物种一样,其生物状态都是基因的不断复制。

除非近期身陷逆境,生命受威胁,尤其是连续性的,直到人们存储的资源耗尽,无法恢复元气,或者失去好运,自我幸福感都会持续地上升。悲喜起伏永无休止,最终都将恢复平衡,对幸福的追求也将永无休止——自然造就了它的出没方式。

注　　释

[1] William Blake(或叫"老虎,老虎")(1757—1827)。

[2] A. Campbell, P. Converse, and W. Rodgers, The Quality of American Life (New York: Sage, 1976).

[3] F. M. Andrews and S. B. Withey, Social Indicators of Well-Being (New York: Plenum, 1976).

[4] R. Inglehart, Culture Shift in Advanced Industrial Society (Princeton, NJ: Princeton University Press, 1990), 32.

[5] 双胞胎遗传相关性的计算公式是：$(B-W)÷(B+W)$，其中，B 是双胞胎对之间的方差，$B=(N*\mathrm{Var}(S))/2(N-1)$，$W$ 是双胞胎对之内的方差，$W=\left(\sum(D^2)\right)/2N$，其中，$\mathrm{Var}(S)$ 指 S 的变异，N 指双胞胎对的数量，D 指双胞胎对内的差异，S 指双胞胎对内之和。

[6] 更准确地说，在平均水平上异卵双胞胎共享 50% 的多态基因。绝大多数的基因在全人类中共享，这些基因构造使我们成为人类，而不是其它的物种，如黑猩猩或是蝴蝶。但是，大约有 1/4 的基因是多态的；人群中人与人之间可能存在着从 2 到 20 种或更多有着轻微差异的基因，一个特定的多态基因位点可占有多个不同的等位基因。异卵双生子和一般的兄弟姊妹一样，平均分享大约 1/2 这些多态基因。

[7] Cousins N. The Anatomy of an Illness as Perceived by the Patient. New York：Norton, 1979. 康辛斯患的是强直性脊柱炎，这是一种很疼痛的进行性的关节炎样的病症。从脊柱底端开始发病，逐渐向上进行。康辛斯在疾病发作期的治疗包括有趣的电影和书籍，同时注射大剂量的维生素 C，帮助启动他的肾上腺功能。

[8] 为了理解我们是怎样确认有这样一位夏娃的，假设所有现在活着的母亲是一个集合。每位母亲可能有几个女儿或没有女儿，那么，所有有女儿的母亲的数量一定小于女儿的数量。基于同样的道理，外祖母的数量一定小于有女儿的母亲的数量。你可以向上找出 64 位各代的曾外祖母，但是你的线粒体只是来自她们中的一位。如果我们再往前推，就能找到那位你我线粒体来源的妇女——夏娃，也是现在地球上 60 多亿人的线粒体的共同来源。

[9] 见 R. Dawkins, The Selfish Gene (New York：Oxford University Press, 1976).

[10] 那些无视第 2 章中所列举的证据的进化心理学家认为，作为自然选择的结果，在我们的种族中，那些影响重要的人格特质的遗传变异已大部分消失。虽然，人类大多数心理是受先天的遗传性、本能或"心理器官"等方面的影响，但是，那些专家坚持认为人类的特质几乎没什么遗传性，如果有遗传性，也是不重要的。在关于生物平等性的诸多不太令人

满意的争论的掩盖下,对激进的环境主义和行为遗传学依据的折衷考虑造就了进化心理学家从事科学研究的空间。查理斯·达尔文的爷爷,思想自由的伊拉兹马斯曾经说:"一神论是给末落的基督徒的一个闲职。"那么,一种类似的说法,进化心理学这个半路上的避难所给末落的激进的环境主义论者提供了一个闲职。

[11] D. G. Myers and E. Diener, "Who Is Happy?," Psychological Science 6 (1995): 10—19.

[12] 比尔·埃考诺是明尼苏达大学心理系的著名教授(McKnight Distinguished Professor),前美国生理心理学会主席。同时,我也很自豪地说,他以前是我的学生。

[13] D. T. Lykken, "Research with Twins: The Concept of Emergenesis," Presidential Address, Twenty-first Annual Meeting of the Society for Psychophysiological Research, Washington, DC, 1981; Psychophysiology 19 (1982): 361—373.

[14] E. Suh, E. Diener, and F. Fujita, "Events and Subjective Well-Being: Only Recent Events Matter," Journal of Personality and Social Psychology 70 (1996): 1091—1102.

[15] The New Yorker, July 28, 1997, 76.

[16] 见Bowlby, Attachment and loss: Vol. 1. Attachment (New York: Basic Books, 1969)。

[17] 例如,Albert Ellis, How to Stubbornly Refuse to Make Yourself Miserable About Anything—Yes, Anything! (Secaucus, NJ: Stuart, 1988)。

[18] 例如, the chapters by Orians and Heerwagon and by Kaplan in The Adapted Mind: Evolutionary Psychology and the General of Culture, J. H. Barkow, L. Cosmides, and J. Tooby, eds. (New York: Oxford University Press, 1992)。

[19] D. T. Lykken, "The Genetics of Genius," in Genius and the Mind: Studies of Creativity and Temperament in the Historical Record, A. Steptoe, ed. (New York: Oxford University Press, 1998)。

[20] 罗伯特·路易斯·斯蒂文森(Robert Louis Stevenson)。

2

幸福定点：平均幸福感的个体差异及原因

> 我的生活没有目标，没有方向，没有意义，然而，我快乐。我不知道这是为什么。怎么做才算正确？
>
> ——查尔斯·舒尔茨(Charles M. Schulz，"史努比"的创始人)

在感受幸福的天赋方面，人类的祖先在遗传上都存在着个体差异，这些幸福基因被选择性地遗传给人们。现代人的平均幸福感——心理学家称之为快乐水平——依然存在着一定的个体差异，尽管整体上群体平均水平基本为一个正值。与其他的心理特质或倾向，如发怒、外倾、攻击、欣喜、恐惧甚至智商类似，个体幸福感在不同时空也将有一定的变化。例如，早上人们会聪明一些，反应快一些，下午会差一些；当疲劳或生病时，会更差一些。年轻时，我极少会感觉很强的攻击性，甚至要打人；但是我会发火，有时候会感觉生气(但没有打架的冲动)。幸福也一样，不同的时间感受不同的快乐。正常的成年人难道不能记起曾经感受到的真实的快乐吗？

最近，我与一位著名的药物商人谈论快乐的记忆。事情发生在一次明尼苏达州规模最大在监狱里召开关于犯罪学研讨会上。一位犯人参与者悲伤地解释为什么他被从一个教育单位转移到这样一个一般人群的地方。"在我的改造适应课程中，"他说，"我们被要求讲出自己最快乐的事情，我说的是我从加州的监狱越狱成功的时候。越狱需要机智，需要窍门，而且很危险，可是，当我意识到我即将逃离，我可以做到，我即将再获自由时，我感到从来没有过得快乐。"可是，那个严肃乏味的、让人反感的指导员因为他的这种"不合作的态度"将他汇报上去。这位犯人沮丧地总结："我猜想，我应该告诉她，我生活中最快乐的时候是我父亲将我的练习轮子从我的单车卸下来。"奇怪的是，这个人和他的许多狱友一样，一旦他们有几个月来适应一些新的规定——就会表现得非常快乐，像可以天天回家的人一样。

也许有人曾这样对自己说，"这个世界是多么的乏味，平淡无奇，毫无意义！"（至少有些人是这样引用莎士比亚的句子来描述自己的生活。）假如遗传结构可以作用于人们的幸福感，那么，平均幸福感一定是取决于人们的基因，而不是那些起伏不定的运气。我与同事的研究表明，事实上，人们在幸福定点水平上的变异与他们的遗传变异有关。个体平均幸福感在多大程度上决定于遗传，我们是如何知道这个事实的？我们是否可以或者如何重设我们的幸福定点（或将此定点提高一些）？这将是本章要讨论的主要问题。

你当前的幸福水平是多少？

通过第 1 章的量表，你可以对自己的满意程度做一个粗略的估计。但是，如果想对自己当前的主观幸福感进行更精确和可靠的评估，请真实地回答以下 18 道题目。这些题目是特勒根的"多项人格问卷"（MPQ）[1]中测量"自我幸福感"的题目。同样的问卷也用于测量了几千名双胞胎和分开抚养的双胞胎。打印在问卷

上的指导语如下：

这些项目是用于描述你的观点、兴趣或感受的。每个项目的右边有一个尺度，即 T t f F，这四个回答的意义如下所述：

　　　　T = 肯定正确；

　　　　t = 可能正确；

　　　　f = 可能不正确；

　　　　F = 肯定不正确。

所以，如果你肯定地认为这些陈述或项目是正确的，那就选择 T；如果你认为这个项目或陈述可能正确（不至于错误），你就可以选择 t。

1. 我自然而然地很愉快。　　　　　　　T t f F
2. 我的未来充满光明。　　　　　　　　T t f F
3. 我很容易对自己正在做的事情充满热情。
　　　　　　　　　　　　　　　　　　T t f F
4. 我经常能感觉到没有缘由的快乐和满意。
　　　　　　　　　　　　　　　　　　T t f F
5. 我的生活非常有趣。　　　　　　　　T t f F
6. 我每天都做一些很好玩的事情。　　　T t f F
7. 我基本上是一个快乐的人。　　　　　T t f F
8. 我通常可以找到一些方式使自己快乐起来。
　　　　　　　　　　　　　　　　　　T t f F
9. 我有几项非常好玩的消遣和爱好。　　T t f F
10. 我很少感觉到真正的快乐。　　　　　T t f F
11. 每天早晨我都觉得将要度过欢快的一天。
　　　　　　　　　　　　　　　　　　T t f F
12. 我总能有真正快乐和有趣的时候。　　T t f F
13. 我经常觉得自己很幸运，尽管没有特别的缘由。
　　　　　　　　　　　　　　　　　　T t f F

14. 每天都有令人兴奋和有趣的事情发生在我的生活里。　　　　　　　　　　　T　t　f　F

15. 空闲的时候,我总能找到一些有趣的事情去做。
　　　　　　　　　　　　　　　　T　t　f　F

16. 我经常无忧无虑。　　　　　　　T　t　f　F

17. 对我而言,生活充满冒险。　　　T　t　f　F

18. 毫无夸张,我觉得自己蛮好的。　T　t　f　F

为了计算你的幸福感的总分,如果你的回答是 T,可以计 3 分;如果是 t,计 2 分;如果是 f,计 1 分;如果是 F,计 0 分。对于第 10 题,其计分倒过来,T 为 0 分;t 为 1 分;f 为 2 分;F 为 3 分。最高分为 18×3＝54。表 2.1 是一个中年人大样本的平均数,你可以以此比较你的分数。假如你的幸福分数是 47 或更高,那么你现在的幸福水平高于 90％ 的男性,也高于 88％ 的女性。37 分属于中等,有 50％ 的男性和女性的得分是 37 或更少一些。假如你的分数低于 26,那你需要认真阅读本书。

表 2.1　2000 名中年男女幸福感分数的比例*

幸福分	男性:比例/(％)	女性:比例/(％)
47	90	88
43	80	77
41	73	68
39	63	61
37	50	50
35	39	39
33	30	30
31	21	22
26	10	10

* 表中数据的样本是明尼苏达州双胞胎-家庭研究中 11～17 岁双胞胎的父母。假如你在 MPQ 幸福量表上所得分数是 41,那么 73％ 的男性和 68％ 的女性得分比你低。

假如你的得分是37或更高一些,那么——今天,至少——你可能觉得你现在的生活好于一半的邻居和朋友[2]。当然,你的事情会进展得特别好,或许你可以享受更大的快乐。为了评估你的平均幸福感,需要做一些重复测量,也就是说,可以每月测一次,然后做一个平均。假如这个平均数是来自几年测试的结果,就可以作为你的幸福定点的估计值,几经反复或起伏之后仍然可以恢复的幸福感水平,不管世事变迁。

评估幸福的遗传性

怎么才能评估一种特质在多大程度上是由基因决定的?更令人困惑的是:任何一种复杂的心理特质,例如智力、攻击性或者幸福能力,是如何由基因因素决定的?这些问题需要按照一个顺序来回答:首先确定遗传对这些特质是否有作用,其次再研究遗传是如何起作用的。这样研究才有意义。

身高是用于此类讨论的很合适的一种特质,因为没人会怀疑一个人能长多高大部分是由遗传决定的。为了评估身高的遗传性,我们准备利用大自然的一个便利的实验样本:人类的双胞胎。同卵双胞胎是以一个单一的受精卵开始的,然后进行普通的细胞分裂过程——变成两个细胞、四个细胞、八个细胞,然后继续——成为单一个体。但是,因为某些未知的原因,大概有千分之三的机会,在怀孕后10天左右的某个时间里,发育着的受精卵会分裂成有活性的、相同的两部分,每一部分都会继续发育,各自成为胎儿,然后成为婴儿。那个最初的受精卵的细胞核里含有的DNA,至少跟这个地球上已经发现的其他DNA有些不同,但是发育成同卵双胞胎的两部分受精卵的子细胞中含有相同的DNA。异卵双胞胎也是由于某些不明的原因,母体在排卵期间产生了两个成熟的卵子,然后每个卵子与不同的精子结合,因此异卵双胞胎在基因上就像一对生日相同的普通的兄弟姐妹。每个异卵双胞胎或者兄弟姐妹都是随机得到父母多样基因的一半。因此，异卵双胞胎平均来说拥有一半相同的基因。

假如我们随机选取一个有 1000 对成年男性双胞胎的样本，测量他们的身高。其中一些高（或矮）于他的胞兄（弟）可能是由于在子宫里发育过程中的某些小意外。没有两艘战舰或者两栋建筑物是完全一样的，即使它们是按照一张图纸来建造的。在仅仅 9 个月的时间里，从一个单一的受精卵开始，建造已知的宇宙中最复杂、最精细的机体。一些双胞胎的身高不同可能是由于发生一些小意外，或者疾病影响了其中一个人而没有影响到另一个人。还有一些双胞胎甚至有可能一出生就被分别领养了，由不同的养父母抚养，成长的环境和得到的营养都有所不同。

在双胞胎样本中，双方的身高差异是由于环境因素造成的（我们能找出一些双胞胎相差几英尺之多的）。这些环境的差异在母体怀孕前就开始影响身高。因此，这种身高的相似性是由于他们基因的一致性。通过双胞胎的相关系数来测量相似性[3]，范围为 0～1。0 表示双胞胎双方的相似性与随机抽取的男性的相似性是差不多的；1 表示双胞胎双方的数值是一致的。当我们做这个实验的时候，发现同卵双胞胎的身高的相关系数大约是 0.90，由此推断成年男性的身高的可遗传性是 90%。成年女性双胞胎的实验结果与此相似。

我刚才所推断的结果中存在一个问题，这个观点是建立在同卵双胞胎的身高一定是由基因决定的。但是，假如一些双胞胎的父母很尽心尽力地抚养孩子而另外一些父母没有这样做呢？假如一些双胞胎中的双方都有小儿麻痹症，结果他们的身高都缩减了呢？在一起养育的双胞胎的经历很可能是一样的，因此更加相似。但是，一起抚养长大的同卵双胞胎（以下称为 MZT 双胞胎，T 表示一起）的某种特质的遗传相似性极有可能被过高估计了。因此我们真正需要的是婴儿时期就分开并由不同的养父母抚养长大的同卵双胞胎样本。他们被称为 MZA 双胞胎（A 表示分开）。

但是从婴儿期就分开直到成人期的双胞胎比钻石还珍贵（他们对行为基因学的研究来说真的就像钻石）。幸运的是对科学家来说，明尼苏达大学是用这些珍贵被试开展最大型、最透彻的研究的总部和数据库，分开抚养的双胞胎的研究是由我的同事布沙尔主持开展的研究。

分开抚养的双胞胎的研究

这个研究项目始于1979年，那时明尼苏达大学心理学教授布沙尔在报纸上注意到一则一对同卵双胞胎的报道，39岁的男性，在出生后几个星期就分开了，分别由住在爱荷华州不同小镇的人家收养。他们中的一个在试图找寻血缘家族的时候，很惊奇地发现在某个地方有个胞兄（弟），于是他热切地追寻对方的下落。

当时我研究双胞胎已经有一些年头了，原理是任何考虑用人类被试的研究如果用双胞胎作为被试的话，会更加有趣。因为大概2%的人是双胞胎，他们就像心理学系的二年级学生那么多，经常被招募作为被试。双胞胎在很多方面都比二年级学生更能代表普通人群。按照惯例双胞胎也能很好地与研究者合作，因为他们知道自己特别使人感兴趣，他们自己也有同样的兴趣。

布沙尔想到了我并建议我们取得一项小研究的许可后，把这对分开抚养的双胞胎带来明尼苏达大学做个案例分析。在我看来这好像花费很多努力只是为了一项案例研究，但是布沙尔一马当先，筹集资金，招募那对双胞胎以及他们的妻子在学校待上一个星期，接受他能想到的各方面的测试、采访以及研究。

巧合的是两家的养父母都给他们的婴儿取名詹姆斯（James），所以我们叫他们"吉姆（詹姆斯的昵称）双胞胎"。血液检测证实他们确实是同卵双胞胎。后来发现他俩都被命名为吉姆只是令人惊奇的相似事件中的第一件，也许有巧合的成分，而另外一些可能根本就不是巧合。两位男士都曾与名叫琳达的

图 2.1 自出生就分开抚养,成年后偶然相遇的双胞胎

女士恋爱,然后又都与名叫贝蒂的女士结婚。他们都有一个儿子,其中一个叫 James Alan,另一个叫 James Allan。(他们的第一个字一样不奇怪,但是第二个呢?)他们在少年时都养过一只狗,每个人都把自己的狗起名为"托伊"(又是名字!)。一个杂志的记者去他们在不同小镇的家里采访并拍照,照片中两位男士都是在自己的地下室修理间里抽着相同牌子的香烟。记者发现两位男士都在自己的后院的大树树干周围放置一张白色的椅子[4]。这对双胞胎的妻子发现她们的丈夫都喜欢在屋子里留下爱的小纸条。两位男士都驾驶雪佛兰车,都是烟瘾很大的烟鬼,都爱咬指甲,喝相同牌子的啤酒,都愿意代表社区参加活动,都喜欢看运牲口的火车比赛,但是都不喜欢棒球。当他俩变得熟悉一些时,两家发现早在他们成年之前,都曾经去佛罗里达的海滩度春假,同样是开着雪佛兰车去的。

因为这些和其他一些相当怪异的相似之处,以及吉姆兄弟对什么事情的脾气都很好,因此引起很多媒体的关注,他们也与布沙尔教授一起出现在脱口秀这样的全国性的电视节目中。这种宣传的结果是,布沙尔开始收到其他的已经找到另外一方的分开抚养的双胞胎的消息。伦敦有一位帮助被收养者确定血缘家庭的社会工作者开始通报布沙尔有关双胞胎的案例。刚开始是个别案例,逐渐发展成大型、深入的,用大自然赐予的最珍稀的实验来做的研究。在这个研究中,有 120 对分开抚养的双胞胎以及四组分开抚养的三胞胎到明尼苏达大学接受一个星期的深入的研究,他们中的许多人在第一次调查的 10 年后再被带回学校,重新接受许多测试。布沙尔评估了在第一次调查后每个被试在 15000 个问题上的回答反应。

一些数据的初期概括发表在 1990 年的《科学》杂志上[5]。最先的一个惊奇发现是,对于大多数心理特质而言,分开抚养的双胞胎之间的相似性与一起抚养的双胞胎之间的差不多。这就意味着——这个结论也屡次被其他证据证实——即使在同样一个中产阶级家庭抚养长大的兄弟姐妹也不会变得更加相像,即使他们是同卵双胞胎。例如,无血缘关系的兄弟姐妹一起被抚养长大,他们在孩童时代会有中度的相似度;但是当他们长大并离开共同的抚养家庭后,他们不会比其他不在一起抚养的无血缘关系的人更加相像。这个准则至少在普通家庭是这样,他们提供足够的营养、保护、社会化以及教育机会。由不称职、无能力或者忽视子女的父母抚养长大的双胞胎很有可能仍未社会化,至少在这方面他们是相似的[6]。

许多研究人员所用的双胞胎样本是从中产阶级中招募的,通常拥有足够的营养、健康照料、教育机会等。因此,多亏了布沙尔以及其他人对分开抚养双胞胎的研究,我们有理由、有把握假定从典型的 MZT[7] 样本中所评估的遗传性对大多数特质来说都是合理、正确的,包括身体特质(例如身高)、心理物理特质(例如适应性),还有许多心理特质(例如 IQ 和幸福感)。

一些可遗传的心理特质的例子

几乎所有可以可靠测量的心理特质或者倾向的遗传性都在25%～80%之间[8]。那就是说，在那些有欧洲祖先的人群中——对于IQ、外向性、神经质倾向、音乐才能、创造力、科学或者其他兴趣，甚至宗教信仰、保守主义以及幸福感本身来说——人与人之间1/4～4/5的差异与这些人的基因差异有关（直到1980年，在明尼苏达州出生的只有不到2%是非裔、亚裔或者美国土著人，所以我们的发现的结果不能推广到这些群体中）。

兴　　趣

像吉姆双胞胎一样，布沙尔研究中的很多双胞胎有着惊人的相似兴趣。布沙尔研究的样本中有两位"犬人"：其中一位经常带他的狗参加各种比赛；而另外一位讲授如何训练犬类服从的课程——他们是一对MZA双胞胎。样本中也有两位职业的消防员、两位业余的"机械工人"，他们分别都是MZA双胞胎（也有两位惯犯和"瘾君子"，但是他们是分开抚养的异卵双胞胎（DZA））。我们测量了一起抚养或者分开抚养长大的双胞胎的娱乐和职业兴趣[9]。表2.2显示了MZT，DZT，MZA双胞胎在一些兴趣上的相关系数。首先，人与人之间大约60%的差异是与他们的基因有关。其他，像打猎、钓鱼或者参加教堂活动这样的兴趣是从孩童起就开始的，所以异卵双胞胎在这些兴趣上的相似性是同卵双胞胎的相似性的一半多一点。然而，像成为一个艺术家或者作家这样的兴趣，同卵双胞胎之间的相关很强，但是异卵双胞胎的相似性是与毫不相关的两个人的相似性差不多的。像这样的特质是特别有趣的，虽然有很强的遗传性，但是家族遗传性很弱。正如我们将看到的，幸福特质也有同样的表现方式，所以解释为什么会这样的研究是很有用的。

表 2.2　一些有代表性的娱乐或职业兴趣的双胞胎相关系数

兴　　趣	MZT 双胞胎	DZT 双胞胎	MZA 双胞胎
打猎、捕鱼	0.60	0.49	0.72
教堂活动	0.62	0.40	0.74
家务	0.67	0.33	0.75
非自发的娱乐活动	0.68	0.24	0.60
智力活动	0.64	0.22	0.55
表演艺术	0.64	0.15	0.74
职业作家	0.61	0.14	0.67

非家族遗传的基因特质

正如前面所讨论的,身高是家族遗传的。身高是一种多基因特质,受许多基因的影响,每一个基因都对总体结果(身高)贡献自己的一小部分力量。这些基因累积起来发挥作用,因此你的身高取决于怀孕的时候,随机从父母各一半的基因组里得到多少"高"的基因。眼睛、心脏、肾脏也是多基因决定的,但是多基因的作用并不是累计相加的。相反,它们像在一条流水线上工作的工人,每一个都对最后成果贡献不同的力量。因此,假如你的一个或者一些眼睛基因有缺失或者缺陷,你不会得到一只比较小的眼睛而是得到一只质量不同而且很有可能是有缺陷的眼睛。我们可以把这两种基因过程中的不同之处解释为:这些偶发的基因特质(我将其称为"突现特质"[10])所属的多基因是结构组合的相加而不是累计相加。

我最喜欢的一个偶发特质的例子是有无敌威力的名叫"秘书"的良种赛马。过去的遗传论者习惯运用"品种"的概念,甚至被推到了极致。19世纪早期通过选育,这些良种赛马变得更加强壮,速度更快。英国赛马的记录不断被打破。然而,大约在1900

年之后，这种趋势消失了。在此后70年左右的时间里略有提高的表现主要归功于更好的训练、营养以及兽医技术。

然后"秘书"出现了，高大的红色美洲公马，在1973年肯塔基的赛马会中，它躺下来小睡一下，然后站起来并打破了比赛的记录[11]，不是微弱的优势而是几秒钟。它在皮姆里科赛马会中也做了同样的事，然后赢了巴尔的摩的赛马会——三连冠——赢了30多个单位长度。它马上作为良种马开始繁殖，只有最有前途的母马才能有幸与它交配，"秘书"总共繁殖了400多匹小马——但是大多数都是令人失望的，没有一匹可以和它的级别稍稍接近。"秘书"有着特异的血统，虽然它的祖先都不能和它相比，但是它在胎儿孕育时非常幸运得遗传到的并不是随机出现那一半。看起来，有理由地推测，"秘书"的遗传品质是结构性的、偶发的。

最后，在1988年，"秘书"的其中一个儿子——"明日之星"，在肯塔基的赛马会得到第三名，然后又在巴尔的摩中赢了14个单位长度，虽然落后了它祖先记录的2秒。在400多次的尝试后，"秘书"终于繁殖了一个冠军；尽管偶发特质不会"家族遗传"，它们更可能出现在携带有这种基因的家族里而不是随机的一种血统中。毫无疑问，孕育"明日之星"的母马对偶发结构配置贡献了主要的元素。

智　力

1995年亨斯坦（Richard J. Herrnstein）和墨里（Charles Murray）的《钟形曲线》一书的出版引发了一场暴风雨般的论战（其中许多最热烈的参与者似乎并没有看过此书）。因为书中很多数据表明：平均来说，拥有钱财、身份、地位的人与那些努力追求或者等待这些的人相比，前者IQ比较高；同时IQ是有很强的遗传性的。我不禁觉得奇怪，假如这些争论者读过这本书的第一章，恐怕这些焦虑和恐慌能得到一些缓解。毕竟，如果接受《钟形曲线》

的结论的话,那么说明我们的上司以及富人之所以能如此富有,一部分原因是他们遗传了更聪明的特质,这似乎很不公平。我们在本书第 1 章中却认识到:虽然上司以及富人比我们更富有,但是他们没有更快乐。因为我们测量了双胞胎幸福感与 IQ 的相关,结果是:相关系数为 0.06,非常接近 0 而不值得一提。因此,当细心的读者知道自己的主观幸福感不受 IQ 限制,IQ 实际上部分取决于难以预测的基因时,就不会觉得不安了。

心理学家把能用 IQ 测量到的能力定义为普通智力。IQ 的平均数是 100,而大约只有 0.4% 的青少年 IQ 在 140 或者以上的,通常被称为"天才"。斯坦福大学的推孟(Terman)教授负责修改和标准化了世界第一个个体施测的 IQ 测验(斯坦福-比奈量表)。他确定了 1500 个天才儿童。这些"天才"现已人到中年,许多过着非常成功的生活,但是如我所知,在今天他们中没有一个会被归类为"天才"。

而在 IQ 量表的另外一端,有少数迟缓或者自闭的人,被称为专家——能快速说出过去的任何一天是星期几;或者,虽然不认识乐谱,但是任何的曲子听过一次后就能用钢琴弹奏出来。在那些智力低下需要其他人照料的人中,有的也会显示出相当专业化的能力。当然"自闭症学者"也不是天才,但是,这些非凡的能力似乎暗示了大脑的真相。

自闭症和模块式大脑

自闭症有多种表现形式,于 1944 年被第一次提及。一些自闭症患者似乎有很严重的智力迟滞且不会说话;另一些经常被诊断为 Asperser 综合征,IQ 正常。自闭症患者共同的问题是相当缺乏社会动机和社会智力。许多自闭症的儿童对其他人是没有反应的,甚至是他的妈妈,而且也不喜欢被拥抱或抚摸。不像正常儿童,他们似乎对自己的同伴并不特别感兴趣,不会去学习和模仿。这就解释了为什么即使是年长一些的自闭症儿童的语言发育也是很缓慢的,也解释了为什么有时候尽管有较高的普通智力,他们仍然对社会线索不敏感。Asperser 综合征的孩子似乎不能识别其他人,因为他们不能预见其他人对自己的行为是如何反应的。另外还有一种少见的天生异常——威廉斯综合征,跟自闭症相反。有威廉斯综合征的儿童的言语能力以及社会能力都早熟,他们"经常表现出异常的有自制力,发音清晰,言语诙谐,而智力发展缓慢只是他们一出生就带有的心理缺陷"[12]。

　　如前所述,那些依靠本能避开蛇和蜘蛛,还在蹒跚学步的人类孩童,更有可能存活到成熟期并成为我们的祖先。因为,自然选择发挥作用是很慢的,所以像对带电插座的反应是还没有被进化。同样的道理,先祖婴儿期能被母亲的面孔吸引,意识到与自己相似的生物之间的亲和力,去学习和模仿他们,这对先祖婴儿是有适应性的。这个特异目的的"心理模块"有助于语言学习以及其他社会生存所需技巧的学习。看上去,好像威廉斯综合征的社会智力模块发育得很好,尽管他们的智商比较低。但是在 Asperser 综合征中,即使是智商正常的孩子,这个模块也发育得不好。

　　迟滞或者"自闭症学者"似乎预示着存在有其他特殊目的的模块,即使是低智商也可以有效地运行。神经学者 O. 萨科斯描述了一些这样的奇人——如巴克斯顿,一个头脑简单的工人,却是一位天才的运算家。"当问他用 140 枚钉子制作马蹄铁,第一枚是四分之一便士,然后每枚都是前一枚铁钉的双倍价钱,一共要花费多少钱?他得出的数字是 725 958 096 074 907 868 531 656 993 638 851 106 英镑 2 先令 8 便士[13]。"当问他如果每枚是前一枚铁钉的三倍价钱结果是多少,10 周后,他给出了一个有 78 位数字的答案。在这期间他继续他的工作,跟人交谈,过他的生活(表现得相当开心),然而他那令人惊奇的"计算器"仍在思考这个问题。萨科斯研究的一位自闭症学者马丁在听他父亲朗诵一遍《1954 年格拉夫音乐年鉴》,他就能背诵出整部书的九卷。

"盲人汤姆"是一个发育迟滞的奴隶孩子,1850年出生时就接近失明,直到五六岁的时候才会说话,但是从4岁开始,"坐在钢琴前,他就能弹奏很优美的曲调,他的小手能够覆盖琴键,他令人惊奇的耳朵听过任何曲子一遍就能记住"[14]。音乐家在他11岁的时候对他进行测试,为他弹奏了两首完全崭新的曲子,分别是13小节和29小节的长度,汤姆"重复演奏地非常完美而且不费吹灰之力",就像莫扎特一样,汤姆能够背对着键盘,双手交叉来弹钢琴。这些自闭症天才所拥有的天赋似乎远远超出机械记忆能力的范围。莱斯利·利姆克,一个现代的"盲人汤姆",他天生失明,智力迟滞,"因即兴演奏能力以及令人惊叹的音乐能力而著名。利姆克能领悟任何一个作曲家的风格,从巴赫到巴托克,听过一遍后,随后能够重弹任何一首曲子或者以刚才那种风格临时创作,毫不费力"[15]。那位能够背诵音乐年鉴的自闭症男士也是一个音乐天才。马丁,虽然也是智力发育迟滞,却"有一种音乐智力,完全能够评析巴赫所有曲子的规则和复杂性,鉴赏所有对位法以及赋格曲的复杂性;他拥有一个专业音乐家的音乐智力"[16]。

萨科斯也描述了类似的自闭症天才,"在三岁半的时候突然开始画画,先描画马匹,然后是各种各样的对象,以一种心理学家认为是'不可能'的方式"。"她的画,他们觉得,质量上与其他孩子的画是不一样的,她有一种空间感,一种描写外观和阴影的能力——最有天赋的正常孩子在她的岁数的三倍的年纪才可能拥有的一种透视感。"[17]斯蒂芬,一个绘画造诣很深的自闭症孩子,在4岁的时候因为发展缺陷而被委托给伦敦一所学校。当他5岁的时候,斯蒂芬开始画画,特别是画汽车和有时候"顽皮地"画一些有关老师的漫画。在他7岁的时候,他开始专攻建筑物,例如圣保罗大教堂以及其他伦敦的地标,相当详尽,而跟他一样年纪的孩子还在画木头人样[18]。他纯熟的画技、对线条和透视感的掌握,都令我感到惊奇——所有的这些他在11岁的时候就达到。斯蒂芬即使仅仅看了几秒,凭借记忆也能画出复杂的场景(例如一个建筑物场所),而且他有对艺术和建筑风格的直觉领悟能力。在一年的时间内多次凭借记忆重复画萨科斯的家,尽管内容上有很大改变,但是风格一点都没有变化。同样,重复画马蒂斯的作品变化也很大的,也证明了他不仅仅是详尽地复制生动的视觉记忆,而是,在即兴创作。

我们将要考虑对人类幸福有重要性的东西——效能动机,即完成某件事情或者去做某件事情的愿望。注意到这种关系似乎是有意义的,许多自闭症的学者,似乎与我们认为的很重要的人类分享或者关怀切断了关系,却能在发挥他们的超常的能力时体验到明显的快乐和满意。萨科斯这样描述斯蒂芬:"他小时候,没有什么东西会让他觉得惊奇。他现在发现事情的所有方面都是有趣的,难以置信他的笑声是那么富有感染力。他在画有关周围的人的漫画,当看到那些被画者的反应时他能得到很大的乐趣。"[19]

与这些相像的例子已经让心理学家认为存在着很多种特殊的智力,尤其是那些能缓解普通智力缺陷问题的自闭症学者的例子。这种类似专家的能力也可以和高智商以及非自闭症共存,注意到这点是很重要的。文学天才弗拉米基尔·纳博科夫(《洛丽塔》的作者),"小时候有惊人的运算的天赋,但是,7岁那年一场伴有谵妄的高烧之后,运算天赋消失了"[20]。萨科斯描述了另一位有天赋的年轻男士,现在做一些化学方面的基础研究,他两岁的时候就能流利地阅读和理解,在同样的年纪他能重现任何曲子,甚至给它们和音。在他3岁的时候能够绘画出令人惊奇的具有透视感的画。"盲人汤姆"和利姆克都拥有和莫扎特一样的音乐才能,但是他们是智力迟滞的,而莫扎特不是。因此,在这些个案中,似乎不能说明专家似的天赋才能来源于单一功能的特殊智力的集合。

模块型智力的概念与大脑仅作为"多用途的计算机"的概念不同。普通智力的作用就像一个管弦乐队的指挥,金属管乐器、打击乐器、弦乐器、木管乐器相当于有不同用途的模块;就像最好的管弦乐指挥一样,这台计算机智力了解每个模块的作用,但不能像吹笛手那样把笛子演奏得那么好;指挥的功能是评估和协调。坦普尔·格兰丁,是一位高智商的自闭症女士,也是一位教授,她试图用普通智力去补偿社会敏感性的缺乏[21]。例如,刚开始授课的时候,她经常对着黑板讲课而不是对着学生讲。当我们讲话时,你我会直觉地看着对方,而格兰丁博士具有这部分功能的大脑机制是不完善的。但当她被告知老师授课时应该面对学生后,她能这样做。

IQ 的遗传性

虽然智力是非常重要的,但心理能力不仅仅是智力。每位著名的天才,似乎至少有着高的普通智力和一些其他天赋或者特性,且两者能互利地共同存在,因此他们才会有非凡的成就,也是被归类到这个特殊群体的最根本地原因。要成为一个天才的重要因素,我认为跟高智商一样重要的是超常的心理能量——能够延长和加强对手头上任务的集中注意力[22]。除了天才,人类不同领域的开拓者要获得成功也需要相当高的智力。如果智商低于115(包括了80%的人群),不太可能完成医学或者法律的学业。

在过去的60年左右,无数的研究表明有关系的个体之间,其智力和遗传之间存在一定的相关。同卵双胞胎的基因相关系数是1.0,他们的智力的相关性是异卵双胞胎的两倍;异卵双胞胎的基因相关系数只有0.50,而他们的智力相关系数大约是一级堂兄妹的相关系数的四倍;一级堂兄妹的基因相关系数是0.125。此外,一对无血缘关系的兄弟姐妹被一起抚养长大,当他们长大离开收养家庭后,他们的智力相关系数接近0[23]。也许,白种成年人的IQ遗传力的最好的证据是一个有关MZA双胞胎的研究。一共163对这种稀有的双胞胎分别在英国、丹麦、瑞士和美国参与了这项研究。这些 MZA 双胞胎的 IQ 相关系数在 0.64～0.78 范围内,总平均相关系数是 0.75[24]。这就意味着 IQ 的遗传力的最准确的估计大约是 75%。也就是说人与人之间 IQ 的差异大概 75% 是与基因差异有关的。

大多数心理特质的遗传性不仅说明人的天性,还说明特定文化的影响,认识到这一点很重要。有可能(虽然我们不能肯定这一点)每个人类文化或者血统的人群,他们的基因差异量是一样的。但是文化内或者文化间的环境,机会是很不一样的。不大可能在巴布亚新几内亚的一个没有文字的部落里找到一个数学天才。在中世纪,农民的孩子与贵族的孩子相比,营养更差而且更少有机会去开发他们的智力,因此 IQ 的遗传力会因为这些环境的变化而减少了。此外,在现代西方发达国家居民的 IQ 遗传力大概是 75%。这个事实揭示了这个文化成功地为他们所有的孩子提供了平等的环境机会,至少对白种小孩是这样。我们对非洲裔美国人、西班牙裔美国人的 IQ 遗传力比较不确定,因为他们的环境变化比较大(例如,由负担过重的、贫困的单身父母抚养的小孩)。

基因差异是如何导致心理差异的?

从直接由基因控制的蛋白质合成到最终影响复杂的心理特质的个体差异,其中的许多步骤,我们现在还不是很清楚。假定行为的差异与神经系统的差异有关,后者无疑是一些"硬件"上的生理差异。例如,我们想象有的大脑可能运行速度更快或更稳定,其抑制功能更强,使其注意力更集中;也有可能一些人负责幸福感觉的大脑机制与其他人相比是更容易被激活的。同样地,那些影响幸福感和满意度的负性情绪机制也是这样的。大脑差异会影响人格、兴趣以及态度("软件"的差异),但是很多大脑差异是学习和经验的结果。如果说教育和经验是影响这些特质的最终原因,那么谁能解释为什么这些差异与基因(例如,天性)有强烈的相关性?

行为遗传学一个重要思想就是基因组对大脑产生重要影响的方式是间接的。通过基因和环境之间相关或者相互作用,基因帮助决定着对孩子有效的环境[25]。被动的基因-环境相关可以用穆勒(John Stuart Mill)的例子来说明。他的哲学家父亲让他在6岁的时候阅读希腊文和拉丁文的经典著作(原文)。聪明的父母倾向于给予孩子"聪明的基因"和适当的智力刺激(这可能就是为什么成年的MZT双胞胎,由亲生父母抚养长大,他们IQ的相关比MZA双胞胎的相关高5%~10%[26])。由运动员亲生父母抚养长大的孩子更有可能拥有强壮的体魄,得到更多成为运动员的鼓励和榜样。

部分地由于遗传的原因,有些婴儿是急躁的、易激怒的,另一些是快乐的、有反应的;这些差异都会引起抚养者的不同反应。当然,这个过程也会贯穿全部生命过程,环境对我们内在的气质、才能或者外表起不同的反应,这个叫反应性遗传-环境交互作用。当然,毫无疑问,表现出正性情绪的孩子和成年人,相对于阴沉不开心的人,更容易引起他人更积极、更快乐的反应。

部分受遗传的影响,不同的孩子倾向于环境中的不同部分,寻求或者制造与他们基因结构相吻合的环境。例如,一个活泼的孩童登高爬低、探索环境,偶然闯祸,引起母亲的责骂,但是,他能获得其他不爱动的孩子没有的经验。这是积极的遗传-环境交互作用的例子。第一天上学或者第一次溜冰对一些孩子来说,可能是很高兴、很兴奋的,刺激他们的成长和自信心。然而,可能对另一些孩子来说是很可怕、灾难性的经历。这就如同火既可以融化牛油,又可以使鸡蛋变硬——这就是遗传-环境交互作用。

就像前面所说的那样,母亲的面孔是吸引非自闭症的孩子的一种本能资源,她的微笑是愉悦的,她的声音会诱发出模仿的强烈欲望。这些遗传倾向为语言和其他社交技能的学习设定了场合。伟大的"数学王子"高斯在他10岁时,能够纠正他父亲账目中的错误,这让他的父亲和老师很惊讶。遗传天赋的这些表现让环境中的成年人给他提供更多受教育的机会,但更重要的是,这些天赋的运用天生就会让人觉得愉悦,慢慢成为一种习惯,一种更令人喜欢的活动。聪明的孩子阅读更多的书籍,思考更多有关他所阅读书籍的问题。他们问更多、更好的问题,而成人对待他们的疑问的态度也更加尊重,更细心地回答他们。同样的道理,一种快乐的气质倾向于引起其他人友好和快乐的反应。

一个真正的"自造"的人[27]

一位著名的业余鸟类学家在11岁的时候欣慰地发现,原来自己是被收养的。这个发现解释了为什么自己和父母以及亲人们那么的不相像。他的养父母不读书也没有书籍,但是他有图书证,而且经常使用。养父母对体育运动没有才能也没有兴趣,但是他经常带着棒球手套出去,看看是否有机会玩玩,而且他在棒球和网球方面的才能也得到了公认。这位男士的生平就像一部关于积极的遗传-环境交互作用的"编年史"。他所经历的需求是与他的内在倾向相一致的,而他对周围存在着的一些有影响的人或事都没有反应,与这些人或事不会发生共鸣。收养他的家庭的成员共同拥有的兴趣是宗教信仰,而这位鸟类学家并不会和他们一起参与这些活动。

在中年之后,这位男士找到了他的血缘家庭。他发现在他被收养后,他的父母就结婚了,有了另外几个孩子,他的亲兄弟姐妹都是像他那样的受过良好教育,个性活泼的成功人士。他的一个叔叔是大学的教务主任。这位男士的养父母,就和许多父母一样,感觉上是"自由主义"。他们并没有对他的行为进行决定性或者有效的塑造,也没有通过各种刺激或者有超凡魅力的榜样来影响他。他们也许可能劝阻他参加运动,但也仅仅是不鼓励他参加这些活动。假如他们自己是读书人,有着敏捷的思维和活泼多样的兴趣,就可能给予孩子阅读或者思想方面不同的指导。假如他们的宗教活动在感性或者知性方面有刺激性的话,他可能对这些活动更加感兴趣。

假如这位男士,在成年的时候,发现他有一个 MZA 兄弟,被美国其他小镇的一家同样的"自由主义"的家庭收养长大,我相信他们会发现,两人不仅拥有一样的自然倾向和兴趣,成长历程也都是相似的。假如这个胞兄(弟)是被约翰·肯尼迪或者约翰·斯图亚特·穆勒的父亲收养,甚或由教唆犯、黑手党教父抚养的话,那么,因为经过如此不同的生活轨迹,他们两人之间的不同之处跟他们之间剩下的相同之处,一样让人感兴趣。

幸福的可遗传性

同样在第 1 章提到的那个大型的双胞胎研究中,我和我的同事特勒根发现了双胞胎的 MPQ 幸福感分数的相关,结果显示在表格 2.3 中。这些同卵双胞胎的相关系数表明,他们之间在幸福水平上的差异有 40%~50% 是与基因差异有关的,至少中产阶级的人是这样。这个结果也表明单独测量的主观幸福感的可遗传性大于 40%。

表 2.3 双胞胎的幸福感的相关性

		双胞胎对数	相关系数
分开哺养的双胞胎	同卵	69	0.53(±0.06)
	异卵	50	0.13(±0.09)
一起哺养的双胞胎	同卵	663	0.44(±0.03)
	异卵	715	0.08(±0.04)

但是,显然幸福水平是每天不一样的,当然每个月也不一样,这取决于最近发生的事情。双胞胎 A,一对同卵双胞胎中先出生

的,可能在她做幸福感测试的那天有一点失落,因为她最近失业了或者她的一个孩子病了。双胞胎B,情况刚好相反,可能感觉相当好,因为她丈夫升职了或者她的女儿以优异生的身份毕业了。在这种情况下测试所得的相似性会低估实际的基因的相似性,也就是当她们从这些短暂的高涨或者失落的影响中恢复过来后,他们的幸福分数的平均值应更相似,或者说幸福感的那个定点是相似的。9年后我们重新测试410对双胞胎,他们在第一次所测的幸福感分数与他们自己第二次所得的分数相关系数只有0.55。这种适度的稳定性证实了我们的想法,那些在第一次测试中最开心的人在第二次并没有那么快乐,反之亦然。

"我一想起来,我浪费了那么多年去挣钱,而实际上我的快乐特质只是由遗传决定的,我就要哭。"
图 2.2*

正如表2.4所显示的那样,虽然,同对同卵双胞胎第一次所测的分数,与他们的胞兄弟9年后第二次所测的分数的相关系数是0.54,但这些同卵双胞胎,在经过这么长的时间后,与自己的胞兄

---

* 引自:Handelsman. The New Yorker Magazine, 1996.

弟的相关是和他们与自己的相关是一样强的。想想这个结果意味着什么。假如把所有双胞胎的第二次的分数与他们当时银行的存款做相关的话,结果是微不足道的,相关系数大约是 0.12。比起用他们自己现在的经济社会地位或者婚姻状况来预测他们的幸福水平,用他们胞兄弟 9 年后所测的分数来预测会更准确。因此,我们能评估幸福感稳定的部分,即幸福定点的遗传性是大约 0.54/0.55,即接近 100%。人与人之间幸福定点的变异差不多 100%地来源于个体基因组成的变异。

表 2.4 MPQ 幸福量表施测的 9 年重测相关性

		双胞胎对数	相关系数
双胞胎自身重测相关		410	0.55(±0.02)
不同时间双胞胎之间相关	同卵双胞胎	131	0.54(±0.03)
	异卵双胞胎	74	0.05(±0.07)

可遇但不可求的幸福

同卵双胞胎同时测得的 MPQ 幸福感的相关系数大约在 0.40~0.54,说明幸福感至少有一部分确实起源遗传。类似身高这种特质,异卵双胞胎的相关系数大概是同卵双胞胎的 50%。但是,这 733 对一起抚养的异卵双胞胎的幸福相关系数只是 0.08(±0.04),而 50 对分开抚养的异卵双胞胎的相关系数是 0.13(±0.09)(注意分开抚养的同卵双胞胎和分开抚养的异卵双胞胎,他们的值有比较大的误差,因为他们的样本较小)。这似乎表明假如幸福不是家族遗传的话,兄弟姐妹和其他一级的亲戚[28]即使相似也只是有一点点。

我们还没有真正了解这种特质是怎样的,但是,它们好像是这样发生的:一种成分对特质强度的贡献大小取决于其他成分的强度。例如,声音的质量取决于"喉咙"的大小和形状,取决于鼻、咽、喉、舌头、上颚等的特性。这些解剖上的每一部分是在不同基因的引导下构建而成的。意大利著名歌唱家恩里科·卡鲁索从他父母那里得到了各个部分的基因,但他们的歌唱得都不好。但是,这些组合在一起成就了独一无二的卡鲁索,这些基因编织成了能发出美妙歌声的"喉咙"。

为什么幸福是可遇不可求的? 在这一点上,我们只能猜测。我的猜测是这样的:每个人的幸福定点都是,至少有一部分,由个体天生的倾向或特质之间的兼容性或契合性决定。热切向往温暖、亲密的人际关系(由 MPQ 中的社会亲密性量表测得)和高攻击性是不契合、不兼容的。主导社会情景的强烈欲望(MPQ 中社会力量量表可测这种特质),加上在伤害避免(是测量害怕和害羞的)上的低得分,这样组合是很合适的契合。在社会力量和攻击性上得分高对那些管理者或从事政治有关的人员来说是很合适的契合,尽管对那些为他们工作的人来说不是愉快的经历了。这些例子都非常简单,但是可以清晰地阐述了这样的观点。假如你内在的优点和弱点之间可以相互兼容,比起你不同的内在倾向把你拉向不同的方向的情形,会让你更容易做些让自己快乐的事情。你跟自己同卵胞兄弟拥有相同的构造,因为你们拥有共同基因。但是你不太可能跟你的兄弟姐妹拥有一样的构造,也不可能将自己的特点完整地传给你的孩子。

但是,任何完美的规则也会有例外。一篇刊登在英国媒体关于我们的幸福感研究的文章中,提及的一位英国女士的信件可以作出一个例证。

你如何正确理解"幸福"? 在我的六个兄弟姐妹中,有三位女士和一位男士都拥有这样的基因。那位男士,是我最大的哥哥。在"二战"的时候被杀害,在《时代》上的讣告是这样写道:"他有一种不同寻常的幸福的能力。"上个星期一我满80岁了,我是一个寡妇。我自己单独生活已经 30 年了,我现在就像以前一样那么幸福,每天都能意识到自己是快乐的,也觉得很感激。我是不由自主地感到快乐。

改变你的幸福定点

假如人们的平均幸福水平的可遗传性接近 100%,这是不是意味着其中那些主观幸福感水平比较低的人就只能认命?人类只是由遗传操控下跳舞的木偶吗?假如答案是肯定的,那么我也就不用写这本书了。许多人在他们真实的幸福定点下苦苦挣扎,因为他们有一些不好的、我称之为"幸福感的盗贼"的习惯。我将在下一章详细地讨论这点。我相信,所有人都能通过养成一些新的习惯或者遵守一些简单的规则来使自己在基本定点上跳跃,这些也将随后讨论到。父母不应该以为孩子就是简单地接受他们天生所得的幸福感倾向,有技巧的父母会引导孩子走最有可能过上幸福满意生活的道路。我们要记住的基本点是:遗传基本上通过影响人们经历的各种经验的类型和他们寻求的环境来间接地影响心理。正确的公式不是先天与后天对立,而是,先天通过后天起作用。

假如你的幸福定点是在平均水平之下,也就是说你的"基因舵手"引导你进入减弱你幸福感的情境或者引诱你去做一些事与愿违的事情。假如你任由你的基因控制你的命运,那么最终你将失去控制。但是,这是你的生活,在一定范围的限制内,你能够选择自己的终点站,而不是让基因为你做决定。

注 释

[1] 这部分项目取自 MPQ 的 198-项目分表,使用得到了明尼苏达大学出版社和特勒根博士的允许。

[2] 1997年1月,德国杂志Stern以我们的研究作为封面故事。为了理解这样的故事,他们也找了一些从出生就分开抚养长大,现在20岁左右才相见的女性双胞胎。让这些双胞胎分别作了我们的幸福量表的德文版本。结果,她们的分数都是37分,与明尼苏达州的双胞胎的得分非常接近。

[3] 双胞胎的相近性的测量是由组内相关系数表示的,系数 $=(BPV-WPV)/(BPV+WPV)$,其中,BPV是双胞胎对之间的差异,WPV是双胞胎对之内的差异。

[4] 此处引自D. D. Johnson在Smithsonian杂志1980年10月期上的文章。因为MISTRA记录的保密性要求,此处引用的仅是已公开资料中的一部分。

[5] T. J. Bouchard, Jr., D. T. Lykken, M. McGue, N. Segal, and A. Tellegen, "The Sources of Human Psychological differences: The Minnesota Study of Twins Reared Apart," Science 250 (1990): 223—228.

[6] 关于这种主张的依据可参见,Lykken D T. 1995. The Antisocial Personalities. Mahwah, NJ: Erlbaum.

[7] 其他关于分开抚养的双胞胎的重要研究包括:N. Juel-Nielsen, "Individual and Environment: A psychiatric-Psychological Investigation of MZ Twins Reared Apart," Acta Psychiatric Scandinavia Suppl. 183 (Copenhagen: Munksgaard, 1965); J. Newman, H. Freeman, and K. Holzinger, Twins: A Study of Heredity and Environment (Chicago: University of Chicago Press, 1932); N. L. Pedersen, R. Plomin, J. Nesselroade, and G. McClearn, "A Quantitative Genetic Analysis of Cognitive Abilities During the Second Half of the Life Span," Psychological Science 3 (1992): 346—353; J. Shields, Monozygotic Twins Brought Up Apart and Brought Up Together (London: Oxford University Press, 1962).

[8] 例如,Bouchard et al. (1990).

[9] D. T. Lykken, T. F. Bouchard, Jr., M. McGue, and A. Tellegen, "Heritability of Interests: A Twin Study," Journal of Applied Psychology 78 (1993): 649—661.

[10] D. T. Lykken, "Research with Twins: The Concept of Emergenesis," Psychophysiology 19 (1982): 361—373. See also C. C. Li, "A Genetical Model for Emergenesis," American Journal of Human Genetics 41 (1987): 517—523, and D. T. Lykken, M. McGue, A. Tellegen, and T. J. Bouchard, Jr., "Emergenesis: Genetic Traits That Do No Run in Families," American Psychologist 47 (1992): 1565—1577.

[11] Kentucky Derby 马赛、在巴尔的摩举行的 Preakness Stakes at the Pimlico Race Course 马赛，以及巴尔的摩 Stakes 马赛是美国纯种马无障碍赛事中最重要的三项比赛。

[12] Oliver Sacks, An Anthropologist on Mars (New York: Knopf, 1995), 223.

[13] 同上, 191 页。

[14] 同上, 189 页。

[15] 同上, 224 页。

[16] 同上, 222 页。

[17] 同上, 194 页。

[18] 同上, 199 页。

[19] 同上, 210 页。

[20] 同上, 226 页。

[21] Grandin, T. and Scariano, M. Emergence: Labeled autistic. (Novato, CA: Avena Press, 1986).

[22] D. T. Lykken, "The Genetics of Genius," in Genius and the Mind: Studies of Creativity and Temperament in the Historical Record, A. Steptoe, ed. (Oxford: Oxford University Press, 1998).

[23] T. J. Bouchard, Jr., and M. McGue. Familial studies of intelligence: A review. Science 212 (1981): 1055—1059.

[24] M. McGue, T. J. Bouchard, Jr., W. G. Iacono, and D. T. Lykken. "Behavioral Genetics of Cognitive Ability: A Life-Span Perspective," in Nature, Nurture, and Psychology, R. Plomin and G. McClearn, eds. (Washington, DC: American Psychological Association, 1993).

[25] Plomin et al., 1977; Scarr and McCartney, 1983.

[26] 同[24]。

[27] 这位男士正巧是我一位同事的熟人,他很慷慨的把他的自传故事的提纲提供给了我们研究小组。

[28] 在家中一起生活的儿童彼此之间的相似程度比他们长大后独立生活时更大一些,与他们的父母也更相似一些。在我们的明尼苏达州双胞胎家庭研究中,17岁的双胞胎之间在幸福感上的相关系数是0.32,父母与双胞胎在此项上的系数是0.20。当然,这些相似来源于他们最近的生活情况,而不是他们的基因。

第二部分

幸福感的缔造者

> 自然把人类置于两位主公——快乐和痛苦——的主宰之下。……凡我们所行、所言、所思,无不由其支配;我们越是努力想要摆脱他们的束缚,越昭示和肯定我们受他们奴役的地位。
>
> ——杰里米·边沁(Jeremy Bentham,法学家、伦理学家)

> "奥耐特先生,自然本性就是我们来到这个世界上准备要超越的东西。"
>
> ——在影片《非洲皇后》中凯瑟琳·赫本对鲍嘉说

我们人类具有幸福(或满足、安宁、快乐、喜悦)的能力,然而这些并不是自然对我们的特殊眷顾。快乐和痛苦的意义在于让我们适应这个世界,使我们能够趋利避害。如果我们的孩子对快乐和痛苦不敏感,不能体验欢快和烦躁不安,那么,如何教他们什么事情可以做,什么事情不可以做呢?

科幻小说有一个失败之处让人百思不得其解,那就是人形机器人。作者总是很强调机器人的科学可行性,于是它们总是被描述成对痛苦和快乐没有反应,没有任何情绪的东西。但是人形机器人并不仅仅是一台要运行预先写好程序的超级计算机。它是能够做出选择的实体——但是,如果它没有某种与快乐或痛苦的情绪类似的模块,那它靠什么来做决定呢?丹尼尔·戈尔曼在他的著作《情绪智力》中提到电视剧集《星际迷航记》中的一个超理性的人物——斯波克先生,这个人物的塑造完全忽视"理性是由情绪指引的"这一点。在大结局《星舰迷航记:银河飞龙》中,那个人形机器人——德塔,被描述成一个渴望人类情感的形象,但是"渴望"本身就是一种人类情感,如果没有某种与快乐或痛苦情绪类似的模块事先设定在德塔的电路中的话,它是不可能有"渴望"这种行为的。

失去和失望的痛苦激励着我们努力,去避免那些我们不愿看到的结果,但是不管怎样,当厄运来临时,我们都会调动出超乎寻常的能力来适应和恢复;否则,人生中一些不可避免的失败逐渐累积起来,会彻底击垮我们——自然赋予人类天性的目的可不是这样的。同样,天性指引我们得到快乐(虽然很少有人这样想),这种快乐驱使我们从事适应性的行为。然而,快乐也会消逝,我们不可能终生安享在快乐中,就像不能终生禁锢于痛苦中一样,这些都是违背天性的。总之,幸福是一个不定的状态。我们可以停下来闻一闻花朵的清香、欣赏美丽的景色、为曾经的美好回忆感到欣慰,但是不久,我们又得忙碌起来,之前的安宁感也就消逝了。

我关于幸福的理论是这样的:我们每个人都有一条主观幸福

感的基线或者说是一个自己的幸福定点。假如它是一个湖泊,我们的船在上面航行,湖泊的水平线越高,我们的感觉越好。而我们每个人的水平线似乎各不相同;而且对于同一个人来说,也可以因为生理状态的不同而时有差异。如果昨晚睡了一个好觉,我的幸福水平就高;如果感觉筋疲力尽的话,幸福水平就低。个人的主观幸福感也随着当前所发生的事件而改变,当一些不愉快的事情发生时就降低,当一些好事情发生时就升高,但是,它不会一直保持在很高或很低的状态。如果我被那些"幸福盗贼"侵犯(关于"幸福盗贼",我们将在第五部分提到),而使自己处于狂怒或焦虑之中,或者让忧郁把我带入阴郁的思索中的话,那么我就可能一直徘徊在主观幸福感基线之下,处于萎靡之中。但是,我也能通过从事自己喜爱的活动而恢复到个人主观幸福感基线之上。问题是这些积极体验不能永久地提升我的幸福感,它只能制造一个波浪形的起伏,提升之后马上又会回到起点。因此,需要变换、尝试不同的活动和体验,我的理想状态是变成一个美食家,就像自助餐桌上的美食品尝家,这个也尝一点,那个也尝一点,尝试做自己喜欢做的事情,不是一直做一件事情。

  有些人,比如小孩子,他们初次来到自助餐厅,就只奔着甜点和文娱表演而去。甜点固然好吃,但是,而幸福大餐的支柱却是不断地付出努力、学习技能并实践技能,努力去做一些需要做而且值得做的事情,并且把它们做好。所有的孩子(以及很多的成人)都梦想荣耀荣誉,并且很在意这个荣耀是如何获得的。荣耀不是因为得到糖果、冰淇淋或者毫无约束地看电视,而是因为成就了卓越的事业获得赞赏。然而,大多数孩子(或成人)并没有认识到,即使最惊人的成就所带来的满足感也是稍纵即逝的,随后我们又需要新的成就来提升主观幸福感并保持在一个较高的点上。

  我们需要一个测量幸福感的工具,我提出用"亥普"(hap 的音译,幸运、运气、机会的意思)做单位。当你饥饿时获得一顿美食的幸福感用1个"亥普"表示；如果你亲自做一顿美味可口的饭菜与他人分享，并得到赞美和感激，那就要值2个"亥普"了。我估计获得诺贝尔奖的幸福感有10个"亥普"，尤其是当他们把这些奖发给经济学家（经济学家似乎从来没有真正做什么有用的事情）而不给心理学家的时候（我用的是类似里克特地震量表中一种对数量表，所以10个"亥普"是比2个"亥普"大得多的一种"地震波"）。一个告诉我彩票中奖了的电话大概能有8个"亥普"，我知道我很快要为这笔从天而降的财富所带来的所有问题而开始担忧了。"一杆进洞"（每一个高尔夫球手梦寐以求的最高境界，也是每一个球员最值得炫耀的资本）对于我来说可能只值1个"亥普"，因为这对我来说只不过是一个种偶然的新奇体验，但是对于真正的高尔夫球手来说就可能值好几个"亥普"了，因为他们把"一杆进洞"当做是对自己高技能水平的证明。如果我的主观幸福感定点在大约5个"亥普"水平的话——也就是我的幸福湖泊是5个"亥普"深的话——那么我写完这本书的一章得到的2个"亥普"的幸福；我的柠檬蛋白甜饼派像往常一样完美地出炉时得到的1个"亥普"，就宛如幸福湖泊上泛起的微波。每一件事情都会把我从常态的5个"亥普"的水平短暂地提升到一个稍高的水平上。

　　大的幸福波浪，像获得诺贝尔奖，需要更长的时间减退，可能要长达半年的时间——巨大的成就，就像大地震一样存在余震。我认为诺贝尔奖得主在每次听到别人提到他们的成就时，即使是间接提到时，也一定会获得0.5个"亥普"的幸福。1995年我出版了一本书，写书的过程就是我的幸福波浪的源泉，当我找到出版商时可能感到3个"亥普"的幸福，当收到第一本样书时，又有1～2个"亥普"的幸福，当关于我的书的评论开始出现时，幸福的波浪就更是一浪接一浪了。但是，如果在过去的这两年中，在我5个"亥普"的幸福湖泊上，如果只有写书这一个活动推起波浪的话，那么在这段时间，我的主观幸福感的平均值就低于我的实际体验了。因为除了写书引起的幸福波浪外（写书对我来说是件非常快乐的事情),幸福还来自看望我的儿女们和孙子们,时不时地做1~2个"亥普"的演讲,做许多值0.5个"亥普"的家务,做了很多的柠檬派和烤面包(我会做非常好吃的猫耳朵面包),还在剧场欣赏了3个"亥普"的戏剧 She Stoops to Conquer,等等。许多事情为我的幸福湖泊推波助澜,使我在遗传的幸福定点之上跳跃着。

这个"湖泊"的比喻需要做一些修正,以免造成误解。第一,这个湖泊很奇特,它能够产生没有波谷或者只有波谷的波浪。幸福的经历产生的正波会消退到水平线,但不一定降到水平线之下;不愉快经历产生的负波也不一定回复到水平线或者水平线之上。第二,我们要更清楚遗传带来的个体差异,这点也很重要。

我们知道大脑中有个"快乐中枢",而且我们确定,快乐的感觉是由大脑中的特定神经网络的活动引起的(虽然还没有精确定位)。同时也存在一些与恐惧和愤怒等负性情绪有关的脑机制,以及抑制"快乐中枢"激活的大脑活动。生物界的一个基本法则就是个体差异的存在,我们相信这些机制的激活对不同个体来说是有差异的。既然我们知道一个人的主观幸福感有很大程度的遗传渊源,看来"快乐中枢"、负性情绪和"忧伤中枢",还有幸福湖泊的基线水平的激活,都很可能因为遗传而存在个体差异。

让我们回想一下第1章中,我们从4000对双胞胎成人中获得的有关幸福能力、悲伤能力和满意感的自我评定数据。顾名思义,幸福能力是人们对愉快和积极信息输入的反应的一个粗略测量,而悲伤能力测量的是"忧伤中枢"的激活程度;这两者分别决定好事(和坏事)引起的满意感水平增加(和减少)的幅度。这可以打一个比方:随机选取1000个人,在他们早上刚刚起床时,如果我们能够进入他们的脑子并且测量他们的幸福湖泊的水平线的话,由于大脑化学物质的差异,我们会发现一些人的湖泊水平线高些,另一些人低些。片刻之后如果服务生将他们最喜欢的早餐送到他们房间,而且餐盘上还放有鲜花,对于那些幸福能力高的人,这番款待将在他们幸福湖泊上造成2个"亥普"的波浪,对那些先天"快乐中枢"反应性不强的人可能只引起0.5个"亥普"的波浪。而如果这1000位客人起床就发现浴室没有热水、牙膏,或没有手纸,那些"忧伤中枢"活动亢进的人就将体会到幸福湖泊上的大波谷,而那些悲伤能力不强的人则不会受到那么多的干扰。至此,我们已经看到,遗传差异至少有三种不同的方式来影响一个人主观幸福感的平均水平。

但是,幸福湖泊几乎永远都不会静止,因为人们在一刻不停地体验着生活,不同的生活经历会不时地在湖泊上激起波浪。从某种程度上说,人们从所做的事情以及喜欢做的事情中得到的体验,也同样受到遗传的巨大影响。有些人先天就倾向于陷入某种对峙的情境,引起愤怒或者滋长敌对的情绪;又有些人因为恐惧和羞怯而不能得到快乐的体验;还有一些人先天就倾向于做一些能让幸福湖泊产生正波的事情。如果我让基因做舵手的话,那么它在很大程度上会决定幸福湖泊上波浪的大小和数量,从而决定我的主观幸福感的平均水平。也就是说,如果用四位祖辈给我的基因共同掌舵,我就很可能被支配不去做那些积极的和产生正波的事情,然而,我至少可以在一个比较大的空间中掌控自己的航船,去避免那些由基因决定的产生"波谷"的事情;跨越这些事情,并继续积极前行。

在这一部分,我会讨论一些如何在个人幸福湖泊上掀起更多更大正波的方法。

3

效能感与娱乐

> 如果你问任何一个美国人,或者任何一个英国商人,妨碍生活乐趣的最大障碍是什么,他(她)会告诉你说是"为生活而奋斗"。
>
> ——伯特兰·罗素(Bertrand Russell)

我不知道罗素大师在下结论之前实际上询问过多少美国人(也不知道为什么只把所有的"美国人"和"英国商人"做比较),不过他的印象似乎和我的印象有点出入。我记得有一次去一个餐馆参加一个午宴,因为去得太早,就坐在那里一边等,一边"不知羞耻地"偷听旁边桌子上客人的对话(心理学家被允许"不知羞耻地"偷听)。那张桌子上有4个年轻的男孩,可能几年前才刚刚高中毕业,所以很容易描述他们的特征。他们正在饶有兴趣地谈论一个对于他们来说极具魅力的话题——是性、一场橄榄球联赛的决赛、政治,还是宗教?或者是郊游捕鱼?都不是,他们在谈论油布。他们正在做生意,你看他们是那么了解油布的税率、价格、新产品、利润率以及安装等那么多的问题。当时我在想,如果有人在他们毕业之际预测他们几年后会"迷上"油布,他们会如何嘲笑那个人。但在我看来,这四个年轻人对油布生意入迷,且充满信心与乐趣。他们完全不像罗素所想象的那种美国人,因为要"为生活而奋斗"而毫无生活乐趣可言——他们享受奋斗带来的乐趣，并且明显很快乐。

人类是唯一能学会说话、有道德意识并且喜欢创造新东西的物种——比如雕刻、绘画、时装、十四行诗、柠檬派、厨房新地板或"一杆进洞"等。但是，就像语言能力和社会能力一样，人类先天擅长的一些能力，比如创造新东西，也需要从小激发、塑造和加强。当然生活中有很多东西可以作为先天强化物——食物、酒、性刺激、美感、某些药品或娱乐消遣。人们都痴想过上天堂般充满快乐的生活。但是如果不让天堂里的居民去做一些积极的事情，去创造一些东西，去学习和锻炼一些技能，那么，我想这个天堂就有点地狱的味道了。

在明尼苏达一个冬天的下午，气温刚过华氏零度，我刚刚陪威利玩"网球游戏"回来，所以我是用麻木的手指来写这段文字的。威利几乎在所有天气情况下都坚持下午4点的例行游戏。如果我手拿两个网球诱人地走过时，它会敏捷地跳离开食物盘。威利有时候喜欢安逸的被动消遣——比如，在鸡尾酒时间它会蜷缩在一把椅子里（更确切地说是我的椅子）——但是多数时候它宁愿积极地做些事情。人类也是这样，我的意思是人类尤其如此。

一个人是否喜欢积极地做事情取决于他自身以及他之后要做的事情。比如说，尽管我喜欢阅读而且确实读了很多书，但是我的朋友兼同事保罗·梅尔（Paul Meehl）[*]还是令我望尘莫及，我读一本他却已经读了几本。据说在英国的维多利亚时代，当时的首相格拉德斯通（William Gladstone）悠闲地统治着英国，他读了五种语言的书共两万本。我与梅尔（毫无疑问地）以及格拉德斯通（很可能地）的一个区别就是他们能更多记住所读过的书，所以读过的每一页书对他们来说都是一种成就和进步，而对我来说，

---

[*] 梅尔是明尼苏达大学校董事会的名誉教授，美国国家科学院特别会员，获得过几乎所有能颁发给心理学家的奖项。

更像一种短暂的消遣。当我要查询资料的时候最喜欢阅读,因为我知道我的努力会有一个好结果。

然而,对于梅尔和格拉德斯通来说,阅读——不是读侦探小说,而是读发人深思的东西,它与创造、培养一些东西,或者是屠宰一头大象后往家里带回大块后腿肉具有同样的意义,是令人非常满足且很有价值的。可以想象,当他们阅读和思考每一章的内容,在大脑的某个地方"大嚼"一番,就像一个饥饿的人看到一块牛排,会对他们当前和随后的主观幸福感造成一个波浪式的增加;当他们反省刚刚学到的东西(就像回想一顿美食的滋味)时,也会增加幸福感。而且他们两个还都喜欢另一种脑力活动——解决问题。很多外人都可以加入到他们的活动中去,不管主题是与象棋棋子的位置有关,还是与油布生意、科学难题有关,又或者是关于如何用易懂的文字清楚地解释某些东西——连我这种记忆力很差的人都可以加入他们的活动。

心 理 能 量

大多数公认的天才似乎都拥有非凡的专注能力。面对任何手头上的问题,阿基米德总是特别专注、一心一意地投入其中。这种能力使他卓越的数学才能更加突显。这种时候,他会完全忽略那些世俗的生活琐事。从普卢塔克(Plutarch,古希腊传记作家和哲学家,他写的希腊罗马名人比较列传,曾被莎士比亚用在他的古罗马戏剧中)那里我们可以知道阿基米德会"忘我到废寝忘食的地步,有时候对他必须用'暴力'强迫才会去洗澡或涂上沐浴液,他曾经常常在炉火的灰烬上描绘几何图形,在身上的沐浴液上画示意图,经常处于全神贯注的状态,毫无疑问对科学有非凡的热情"[1]。

英国经济学家约翰·梅纳德·凯恩斯在谈到牛顿时说:

> 他的天赋就是纯粹地一直把问题放在脑子里,直到

想清楚为止。我想这种卓越的能力是源于一个人天生的、强烈而持久的敏锐洞察力。任何尝试过纯科学或哲学思考的人,都知道一个人是如何可以时时刻刻思考一个问题,并且全身心地寻求突破的,以及问题突然消失,你发现脑子一片空白的感觉。我相信牛顿能够一刻不停地、整天地、持续几个礼拜地思考一个问题,直到问题向他"投降",显露出真相。你可能会说他同时也是一位当之无愧的出色数学家,但是他最重要的特点就是非凡卓越的洞察力。英国数学家德·摩尔根说:"他乐于大胆假设,似乎想知道更多自己没有办法证明的东西。"[2]

心理学家如果不依赖动机因素,就难以测量心理能量的个体差异。一些人可能比另一些人具有更多的能量资源,这是毫无疑问的,而且我确信这是天生的差异。当然,在体能上,也有天生的差异,我们的成年双胞胎做自我评定时也能够很容易地区分出这种差异。像在第1章中谈幸福问题一样,我们直截了当地问下面的问题:

下面一些问题是要您就某种具体的特质或能力与其他人进行比较。与同性别的同龄人相比您会把自己排在什么样的等级上呢?可能有些项目会很难评定,但是请您尽量做出评定。对这部分的每一个题项,请用下面的量尺进行评定:

1	2	3	4	5
较低的5%	低于30%	中间30%	高于30%	较高的5%

(1) 身体能量:不休息持续躯体活动(工作、游戏、运动、完成任务)而不会感觉疲劳的能力。

(2) 心理能量:不分心持续精神活动(思考、计划、阅读很难的材料、解决问题)而不会感觉疲劳的能力。

(3) 抽象智力:解决知识性问题,理解和解决复杂问题的能力,又叫"学校智力"。

(4) 满意:从好坏各方面考虑,与他人相比,你现在平均有多快乐和满意?

(5) 幸福能力:当生活中有好事降临到头上时,能够真正地享受它;体验到愉悦、热情和满足。不是指现在是否很高兴,而是当事情顺利发展时,是否能真正地高兴、欣喜。

(6) 悲伤能力:当事情变坏时,能够感觉到痛苦;体验绝望、懊悔、失望和痛苦。不是指现在是否很悲伤,而是当坏事情发生时,是否可以真正地体验痛苦。

(7) 整洁:高分者能够保持房间、家和办公桌整洁、干净和有秩序;会把人行道上的雪扫干净,把花园的杂草除干净,把角落的灰尘打扫干净;每次用完东西都会整齐地放好。

我们前后两次相隔三年收集了 102 对同卵双胞胎和 96 对异卵双胞胎的这些自我评定的数据。若不考虑重测变异,我们可以用这 7 个变量的稳定实际值来估计组内的相似性,相关系数见表 3.1。

表 3.1 双胞胎自我评定的相似性

	102 对同卵双胞胎之间	96 对异卵双胞胎之间
抽象智力	0.85	0.41
身体能量	0.48	0.16
心理能量	0.61	0.22
满意	0.73	0.35
幸福能力	0.45	0.12
悲伤能力	0.60	0.36
整洁	0.58	0.25

注:自我评定双胞胎间跨时间的相关系数除以双胞胎内、跨时间的(或重测)相关系数,用来估计每个特质遗传定值的相似性。

首先，看看抽象智力的相似性，它是由长间隔的两个时间点的自我评定计算得来的（同卵双胞胎的相关系数用来估计智力的遗传力）。如果我们使用IQ个体测试而不是用自我评定结果来估计IQ值，个体测试得到的结果也与我们得到的同卵双胞胎的相关系数0.85和异卵双胞胎的相关系数0.41相差无几。这让我们对自己所用的方法有充分的信心。其次，请注意同卵双胞胎身体能量和心理能量的相关性虽然没有满意的相关性那么高，但是也都比较高，整洁也有比较高的相关。这说明：与气质的个体差异一样，这些特质一半甚至一半以上的变异都是有遗传基础的。

你觉得这些特质之间的相关性会是怎样呢？我们用一个大约4200对双胞胎的更大的样本考了这个问题。之前我说过，我们的被试能够区分心理能量和身体能量水平的不同。这两个特质之间的相关系数结果是0.27，对这个大样本来说非常显著，但还只是一个很弱的关系；双胞胎之间实际上也是有差异的。当然心理能量和身体能量并不是没有关系的：格拉德斯通在不读那两万本书或不翻译贺瑞斯（Horace，罗马抒情诗人，他的颂歌和讽刺作品对英国诗歌产生了重要影响）的诗歌时，也很喜欢砍伐树木。* 抽象智力与心理能量的相关为0.55，所以这两种特质虽然相关很强，但不是一回事。整洁只与身体能量相关显著（相关系数为0.21），这是讲得通的。有趣的是，幸福能力和悲伤能力实际上是不相关的（相关系数为－0.03），所以一个人可以两者可能都很高，或一高一低。但是这两种能力都与满意相关：幸福能力与满意是正相关（相关系数为＋0.56），悲伤能力是负相关（相关系数为－0.27）。而且，这两种能力的遗传力大约为45%**。

最后，满意与抽象智力和上面两种能量的相关都比较低（相

---

* 见Roy Jokins著名的传记Gladstone(New York：Random House，1996)。

** 先根据200对MTR双胞胎三年前后自我评定数据的平均值估计幸福能力和悲伤能力的稳定成分，再计算这些相关系数和遗传力。

关系数为0.21~0.24),就是说对一个人的聪明程度以及能量资源多少的了解只能预测这个人的满意度大约5%的变异。就像我们之前所看到的,一些人生来就比别人更具能力和才干,虽然这看起来不公平,但是我们至少可以说这种天赋并不能保证那些才华横溢的聪明人会更快乐。

效能感驱动力

在今天,我们人类喜欢制作和创造东西,这种特质和在原始石器时代一样,是具有适应性的,并且会对我们身处的这个世界产生影响。有些古人能勤劳地从事常规工作——如狩猎采集、养育后代,也有一些从事独创性的工作——如形成新的思想、方法和技能,这些古人更可能把基因一代代遗传下去而成为祖先。蹒跚学步的幼儿影响世界的能力有限,他们弄翻打碎东西、笨拙地敲击或把东西弄得一塌糊涂——在他们身上我们都可以看到效能感的驱动。为什么十几岁的青少年打碎玻璃窗、到处刻写自己的名字、在墙壁上涂沫乱画或故意搞其他的破坏呢?"暴风骤雨理论"是不对的,至少是不恰当的。故意破坏是他们施加影响和控制的方式,那些社会化良好的少年较少倾向于故意破坏的一个原因就是:他们更可能发展了一些有效的技能,认识到满意和乐趣产生于创造东西而不是破坏东西。

"积极的工作"包罗万象,从用十分钟帮我的妻子拧好蒸锅锅盖的把手,到长期的工程,比如说撰写这本书。换掉盖子上生锈的螺丝钉也是一项有一定挑战性的工作,花十分钟的努力就能产生大约0.25个"亥普",这看起来也不错。正如第1章讨论的,因为人类有能够预期未来的特殊能力,长期的工作能够产生很多正波。每完成这本书的一部分就能产生一些小小的正波,因为写书是我喜欢的活动。我能快乐地从事一项特定的工作的时间,取决于工作所需的身体能量和心理能量在我身上的存储量。

另一个局限更加微妙，而且正在我身上体现着：我现在处理两本书的工作，这本正在写的新书和修订另外一本书*。我惊讶地发现，尽管这两项工作同样要求躯体能量和心理能量，但是，当我在这一项工作上文思枯竭时，我还能有效地在另一项工作上花1～2个小时。显然，这两项工作所要求的认知流程截然不同，所以我们在一项工作上因为疲劳而受阻碍的时候，还能继续其他事情。现在我可能已经发现了一件对那些遭受文思枯竭之苦的作家很有用的事情——如果你正在写一本教科书，那就同时开始写另一本书吧，比如写小说，反过来也可以，至少这种方法对我很有用。

可能就是人们这种在遇到困难时只做一个小小的转变就能够重新精神振奋的能力让很多人在一周40个小时的工作时间里，保持工作兴趣，让幸福湖泊持续荡漾出波浪。我在当地一条大型购物步行街里观察过一位西北航空公司票务柜台的女职员。她是一位超高效的职员，知道所有的航班时间，随时掌握价钱的变化；能够在与顾客交谈的同时往电脑里面输入查询信息，与客人保持目光的接触而从不会有任何疏漏。但是特别让人印象深刻的是她的礼貌。她让你感觉像在她家做客一样。在排队时，我观察她与那些易怒客人的交涉，她像位女皇一样接受着挑战。这让我想起在我们当地开修鞋店的那个师傅。那时我还是一个孩子，我对他的记忆比对那个时候任何老师的记忆还要深刻，因为他是一个真正令人尊敬的人，对人友善，有修养，和咨询室里的医生一样，他也是自己领域内的大师。这两个人每次与他人即使是简短交流时也都会投入真诚和关注，让每位顾客觉得受到尊重。这不仅对做生意有好处，而且让每一天都更丰富多彩、更有趣，从而让自己更满足。

星期三的早上，我和我妻子经常开心地看着那些来收垃圾的工人。那些年轻人娴熟而活跃地工作着，看起来总是很快乐。他

---

* Lykken D T. A Tremor in the Blood: Use and Abuse of the Lie Detector. 2rd ed. New York: Plenum, 1998.

们做着一项重要的工作,而且是很有风度地做着这项工作,怎么可能做得不开心呢?我造访当地的管道设备代理店时,常常会受到鼓舞。在那里你会看到几个男工,都是熟练的管道工,坐在一个长柜台的一边,为顾客解决问题的同时还总是轻松地开着玩笑,不仅和同事开玩笑,还和我这种对管道工作一无所知的人开玩笑。这些人显然很乐于与像他们一样的专业人士打交道;他们互相了解,互相交换各自的经历。但是我觉得他们更喜欢和我们这些不懂管道的人打交道,因为我们对他们来说更是一种挑战。我们给予他们机会应用他们的知识,判断我们遇到的问题,给我们解释应该如何去解决我们的问题。那位柜台边上的女票务员和他们一样熟练和迅速。我坚信,帕克管道代理店里的员工的自尊、才干和生活乐趣的平均水平比很多华尔街的交易员还高。

有抱负的、勤奋的和对自己有高要求的人在我们的人格量表 MPQ 里的成就分量表上会得高分;可以说这个分量表测量的是一个人效能感驱动力的强度。在青春期,男孩在成就量表上得分的遗传力比女孩高很多,但是这种趋势到了中年就完全反转过来了。在我们的"双胞胎-家庭研究"中有一个 17 岁的女孩比男孩在成就量表上得分低,而且比她父母还低。我想这意味着在我们的文化中,一般的高中女生都认为她们成功的最大机会来自女性吸引力和受欢迎程度,而不是聪慧和勤奋。我们登记在册的中年双胞胎中,那些没有子女的女人比男人的得分更高,也比有子女的双胞胎姐妹的分数更高。我想这意味着许多有才能的女人认为生育是成功的一个障碍。我认为这是我们的文化影响了女人,如果我这个观点正确的话,那么我觉得文化一定是被人误解了。青少年双胞胎的母亲在成就量表上的平均得分与她们的丈夫差不多,我觉得这是因为她们知道,不管那些有益的事情是家务还是公务,只要做并把它们做好都是令人满意的。

在第 1 章我曾经提到,那些无法让囚犯参加积极活动的监狱是非常危险的地方。犯人靠举重来锻炼肌肉,拉帮结派、制作武器,争凶斗狠,密谋走私毒品,策划越狱。就是说,他们抛弃了大众娱乐,不可避免地形成了这些独有的活动方式。如果让我来设计一间理想的监狱的话,我会在每个囚室里安放一个电脑终端,而不是放一台电视。犯人们可以通过完成电脑里设定的一些比较复杂且需要耐心的学习任务,来赢取食物、赚得看电视(由电脑屏幕播放)、玩电脑游戏、在举重室里活动、使用电话等的机会。文盲可以学习如何阅读,不会数学的可以学习基础的算术,没有受过教育的也可以完成普通高中课程,那些有能力的人可以学习更高级的课程。电脑可以可靠地评估他们的能力。另一样他们还可以赢取的东西就是非暴力的成人色情录像,至少在发明那种安全可逆的人体植入芯片之前可以用来缓解犯人在监禁期内的性压力。

我设计的监狱将是一个忙碌的、更有秩序的和更安全的地方。有些人可能会认为花这么大的力气去满足这些重罪犯人的效能感驱动力,让他们保持快乐,免受伤害太不值得了。但是,请记住,犯人和其他人一样拥有适应逆境的能力。我们知道刚刚被定罪的犯人会垂头丧气,但是,头六个月的铁窗生活过后,大多数的犯人会和被捕前一样地快乐。我设计的监狱就是让他们快乐地做一些无害且积极的事情,而不是偷偷摸摸地做那些危险的事情。

娱 乐

"娱乐",在《韦氏词典》里的解释是:愉快地集中注意于某事,做一些让时间快乐地流逝的事情,使自己高兴。我们已经看到很多积极的事情能让时间快乐地流逝,所以我们需要更小心地定义娱乐。我相信每一位雇员,从技工到电影演员,都经历过沉闷的时期。对于那些自主创业者也是如此,就算是聪明过人、具有超强创造力的人也不例外。音乐会上的钢琴师、小提琴家每天都要演奏4~6个小时,他们有时也要瞟一眼钟,希望结束的时间快点到来。米开朗基罗站在脚手架上,在梵蒂冈西斯廷教堂的天花板上作画的时候,也并不能每时每刻都集中精力。相反,我们看到巨额中奖者卡尔·因霍夫在中奖后还继续开铲车,可能因为他就是喜欢开铲车。这也并非唯一的例子。在1981年[3]和1989年[4]的全国调查中,人们被问及如果一夜暴富是否会继续工作,70%～75%的人都回答会继续工作。售票员和杂货店员,管道工和警察,木工和清洁工——他们很少有不快乐的时候。小时候我也做过各种我喜欢的卑微的工作。唯一一项繁重的工作是在爱达荷州五针松林中拔醋栗丛。这项工作不需要什么特别技能——就是在用细绳标记的没有尽头的窄路上跋涉,寻找一种会侵害松树的疱状锈菌病毒的寄主——醋栗丛。如果负责森林维护的老板更聪明些的话,他们就应该给每个男孩一个大麻袋装他拔除的醋栗丛,好用来衡量每个人工作做得如何以及形成一种良性的竞争。每一项工作都是一种挑战,要用技能和才干完成,无论做得好或做得差,根据《韦氏词典》来说都可以说是一种娱乐。

词典的定义不足之处在于,我们通常都认为娱乐是在闲暇时候寻求的活动,是我们工作之外的,即使我们相当享受工作也不算是娱乐。有趣的是我们很多闲暇时的活动同样可以提供锻炼和实践某种技能的机会:例如电脑游戏、国际象棋和桥牌;还有业余爱好,例如收集东西、养鸟、园艺,更不用说体育运动了。就是被动的娱乐似乎也包含某种技能。想想那些运动爱好者,他们了解所有选手以及他们的比赛记录;那些歌剧爱好者,能够在大都会剧院问答比赛中回答问题;还有那些莎士比亚迷、电影迷,甚至那些追捧连续剧《欢乐单身派对》所有剧集的人们。再比如社交活动,当然我说的是在家里招待客人,它要求很多社交礼仪和技巧——布置房子、打扮自己、选择酒水、准备食物等所有的社会技能。

甚至性活动(我一贯这么认为)也是技巧性的游戏,这似乎是不难想象的。当想到数以百万计,甚至上亿的失败婚姻时,人们总是悲叹。(对男女性事无知的解决方法是什么呢?一门关于性交前戏的高中课程似乎不会被接受。法国人是怎么做的?只要知道答案,我会用一整章的篇幅来讨论这个问题,并把这章的标题叫做"快乐源于性")。

当然,我们大多数人都确实有过一些被动的娱乐活动。比如今晚我要看美国公共广播公司的节目《神秘》,或者我还要看一点星期天的美式橄榄球"超级碗"的比赛。我和妻子几乎每天都要看大约两个小时的电视,关注新闻;因为我们的孩子还小,在午饭时间她就和孩子们一起看一部日间肥皂剧——《世界在旋转》(这个节目中演员的表演都非常精彩,编剧在许多当时重要的社会问题上与观众交锋——临终关怀与安乐死、流产、同性恋、父母渎职和测谎仪等)。我还记得从前我们全家在我父亲那台用电池的、整个街区唯一的一部收音机前收听1932年的总统选举结果。在那个时候,许多孩子的父母都没受过教育,在没有书籍、没有报纸、没有收音机,只有父母的日常琐碎事物和对话的家庭环境中长大。孩子的成长过程中所获的信息很少,远不及现在的孩子拥有的知识信息。如今,由于电视的发明,几乎所有的儿童都可以透过这个窗口了解我小时候根本无法想象的世界。

过去60年来,西方世界的一个令人振奋的变化就是人们在IQ测试分数上稳步提高,几乎每10年提高3个IQ分数点[5]。这些提高很可能大部分源于低智力端(得70多和80多分)人数的减少,从而导致总平均数提高(如果这些提高是整个分布上的提高的话,我们应该可以看到现在的天才是20世纪30~40年代的几倍,不过这个现象并没出现)。我想临界智力落后者的减少,部分源于产前营养改善等原因,但是我觉得部分也是因为丰富的知识刺激——来自电影,尤其是来自电视的。如果你给那些实验室老鼠更大的笼子,放上玩具,有其他的老鼠相互影响,那么它们的大脑会发展得更大。对于孩子来说,也应该是同样的道理。

我每个月看一部推理小说,我和妻子每年大概看10场电影。我们有时候还去葛社凌剧院看戏或去听几场明尼苏达管弦乐音乐会。我们给儿子和孙子们寄信、打电话或时不时看望他们。我们听大量的音乐,在这里尤其要向大家宣传一下拉格泰姆音乐(切分乐曲,其特点是旋律中强切分音和伴奏中有规律的重音,1890~1915年间在美国流行的一种爵士乐)。在我的车里有一张克劳迪·波林演奏的拉格泰姆风格的钢琴曲唱片,我想在听这种雀跃激昂的音乐时,人不快乐是不可能的。听《苏沙小喇叭进行曲》也是非常好的疗养方法,特别是在长时间驾车感觉疲劳后。我们暑假到了"现代桃花源"——原始泛舟野营区,在那里的小木屋待了相当长的时间,但是很多时候都是在工作、修理或改进一些东西。事实是,我们很多人大多数时间都在工作。我父亲,一个工程师,也是发明家,待在我们家的日光浴室里,大部分时间都花在他的制图板上。我们家的一个家庭神话就是"爸爸忙着呢"。当然他很忙——忙着他最想做的事情。我现在坐在电脑前也做着同样的事情。唯一的区别是我不能维持这个神话——我不像父亲那样,做事情是因为必须要做——我做是因为我想做。我认为对自己诚实一些更好,至少在一些重要的事情上。

注 释

[1] W. Dunham, Journey Through Genius (New York: John Wiley & Sons, 1990).

[2] J. M. Keynes, "Newton the Man," in The World of Mathematics, vol. I, J. R. Newman, ed. (New York: Simon & Schuster, 1956).

[3] A. Campbell, The Sense of Well-being in America (New York: McGraw-Hill, 1981), 115.

[4] R. A. Niemi, J. Mueller, and T. S. Smith, Trends in Public Opinion: A Compendium of Survey Data (New York: Greenwood Press, 1989), 242.

[5] J. R. Flynn, IQ Gains Over Time, in Encyclopedia of Human Intelligence, R. J. Sternberg, ed. (New York: Macmillan, 1994), 617—623.

4

快乐的老饕

> 享乐主义者,以前指贪图享受,特别是享受美酒和美食的感官主义者;现在多形容表现出特别的品位和讲究享乐的行家。
>
> ——《韦氏词典》

我们知道,基因是通过影响人们的作为、体验、选择的环境而间接地影响心智的。个人幸福湖泊的平均深度很大程度上可能决定于每个人大脑内的化学物质状况,而我们自己是对之无能为力的。但是,我们可以通过自己的努力使湖泊泛起波浪,努力不让基因的舵手操纵自己,这样就可以保持在一个较高的水平上。财富、名望、荣誉都不能带来持续的幸福,倘若说努力本身就是令人愉快的话,那么我们的快乐就来自那些奋斗——为了值得付出的崇高目标而奋斗。这些目标本身没有问题,但是我们要坚信,朝目标努力就能获得至少一半的快乐——我们还要记住,在快乐消退之前需要设定新的目标。比尔·盖茨,世界首富,现在他有没有坐下来欣赏自己的名声和财富呢?不,没有,他比以前更忙碌地做着新的项目。

我年轻的时候,家里的木工活、电工活、简单的水管工作等基本上都是我自己做,而且我也很喜欢做。现在我是一个老人了,在森林的小木屋里还要做这些工作;当有些东西要修理时,我才会叫汉明格森先生帮忙。他今天早上就在这里,修理厨房水槽的下水管,不让它把水漏到地板上,我对他说:"迪克,你做这个工作一定非常快乐,每次都处理不一样的问题,在不同的地方,帮不同的人,而且你每次离开前都能把问题解决好。"

他回答说:"你说的很有意思,我做其他的事情也做了很多年,卖保险、搞房地产,那些工作很赚钱,但是我并没有得到真正的快乐。为此,我曾经去咨询过,那人问我什么是我想做的,我告诉他自己想做一些修理性的工作,就像我现在做的。我不想整天困在哪个店里,我想的是像现在这样随叫随到,四处奔走。这就是我决定要做的事情,而且我从没后悔过。"

绿树金融有限公司是圣保罗集团中一家公司,主要业务是向活动房屋卖保险,我曾经在一篇报刊文章中看过关于这家公司总裁的报道。这个人叫里昂那多·考斯,去年赚了6700万美元,但是今年他将赚1亿(这就是说他努力的成果明显比我们大学文理学院所有教师的贡献总和还大)。

我问汉明格森先生:"那你愿不愿意和考斯先生交换位置?"想了想,我和汉明格森都同意和他换,比如说换两个月时间,第一个月挣900万,第一个月挣的钱就用来付税金,但是考斯先生一定会要求换回来的。可能考斯先生的生活除了赚钱以外,其他方面也很丰富,但是汉明格森先生和我都有自己的生活风格,并且与自己的才干和需要匹配。与别人永久性地交换生活是非常愚蠢的想法。

在第3章中我们看到大多数让人类保持微笑的正波来自于锻炼技能和应用技能,做有意义的事情并把它们做好。试想一个周末举行的高尔夫四人对抗赛,在这个阳光灿烂的早晨球手们轮流发球。他们是不是打得很草率、很平淡,只想快点打完回家去呢?不,不是的,他们集中精神,思考着每一步如何发挥最高的水平。我们休闲、打网球、打猎、钓鱼、打桥牌、购物、观鸟或在地下室做木工活都是这样。我想这个法则同样也适用于那些为了买汉堡和付房租而热爱工作的人们。那个中奖后还坚持开铲车的人:你敢打赌他不擅长他的工作吗?我所见到的在工作岗位上快乐的人都是有能力并热情地工作着的人。是因为他们快乐所以工作出色吗?也许是,但是,我还相信他们因工作出色而快乐——这叫做积极的反馈。

最近,管理部门在改善交通系统和工作场所条件方面取得巨大的进步,让残疾人更方便;此举不是为了省钱,而是让残疾人能够享受做有意义的事情带来的乐趣。最近关于福利改革的讨论非常多,大多数似乎都是为了节省税款。我认为让人们脱离失业救济重返工作岗位的一个最主要的动力,应该是每个人自己的幸福感。罗纳德·安格勒哈特让16个国家超过169 000人对自己的生活满意度做等级评定。唯一一个能显著降低满意度(我们可以用满意度衡量幸福)的因素就是失业,见图4.1。但是,请注意人类的适应性在这里都体现出来了。尽管失业组总体比有工作组更不满意,但是多于50%的失业者还是对他们的生活感到满意的。

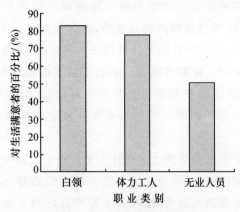

图4.1 对生活满意度的评价

引自:Inglehart R. Cultural Shift in Advanced Industrial Society. Princeton: Princeton University Press, 1990.

许多救济领取者需要一些训练才能获得再就业的机会,很多有孩子的救济领取者还需要子女日托服务。然而,相应地,那些有技术的人可以雇来培训没技术的人,那些正依靠救济生活的单身母亲可以被新的日托中心雇用,在专家的监督下学会做一个更好的母亲。

但是,假设你有工作,而且像周末的高尔夫球手一样为把工作做好而付出了足够多的努力;假设你很了解存在于生活中的"幸福窃贼",而且你正在采取措施防止它们搞破坏,防止它们在你幸福的湖泊上引起波谷。你能做些什么在这个由基因决定的满意定点以上推起幸福波峰呢?在这里我们并不是谈论海啸,而是那些必须由你自己运用谋略获得升迁,中得彩票,赢得竞选、爱人、冠军、荣誉的事情。但是要记住(就像所罗门王所说的)这些东西所带来的快乐不会永远持续。我们每个人需要培养一些"快乐习惯",用能让我们保持微笑、激起正波的活动来调剂日复一日、年复一年的生活味道。

几年前,我和五六个同事组成"美酒智慧社",每个月在校园俱乐部聚餐。每次由一位成员带来美酒,另一位成员带来另一样东西——智慧。我们都喜爱这样的聚餐活动,带来的那部分智慧必须与美酒有关。我们指定的"斟酒服务员"在选择美酒,而且我们品尝美酒,并且煞有介事地在一个20点的量表上为它打分。我对酒有些了解(不是特别多,因为缺乏敏感的味觉和用来储存关于酒的信息的大脑空间),甚至在地下室还建了一个酒窖。然而我所学到的主要的东西却是,当一个人真的很专注的时候,是可以那么快乐地享受那件自己专注的事情。一个老饕并不是在卖弄,他是一个机智地从各种机会中获取最大快乐的人,能真正地细细品尝和享受每一次快乐的体验。

我成为一个享乐的"老饕"的第一步似乎是:给可能发生的事情列一个清单。你自己喜欢做的事情是什么?别人喜欢做的,而你去尝试一下也可能喜欢做的事情是什么?在列单子时,有一件非常重要的事情需要记住,就是——多样性是生活的香料。(谈论这个最基本的话题,我不得不提一些陈词滥调,因为这些事实大部分自从语言发明以来人们就知道了:我们懂得这些道理,只是没有按照它们来行动罢了。)你有哪些可以继续培养的才能呢?即使你没有特别的天赋,哪些技能是你希望获得的呢?我对烘烤和园艺没有什么特别的天赋,但是就像我下面要讨论的,我从这两项活动中获得了巨大的快乐。做好工作,帮助邻居,指导孩子,做志愿者,或者只是努力让自己更友好一些,许多人都能从这些事情里面得到真正的快乐。几年来一直让我觉得很棒的一件事情就是,当知道某个有权有势的人有违法犯罪行为时毫不犹豫地检举他。(如果没有人说出来,问题仍然存在)为了酬报那些做好事的人,我祝福他们,而且给他们写和检举信一样多的表扬信。

然而,我应该忏悔,我把大多数曾经给我带来快乐体验的事情都忘记了。我最珍贵的记忆之一是,和8岁的儿子约瑟夫一边走过冬天的大雪,一边给他讲我小时候听的关于忠告的寓言故事。当我讲完故事后,约瑟夫的评论是:"嘿,爸爸,听起来好像你从来没有把事情做好过!"啊,但是我从所有的错误中都吸取了教训。比如说,我喜欢在电脑前长时间地工作,如果不小心的话,就会不断跌进幸福湖泊的波谷中,因此我需要做出调整。一天早上工作进展顺利,我和妻子观看了葛社凌剧院下午最后一场戏剧,如果由我决定的话,我就可能错过这场戏了。但是,我们还是动身去看了这场我看过的演得最好的《仲夏夜之梦》。但是后来,我决定在看莎士比亚戏剧之前重新阅读剧本,以预先调整耳朵去接受那丰富的语言;因为,以前我几乎要看完整个第一幕才能很好地跟上台词。多么美妙的台词啊!"我们一起笑着,看那些船帆因狂荡的风而怀孕,一个个突起了肚皮。"一个真正享乐的"老饕"随时准备聆听和欣赏那样的艺术财富。我和哈瑞特都是一个复式桥牌(定约式桥牌的一种)团的成员,已经打了好几年;但是如果我们不怕麻烦去读一两本关于桥牌的书籍,循序渐进地提高水平的话,应该更有趣。上次我们带全家去南太平洋的西萨摩亚待了几周。那是一次难忘的旅行,但是真正的"老饕"事先会研究清楚要去看什么,怎样去欣赏所看到的。我坚信那些很喜欢球赛、音乐会、拳击或芭蕾的人对他们所观看的是最了解的。

如果我能回到年轻时代,会把一些非团体性的运动列到我的单子里面,比如网球、滑雪或高尔夫,等到老了还能继续这些运动。我打了几年的壁球,为了得分而气喘吁吁、大汗淋漓是多么令人欣快的事情,但是壁球场地不是什么地方都有的,而且据我的经验,随着年龄增大,反射动作减慢,这个游戏会很危险。在与对手的球拍碰撞失去两颗牙齿,差点失去一只眼睛后,我决定放弃壁球。因此,显然我不可能做年轻一代享乐的"老饕"的榜样,但是我将提到的一些娱乐活动很多人都可能提到。

烹 饪

我没有姐妹,也没有女儿,可能也是因为这个原因,我和四个兄弟以及我的三个儿子都多少会一点厨艺。我大哥亨利现在已经 80 多岁了,是一个会做美食美酒的大厨,二哥乔治现在是一个鳏夫,也是一个熟练的"厨师"。我的两个儿子在他们自己家里也几乎包揽所有烹饪工作,而且乐此不疲。

现在我的妻子和儿子们都是素食主义者,大约 20 年前,家里所有的肉类食物都是我做的,但是我真正喜欢的却是做啤酒面包和馅饼。我会告诉你怎么做啤酒面包和完美的柠檬蛋白甜饼派,如果你还不是一个经常烤面包的人,你将发现偶尔花一个小时在这项创造性的活动上是多么快乐。

啤酒面包

这是一种发酵类面包,烘烤时满屋生香,理想的早餐吐司就做成了。你需要一个大碗、两瓶温啤酒、三小包能够快速发胀的酵母和五磅标准面粉。

在准备烤面包的前一晚，你要开一包发酵粉，放入温水中起效 10 分钟。然后把酵母水和啤酒放在大碗里搅拌，开始加面粉，一次加一把，同时用搅拌器或大汤匙搅拌。当混合物几乎和浓豌豆汤一样黏稠时，盖上碗，置于暖和的地方过一夜。第二天早上，把剩下的两包酵母分别放入两杯温水中起效 10 分钟。往那碗已经发酵一个晚上的味道正确的生面团中加入两汤匙盐。放入发酵水里搅拌，开始加入面粉，一次一杯或两把，每次都搅拌均匀。随着面糊越来越稠，你的搅拌工具从搅拌器到大汤匙，再到两只手。当五磅面粉剩下大约两杯的时候，生面团就可以揉面了，用粘满面粉的手揉面，边揉边洒面粉，揉上大约 10 分钟，一直揉到剩下面粉用完了，面团里外稠度差不多为止。再盖上碗，让面团在暖和的地方发酵一两个小时，直到发胀到原来两倍那么大。

弄干净一块案板，洒上面粉，把面团从碗里倒出来，弄成小圆丘形状，切成四个等大的部分。用粘满面粉的手把它们做成大蘑菇头形状，然后把它们放在案板上 10 分钟，同时给四个平锅上油。这道最后的工序最好是直接用手指粘了黄油，用力抹擦，让每个平锅的锅底都涂上油。然后就用你油腻的手，把四小块面团捏成椭圆，使它们刚好能放进平锅里面去，再把它们放到一边，再次发酵。（我把他们放在冷炉子里，一会儿就在这里烤）过一两个小时，平锅就整个被面团充满了，你要用剃刀刀片或锋利的刀在每个面团中间浅浅地切一道。然后把烤炉开到 425 度，把时间设为 45 分钟。你也可以把其中一个面团块做成三根法国棍子面包，发酵前一英尺长，直径大约一英寸，待会涂上黄油或奶酪趁热吃味道非常棒，但是烤好后一小时内不解决掉的话，就不值得浪费面团做一条面包了。面包最好切得尽可能薄，而且烘烤的时间要是商店里的面包烘烤时间的两倍那么长，慢工出细活嘛。

柠檬蛋白甜饼派

自己擀馅饼皮是一件麻烦的事情,所以买现成馅饼面皮,把其中一块焙热约半小时,把面皮摊开,然后遵照盒子上的说明来烘烤就可以了。同时准备四个鸡蛋、一个大柠檬、三大汤匙的黄油。把一杯食糖放入一个小炖锅里,准备好三分之一杯食糖在一边。在炖锅里加入四分之一杯的玉米淀粉,用一个调羹把它和糖拌匀,再加入一杯半的凉水搅匀。把柠檬洗净,削皮,切成两半,把柠檬的汁挤入一个杯中。把鸡蛋的蛋黄和蛋清分开,分别放入两个小碗中。拿餐叉用力打蛋黄约一分钟,再放入炖锅的混合物中,同时放入柠檬皮和黄油。

这时,你的馅饼皮大概也好了,放在一旁冷却。把炉温调到350度。开始用中温煮混合物,并经常翻动。当黄油开始溶化,混合物开始冒泡泡时,它就开始要变浓了。沸腾的第一个泡泡出现后,继续翻动足一分钟;这点很重要,因为如果不足一分钟的话,馅饼最后会烤糊的。然后关小火,加入柠檬汁,搅匀。这时馅饼皮凉得差不多了,把混合物倒到烤好的馅饼皮上面。拿出打蛋器,把蛋清打到尖端能成型的程度。再放入剩下的三分之一杯食糖和一茶匙香草精,拌匀。用这些蛋清和糖的混合物在馅饼上面做造型;我喜欢在中间留一个洞,看得到黄色的柠檬饼馅。小心地把你的"杰作"捧入 350 度的烤炉,约烤 15 分钟,或者直到蛋白酥皮起了褐色的条纹。拿出来,冷却,然后快乐地吃掉。

种　　菜

西塞罗(Cicero,公元前 106—前 43 年,古罗马政治家、雄辩家、作家)说"从农艺中我发现了不可思议的快乐",罗马大帝戴克里先(Diocletian)也开始认识到当罗马的君王还比不上自己亲手种植蔬菜快乐。伏尔泰哲理小说中的人物赣第德(Candide,徐志摩译为《赣第德》,傅雷译为《老实人》——译者注)和随从失望多次以后,发现同样的事情:"我们必须种植我们自己的菜园。"也许是因为农艺的多样化和一年一更新,它不仅是古人的一种慰藉和乐趣,现在仍是许多人主观幸福感永不枯竭的源泉。试一下吧,你也会喜欢的。

我父母从来没有种过东西,我也没有,直到我们的儿子们分别是4岁、6岁、8岁时,我和妻子换房子,"新房"后院是一块荒地。我把院子用栅栏围起来,把土翻松,用砖头铺了一块室外用餐地,然后冲动地在这块现在看起来很肥沃的土壤上种上了一些蔬菜:番茄、玉米、南瓜、洋葱、莴苣和青椒。我们认为孩子们一定会很高兴看着植物生长,但是好像我们自己更喜欢。不到两年我们离开了那座房子,因为我们发现社区是一个上层雅皮士经常举办鸡尾酒会的环境,孩子们是被忽视和放纵的,我们不想让儿子们跟这样的小孩接触。然而,我们虽然发现得比较晚,可还是发现了西塞罗早就发现的东西,我们把第三栋房子朝南的小侧院专门用做蔬菜园。

因为空间有限,我找到一本园艺书——《方寸园艺》作为基本指导。我用制图板规划了七块中间留有窄道的苗床。在一周内,我辛勤地把每块地里面的土都翻一遍,然后在上面铺上黑土,那一卡车黑土是我买好堆放在旁边的。现在,差不多30年过去了,每个春天我都要在苗床上施上牛粪肥,夏天它们还在继续"工作"。我们种上草莓、黑莓、鹅莓、红醋栗,几种不同种类的番茄和莴苣、四季豆、黄瓜、青豆、胡萝卜、甜椒、辣椒、红球甘蓝、花椰菜、南瓜、香草、给猫吃的猫薄荷。我们还经常把一些甘蓝留到感恩节,用斧子把它砍下来,摘下球芽冷冻起来做我们的家庭盛宴。另一位园艺理论家卡尔·克劳斯,他是爱荷华(Iowa)大学的英语教授,不管是作为一个"农夫"(他在四分之三英亩的土地上翻土、种植和收获)还是作为一个作家,他都比我有雄心。他最近的著作《我的蔬菜情:生长季节日志》,是一个启示,也是一种快乐。

我和哈瑞特都不是不知疲倦、精于园艺之道的人,而且我想我们最终的产品要比超级市场卖的贵一倍。(事实是,超级市场里面大多数产品都便宜得荒谬;这周我们超市里售卖迷人的大头莴苣,一个一个包装好的,才卖 25 美分——怎么可能呢?)但是我们却有天生的好奇,去观察生物发芽生长,又在每个春天万物复兴重生,从我们自己园子里长出来的每一样东西都好像味道更好!而且,它们是有机肥培养的,没有用过杀虫剂或其他的农药,包括危害真的很大的那些农药,美国人把那些农药卖到其他国家,他们用在水果或蔬菜上,再运回来给我们吃。现在我们三个儿子都在各自的院子里种植蔬菜,而且我想我的孙子们也会跟着这样做。

5

劳动带来的幸福

> 正如斯塔兹·特克尔（Studs Terkel，美国作家、口述历史学家）所写的，工作是"寻找每一天的面包，也是寻找每一天的意义的过程；是寻找现金也是获得承认的过程，寻找惊喜而不是怠惰的过程；简言之，就是一种生活而不是一种从星期一到星期五的衰退"。我们通过工作阐释自己，也留下给生活增添意义的财富。
>
> ——戴维·迈尔斯[1]（David G. Myers）

在加利福尼亚州和内华达州边界上偏远的山谷，有一座叫"深泉学院"（Deep Springs College）的独立的大农场。它真的就是一座大学，学生总共就是来自全美的20~24名非常聪明的年轻人。尽管在社会上很不出名，但是美国其他更好的大学的招生主管都对这所两年制的初级大学很熟悉，每年毕业班约10名学生很顺利地进入他们想进的大学继续深造。我第一次认识深泉学院是在1975年，那时我的小儿子马修刚从高中毕业。因为他是美国高中毕业生最高荣誉获得者，拿到各种类型的大学的入学邀请，包括来自这所学费和食宿费全免的加州不知名的学校的邀请。我们的第一个念头就是这肯定是一所教会筹办的学校，或者是某个培训项目,但当我们在图书馆查阅《美国的学院和大学》时,发现里面有深泉学院,而且就邻近达特茅斯大学(闻名遐迩的"常青藤"盟校之一)。但是深泉学院新生的 ACE 考试或 SAT 成绩的平均分比达特茅斯大学要高,比哈佛大学和麻省理工学院也要高,甚至比本书里提到的其他任何学校都高。在申请表上有 10 个具有挑战性的问答题,由于马修直到最后一刻才考虑申请的事情,所以他忙了几天。最终,他的努力成功了,让只有 16 岁的他马上就出发开始他两年最难忘的生活。

深泉学院于 1917 年由卢森·纳恩创立。纳恩是西部电力公司的创始人之一,他创立此学院的目的是为了培养"明日的领袖"。深泉学院是一个经营型牧场,又是一所大学:295 000 英亩的农场,里面有 3500 英亩的草场,农场由一个专业牛仔管理,大部分的工作却是由学生们来做的。它也是一座农场,为牲畜生产干草,为公寓生产蔬菜,学生们和全体员工像一家人一样一起用餐。那些食物大部分都是农场生产和加工的:牛奶、肉类、蜂蜜、自烤的面包和糕饼,所有的水果和蔬菜。学生们除了放牧、饲养牲畜和在地里工作外,还要在也是从学生中间选举出来的"劳动委员"的委派下在厨房帮忙,管理图书馆,给奶牛挤奶,照顾猪和马,做必需的机械或修理等工作。每一样工作对这个社区都是非常基本的,每一个新委派的学生都要从该职位的前任同学建立的和传递下来的档案中学习该职位的职责(其中一项责任就是更新和改善档案的信息)。

一开始,深泉学院很大程度上都是学生自我管理,制订规章制度,选择每年的入学课程,给课程和教师的置换投票。六位教师住在大农场朴素的房子里,给学生们提供丰富的、高水平的文科课程。一个班级一般五个人或更少,教学主要是辅导式的。唯一必修的课程就是写作和演说,纳恩先生相信领袖必须能够在书面上清晰地表达思想,在口头上有效地表达意图。每个学年包括六个学期,每学期七周,从 6 月末到下一年的 5 月。在圣诞期间有一个月的假期,6月份还有一段休息时间,为期两周。学生们经常利用这些短暂的学期间的休息时间,独自成行或三五成群在山区野营,或者搭顺风车游览西海岸。深泉学院被两座山脉包围,没有电视,连无线电接收都受到影响,只有一部同线电话,与牲畜、几条蛇以及其他一些生物共享 4×12 平方英里的山谷,真正与拥挤的人群隔绝。学生们每周可驾车去一次附近的小镇。但是学生们并没有在知识上与世隔绝,因为主楼内的阅览室精选有最好的、几种语言的报纸和杂志,而且图书馆 24 小时全天候开放。

图书馆的书包括很多深泉学院校友写的,尽管校友在人数上相对很少,却是全世界学校中受教育最好的学生。他们中 3/4 的人拿到更高的学位,而且大多数获得了一个或几个学科的博士学位,而常青藤盟校的毕业生只有不到 8% 的人拿到博士学位[2]。1980 年是我的休假年,我在那里待了三个月,教授一门心理学课程以换取食宿,当时有另一位志愿教师,他是耶鲁大学电子工程系的退休教授,也是 1918 年那里的第一届学生。图书馆有他的一些著作,加起来大约有 2 万多册。

这些学生几乎能够在任何他们所选择的大学里面完成优良的学术教育。就像纳恩先生设想的那样,学生在深泉学院所获得的特殊的东西就在于,快乐来自于承担责任,做一项必不可少的工作、并把它做好,不是为了薪水和升迁,而是因为这项工作需要人做。我认为这个地方的另一个可贵之处就是它与人类"优胜劣汰环境"的类同之处。深泉社区非常像一个自给自足的、住着我们祖先的大家庭,每个成员为了生存,都要在团体内尽自己的一分力量。我想我们对环境做出了适当的反应,是因为那些不尽自己力量的古人成为我们的祖先的可能性更小。

深泉学院的一个有趣的现象是,这里没有私党、小圈子,也没有社会的弃儿。聪明、伶俐的年轻人刚来时有些非常个人主义和行为怪异的人,在其他场合很容易就被故意冷落或被取笑,但是这个独立的小社区却不能排外。西部大学认证委员会(Western

Accreditation Commission)在一份细致的观察报告中说,深泉学院的学生"明显乐于自己承担责任,成为社区内有贡献的成员"。他们完全不是那种蔑视手工劳动的假内行的知识分子,而是以把任何工作都做好为骄傲的学生,从迅速地洗碗到能够在喂食时招呼猪。在一个人人都很清楚每项工作的价值的环境里,学生们认识到生活中重要的不是你所做的,而是你如何去做。

深泉学院校友后来的成功可能要归因于他们天生强大的能力,但是,我认为不仅仅缘于此。当古代的孩子们在成长过程中学习如何做人的同时,深泉学院的学生也发现一些同样基本的东西,体会到把工作做好的满足,帮助社区也利于自己。校友们在社会上立足后,回报深泉学院的频率是加州其他大学校友回报给母校的三倍。我想这表明他们不仅非常欣赏自己在深泉学院的经历,而且他们有奉献多于索取的品质,把自己该做的事情做好的性格倾向。先前,我们知道快乐与地位、收入、教育程度和 IQ 的相关性非常弱,那么,你猜一下深泉学院毕业生在幸福感量表上的平均得分会是多少?我相信会比一般的人高(或比哈佛毕业生的平均水平高),因为大多数深泉学院的毕业生很早就学会依据古老的规则生活,在生活中把天生的才干(大自然慢慢沉积给人类的本领)社会化,从中获得自尊和快乐,天赋反过来用自尊和快乐引导人们按照它的意思行事。

这些观念的支持证据可以从一项关于年轻人的研究中找到,那些人因为高智商被选中参加推孟(L. M. Terman)的著名的"天才的遗传研究"[3]。当这些天才儿童被跟踪到 40 岁时,从中选出一个 150 人的都是出类拔萃的成功者的子群(A 组),相当于作为研究者、科学家、政治家、小说家、发明家等,被列进名人录或美国科学家与学者名录的获得高水平教育的深泉学院毕业生。推孟还选了一个低成就的比较组(C 组),由那些小时候一样有潜力但是在教育和职业上都没有获得很大成就的人组成。两个组成员的父母和配偶对他们的人格特质做评估,再加上他们的自评,以及推孟的现场调查助手跟踪拜访,也对他们做评估。这两组儿时都很有天赋的人在人格上的差异显著。高成就的人在自信、毅力、目标统合、沉着、敏捷、好奇心、独创性和判断力上比其他人高许多——在幸福感上也显著更高。

在这章中我提出的假设就是,不管深泉学院的那些"怪癖"(它的年轻、聪明的劳动力及其他的与世隔绝),可以将它看成一个工作环境的完美原型——为外面世界的工商业提供一个学习的实例。我确信,经过两年在这个人烟稀少的地方生活,比起花两年时间在斯坦福、耶鲁或达特茅斯,大多数深泉学院的毕业生在以后的生活中都更得力,能更有效地利用自己天生的才能。深泉的经历激发他们原始的冲动,这些冲动,由我们的祖先在几十万年中进化得来,并使我们的祖先成为相互依赖的狩猎和采集群体中很有贡献的成员。我们有理由认为大多古代的儿童长大后都会担负起成人的责任,分担大家庭的负担,因为他们生活在由自然选择法则调和的群体中,即与我们的"原始冲动"相呼应的"优胜劣汰环境"。我们也有理由认为大部分的古代社区的成员社会化都非常好,因为今天那些仍然按照古代的规则来组织的并保持传统的社会中的人们就是这样的。

因为我们有负责任的、为社区做贡献的本性,我相信如果遵循这些原始冲动,我们会是最快乐的。但是,现代社会与我们真正适应的社会完全不同。现代人崇尚个性、自我奋斗、竞争、自我放纵。许多年轻人,即使是那些有特殊天赋的人,也从来没有认识到人类幸福的必要条件是工作并做好它。一些学生运动员发现作为运动队的一名成员,已经触及那些原始冲动,而且对一些人来说,这个发现已经延伸到工作中了。一些工作环境设法营造出一种氛围:员工感觉自己是一个有机社会的重要部分,社会的存亡成功与自己息息相关。如果我是一个经理的话,我就会努力创造这种氛围。

高效的员工→快乐的员工→高效的员工

在这里我用一个循环公式作为标题,它的意义一目了然。这就是学生在深泉学院学到的东西,而一些员工和经理从未领会过。我每个礼拜在超市里会看到一个助理,他忙着往货架上添货、理货;他边走边笑,和别人调侃,如果你要问他在这个大商店里你要找的东西,他会很高兴地把你带到那儿。不单这样,几乎每一次他与顾客的交流都会得到积极的反馈,因为他很熟悉货架,能够回答你的任何问题;同时他很乐于帮助大家,必定能够激发起除脾气最坏的之外几乎所有人的愉快的反应。在超市里面做仓库管理员是一项地位相对低的工作,但是像其他所能想到的工作一样,这是一个必需的工作,而且一个人可以把它做得相当好。前面我提到那些每周来收垃圾的年轻人,也是从事一个地位低但是非常重要的工作,他们活跃而且有风度地在做着自己的工作。从研究中我们知道垃圾清理工和杂货店店员平均来说和他们的老板是一样快乐的,这些例子也说明那些垃圾清理工和杂货店员工作做得都特别好,而且做得特别快乐。这个因果关系的箭头指向哪里呢?是一个好的态度引起做好工作,还是反过来?我们如何用实验来探究这个问题?

一个关于幸福的实验

让我们从明尼苏达州某高中的毕业班里选择一个由 200 个男生和 200 个女生组成的随机样本(我们希望是具有代表性的)。我们承诺会为他们进入一个好的两年制的初级学院付费,他们怀着这个动机被招募进来,现在把男女生都分成两组,在 IQ、平均学业成绩和幸福感分数上小心地进行匹配。我们付钱把 100 个人的男生组和 100 个人的女生组送进他们自己选择的初级学院(或者四年制大学的前两年)。剩下的两组都分别再分组,这次是随机分成8个25人的小组,这些幸运儿被送进8个根据深泉学院模式新成立的学院。这些学院男女同校,坐落在那些隔离独立的地方,学生们自己制订规章制度、劳动(包括管理一个农庄或大农场,也可能是一个孤儿院或某种商业投资),同时学习他们感兴趣的和与他们能力匹配的初级学院课程。10年后,我们对这400个当时选取的被试做了一个追踪测试,看他们每个人在学业上走得多远以及做得如何;看他们的工作史、升迁、成就情况,请他们的主管或老板对他们的表现做评估,并测量他们的幸福水平。你能预测将会发现什么吗?

我觉得最自信的预测是,那200个我们送往深泉"克隆"学院的学生(我把他们叫做"DSC students",DSCs)将得到更高的成就评估,平均得分比初级学院学生组(JCs)得分更高。这从深泉学院的毕业生(DSAs)的表现和推孟的高成就组类似的事实中可以推断出,DSAs的表现不是落在推孟所选取的两组儿时很有天赋的人之间,因为推孟的两组人在40岁时既可能是高成就者,也可能是低成就者。DSAs儿时也都是很有天赋的,但是几乎所有人都变成了高成就者,反过来表明深泉的经历给他们的生活带来真正的改变。争论的一个关键在于DSAs在没有进深泉学院之前就已经是高成就者了;都是毕业生最高荣誉获得者或得到类似的荣誉。所以,我们的实验被试就不能选有天赋的或超常的学生;他们所要做的就是从一所高中毕业然后成为我们实验的一部分。因此,我预测DSCs将表现得比JCs更好(尽管没有DSAs那么好,因为他们被挑选的时候就是有天赋的儿童),你对我的预测的信心取决于你是否和我一样?认为,学会在一个组织内发挥作用——让"原始冲动"得到激发和塑造——在青春后期有重要的持续性效应。

但是我们实验的重点在于回答下面的问题:

- 员工的幸福感与工作效率有关吗?也就是说,快乐的人是否倾向于有更好的工作习惯,可以实现更高的生产效率,主观的评价也更好吗?我们已经看到幸福与收入和地位的相关程度并不高;是不是意味着幸福也与一个人的工作质量没什么关系呢?完全不是这样。总体上说,垃圾清理工和牙医一样幸福。当然,一些垃圾清理工和某些牙医一样,真的很擅长他们的工作,而一些却马马虎虎,大多数是中等水平。我们想知道的是快乐的垃圾清理工和牙医是否比他们那些不那么快乐的同事在工作上更出色,效率更高?我们知道IQ分数和教育程度与主观幸福感几乎没有什么相关,但是我们想知道一群能力平平但快乐的学生是否比有同样能力但不那么快乐的学生在学业上更好。我们拿被试的幸福感分数和他们最后的学术或职业的成就进行比较,是回答不了这个问题的;我们已经知道那个相关性几乎可以忽略。但是我们可以这样问:在大学内更快乐的人是否比IQ高的人做得更好?问工程师、建筑师、律师是否比店员、看门人、技工更快乐这样的问题还不如问这些职业中高效率的、评价高的人是否比评价一般或更低的人更快乐。

- 假设问题1的答案是"是"的话,那么我们想知道工作做得很好是得益于幸福,还是幸福得益于工作做得好。还没有进入工作这个大世界的那些最幸福的高中生,稍后都能成为更有效率的员工吗?我认为这个问题的答案最终会证明是"是"。这对老板来说将是非常有用的结果:除了对工作申请者做能力评定外,设法评估一下他们的主观幸福感水平,然后选择那些快乐的人。

- 但是对员工(父母、老师、大众)有意义的是10年后DSCs最终是否会比JCs获得更高和更幸福的评价。我认为在青春期到青春后期学会合作以及为工作本身而把工作做好能够使得人们更有创造性,成为更好的公民,在后来的生活中更快乐。如果我的想法正确的话,那么,这是非常值得了解的事情。而且,把问题2和问题3放在一起考虑,我认为这个格旦肯实验的结果将证明上个部分标题是正确的:高效的员工→快乐的员工→高效的员工。幸福导致员工更高效地工作,同样反过来高效的工作导致员工更幸福。

有大量的研究表明不管在学业上还是在工作上,在复杂或创造性任务上有最好的表现的人是那些在任务中由内在兴趣驱动的人,而不是那些由暂时性的奖励驱动的人。实际上,当老板们一味对表现好的员工施以奖励的同时,可能会降低员工的效率并起到反作用[4]。对工作感兴趣、喜爱工作的员工工作非常出色,看来外部的激励因素不能替代把工作做好带来的内在满意感。而且,出色的表现——令人振奋的掌控感和"酣畅淋漓感"[5]会增强工作的价值和兴趣。因此我们有了另一个循环公式:表现→兴趣→表现。最重要的是人们可以培养一种思维习惯,从而在几乎所有的工作中找到乐趣。回想电影《毕业生》里那句令人难忘的台词,当本(达斯汀·霍夫曼饰)父亲的一个朋友简洁地告诉他说:"本,我只有一个词对你说——塑胶!"这句台词很滑稽,因为我们像年轻的本一样对塑胶生意没有浓厚的兴趣。但是你还记得我在第1章中提到的四个年轻人,从高中毕业后没几年,就对油布有着强烈的迷恋吗?让我们这么想:有一些活动和话题,大多数人听到之后的反应只有迷惑,只会打哈欠,但是如果我们对这样的活动和话题感兴趣的话,那实在是非常幸运的。本的父亲的朋友的愚蠢之处不是塑胶让他的眼睛放光(这显然是他一生的工作,他喜欢这个工作,所以他是幸运的),而是,他天真地认为这个年轻的耶鲁毕业生不听到"海妖"的歌声就一样容易被"海妖"勾引走。

来自现实世界的建议

像我这样的大学教师不是真正的职员——我们有薪水但是没有真正的老板——而且我们中很多人都没有真正的管理经历。但是,我知道一个深泉学院的毕业生(我儿子马修),他在深泉学院的两年,相当于在社会中积累了大约20年做职员和经理的经验,他很乐意对本章的话题给我一些建议。我不加什么编辑修饰就转述给大家,没有什么方法比这更好了。

现在管理人员已经注意到职员工作得都不快乐。人们在工作上花的时间很多,但大多数人的工作满意度都有问题。他们时不时能得到加薪或升迁的机会,但是他们一直都不满意,觉得需要进一步提升。许多关于"把握你的事业"主题的书提出升迁、攀登成功的阶梯应该是目标,员工应该全力达成这个目标。我认为,相反,一个人应该把升迁当做热情工作的副产品,在本质上升迁不应该是一个目标。像一个在两年内提升了四次的人,专家们会建议可以采取另一种方式,我同意这个建议,因为我觉得这种升迁方式只会带来越来越多焦虑和压力。选择关注工作本身的员工会发现这是一种很好的减压法,因为,首先,它让员工在工作中能够做自己喜欢的事情,而不会感到失望和受别人看法的困扰。其次,他们实际上在工作中做得更好,最后在管理上也更好。管理者非常想要看到员工的热情,看到员工只因为愿意做而把工作做得很好。我们部门中的后起之秀往往是那些根本不会管公司怎么想的人;他们就是因为觉得有意思而想把工作做好。

关注你当前的职责非常重要(广义上说,因为做好一项工作的要求需要一步一步地提高,可能要改变原来的职责),即使这项职责不是非常富于魅力或令人兴奋。魅力总是随着你的细查近看而消失掉,追寻那个幻影总是徒劳的。当你不能从指定的工作中得到快乐时,那么开始学习新的技能和处理新的问题就变得非常重要了,这可以使你重新得到快乐。在需要和人打交道的工作中,学习新的技能是没有止境的,比如提高判断能力以选择更为有效的方法与人打交道。在许多工作中这可能意味着承担新的任务,扩展和改进你自己的工作内容。这种工作的改善不是因为上级下达的命令而完成的,而是你自己承担的,这一点非常重要。例如,看着"通关宝典"把电脑游戏打过关就会很无趣了,自己独立学会如何玩游戏才让人感到兴奋和有趣。一个好的员工就是当遇到难题时，能够学会尝试，寻找建议和指导，而不是说"培训我，让我机械地完成这个任务"的人。同样地，仅仅躺在以前的好成绩上睡觉，结果就会失去了挑战性和热情，通常也不是一个好的主意。一旦你打通关了一种电脑游戏，你就会想玩一种新的游戏，我们在工作情景中也看到同样的冲动。

人际交往的重要性不需要强调，大家也都明白。如果每个人都努力把自己的工作做好，而不是不择手段、想尽办法成功，工作环境应该是温暖的、合作性的，管理者和被管理者之间应该是一种友好的关系。"友好"就是一个幸福的缔造者，而相互欣赏对方的表现是有力的强化物。管理者应该批评或给下属建议而不伤害这种友好的关系。我通常在不伤害员工感情的情况下直接批评他们，因为他们知道我"真诚地重视他们，想帮助他们做得更好"。这是一种重要的氛围，其中员工会真正审视和改进自己的行为，而不是为了应付老板而做些改变，这两种行为的差异是相当大的。

薪水、福利、升职等钱的因素真的不是（或者说不应该是）主要的激发因素。但是，如果你认为钱是表达"做得好"的唯一的方式，那么不给钱就让人非常懊恼了。人对人表示尊敬和欣赏，如果真诚的话，就是一种更好的奖励，且不会滋生反作用的竞争和嫉妒。

每个人都需要抵制"胜利是唯一的目标"的思想。你如何玩这个游戏才是真正最重要的问题；当然如果你喜欢这个游戏，就可能表现得更杰出。我儿子的棒球队"小同盟队"的教练了解这点。他从不因为输球而责备他们，但是他也从来不会不加分别地给出"好样的"这样的评价。当他们打得很烂，即使赢了，他会说："怎么回事？小伙子打得比训练时差啊！"当他们打得很好，即使他们失败了，他也会为他们感到骄傲。他让孩子们关注他们自己的表现，而不是比赛分数。我想这就是为什么在赛季快结束时那些八九岁的孩子能够打赢十岁、十一岁孩子的原因：他们关注表现，分数也就不请自来了。

我努力让我的员工把过失当做要解决的问题，而不是羞耻的事情。感觉不好是没用的；问问自己："这件事为什么会发生？我怎样做才能避免将来犯同样的错误？"这才是有用的。人们不想看到懊悔，想看到的是改进和提高。我自己也犯错误，部分是因为我乐于冒险，尝试一些新的东西。在很多工作中，这是改善和进步唯一的方法。但是我更关注进步，而不是犯的错误，这让我所做的事情看起来很有趣、很令人满足。有时候我发现某个员工和我对好的表现的看法不一致——不同的榜样、不同的目标。我认为解决双方的误解和不满的处方就是，一个管理者有责任对员工坦率，清楚地了解他想要什么、在想什么，这是非常重要的。在保障尽到基本的工作职责之外，应该鼓励员工以能给自己带来真正的满足感的方式做事情。从内部满足感产生的动力是所有因素中最宝贵的。

皮 特 法 则

我有机会直接观察到的现实世界里的一个事实就是，在30年前一本有趣的书《皮特法则》中描写到一个令人悲哀的境况："每个人都可能晋升到自己不胜任的阶层。"[6]大学里好的教授晋升为学院院长，好老师变成校长，好的推销员变成营销主任，好的研究者变成研究所所长，好的机械工变成工头，等等。当然有时候进展得挺好，而且动机也非常自然。

"你看，费斯比退休了。谁可以坐他的位子？"

"是啊，我们需要对这里情况非常了解的人，而费斯比小组里最好的（老师、推销员、研究者、机械工，等等）就是伊格乃兹。"

"很好，叫伊格乃兹来做这个工作。"

伊格乃兹女士现在面临着薪水加倍，众人对她工作的承认，还有晋升！真是难以抗拒。如果她这么想，那么她肯定是没有看过这本书，以为更多的金钱和更高的职位意味着幸福感持久的提升。她应该明白能长期让她更高兴的唯一的事情是，她换新工作后至少能像做以前的工作一样做得出色，至少把新工作看得和以前的工作一样重要，而且新工作薪水更高，还能得到经理、主管人员的独立卫生间的钥匙。问题是这种晋升往往带来的是后两者，而不是前两者；而前两者长期来说更重要得多。即使伊格乃兹女士最后证明是一个非常有能力的经理，但这个职位也可能没有前一项工作那么具有挑战性和有意思。那些部门中表现最好的职员通常在竞选部门领导时被淘汰，不是因为他们缺乏某种人类的价值和品质，而是因为这个职位要求的是不同的才干。我那位做英语教师的兄弟总能避免这种陷阱，尽管朋友们都认为像他这样优秀的老师应该竞争院长的职位。从来没有人要求我去做学院院长或系主任；或许是我的朋友比我兄弟更聪明，或许是我的缺陷更明显。我们都很聪明（或者说幸运）地坚持了我们所喜爱并擅长的工作，而没有企图要晋升到我们不能胜任的阶层。我希望这本书能让至少一个人避免同样错误的发生。

楼上楼下

> 人们的地位不应该依附于经济发展不断变化的要求……
>
> ——大主教 William Temple

> 大人物比地位较低者的一个最大的优势就是他们有和他们自身一样优秀的仆人……
>
> ——塞万提斯

这部分标题取自 20 世纪 70 年代在美国公共电视"经典剧场"

里热播的一部电视连续剧——《楼上楼下》。(这部一百多集的电视连续剧讲的是20世纪初期伦敦一户有钱人家主仆们的生活,因为仆人每天大部分时间都在地下室的厨房、洗衣房中,他们的生活是"楼下的生活"。电视剧在当时非常流行并获多项大奖,所以,"楼上楼下"成了主人、仆人的代名词。)这部连续剧描述的是理查德·贝雷姆一家人的连续历险。贝雷姆一家是上层社会,与爱德华七世有些关系,住在伦敦伊顿广场一座精美(但不豪华)的房子里(楼上),有六七个仆人。这些仆人大部分时间都待在楼下厨房或自己的住处里(低等的仆人睡在狭小、冰冷的后楼梯顶的屋子里)。房子的主人贝雷姆是国会成员,他妻子玛约尔女士是一位伯爵的女儿,那位伯爵拥有著名的南伍德庄园。他们有两个被严重宠坏的孩子,詹姆斯和伊丽莎白,两个都很漂亮,但是软弱无用。他们要是读了这本书或找份有意思的工作做,都会好得多。管家,也就是楼下家庭的父亲,一个寡言的苏格兰人,叫哈德森,是一个正直、能干、自豪的人,至少工作做得和贝雷姆先生一样好。哈德森太太作为厨师掌管着厨房,而且可以自豪地说许多名人都赞美她的厨艺,包括爱德华七世。客厅女仆罗斯也工作出色,并且引以为傲。艾德沃德,年轻的男仆,还有鲁比,厨房小工,在整个房子里随时待命。

《楼上楼下》这么受欢迎的原因之一在于它非常真实。尽管大多数人从来没有和上流社会混在一起,或住在有仆人伺候的房子里,但是,都发现这部剧很容易理解:在当时当地,住着这样房子的这样的人,生活得和它描述得几乎一模一样。我正在回顾这些情节的录像带(否则我记不得所有这些人名),给我印象最深的是楼下人的主观幸福感的普遍水平至少和楼上大客厅里的贝雷姆一家相当。

实际上,我想要略述一个新的情节。时间是在二十多年前,小少爷詹姆斯刚刚出世。哈德森先生和太太也同时生了一个男孩,和詹姆斯长得很像。不知何故(我还没有搞清楚所有的细节),哈德森先生用自己的孩子换詹姆斯的机会越来越大,两个小孩差不多聪明。戏剧焦点放在哈德森的两难处境上:想给自己的亲生骨肉最好的生活,应该把他变成小少爷詹姆斯,还是应该放在楼下抚养,像他自己一样长大做个管家?在现实生活中,哈德森当然认为楼上的人怎么说都比楼下的人更优越,但是他加尔文教徒式的道德心阻止了他换小孩。如果只考虑自己儿子未来的幸福,他应当如何做呢?自己的儿子可以像贝雷姆先生一样长大成为担负重要职位、具有才能并充分发挥出来的人,那将是一个诱人的未来。但是哈德森应该知道贝雷姆家庭中詹姆斯这代人长大可能成为靠祖产生存的花瓶,没有任何真正的作为,只是个出身高贵的花花公子。哈德森自己抚养的儿子更可能在一个有益的环境中,发展有用的技能、建立良好的自尊。站在哈德森的角度,你会怎么做呢?

贝雷姆一家当然认为他们自己比楼下的仆人状况好得多,实际上也是,他们更富裕,财产多,社会地位更高。但是我们现在知道可能他们在 MPQ 的幸福分量表上的反应表明他们实际上并没有更快乐。在这个更平等的年代,我们觉得哈德森夫妇因下层人民的出身,命中注定不能追求高过管家和厨师的成就,这是令人是悲哀的,但是,如果他们从事自己擅长的工作,而且结果也让自己快乐的话,那怎么会有遗憾呢?依我个人而言,我觉得贝雷姆家的孩子就命中注定成为社会的寄生虫,虚荣而追求时髦的人,碌碌无为而不能获得满意感和真正的自尊。如果可能詹姆斯成为一个优秀的管家,伊丽莎白成为一个合格的女仆,结果都可能更快乐。

这不是对现在被普遍放弃的社会等级制度的辩护。像罗丝、艾德沃德、哈德森夫妇这样的人没有立志成为议员或专家是非常糟糕的,但是这并不会妨碍他们过幸福和满足的生活。很遗憾,社会总是浪费这么多的人的潜能。在这个复杂又相互依存的社会中,有如此多不同的工作需要做,每个人都应尽力找寻最适合自己生存的环境。

在美国,职业棒球运动(在欧洲是足球)提供了一个理想的典型。事实上,每个美国男孩都打过棒球,看过自己是否喜欢它,是否有天赋。那些喜欢棒球并且很有天赋的孩子就有可能从后院毕业,到"小同盟队"里面打球;同盟队里最好的球员为学校球队效力;最好的校队球员到后来还可能成为未成年职业运动员;而最最优秀的则能进入美国棒球协会球队,成为主力队员。如果政治领导人也用类似的方式选取,难道不是一件好事吗?我在中学认识的同学没有一个渴望政治生涯的,在大学里唯一一个有政治抱负的人还被看做行为古怪。

很不幸,现在美国也是如此——太多的父母还是坚持他们的孩子应该朝"楼上"努力,即使这个孩子可能在"楼下"更快乐。我所在的大学里一位著名的教育心理学教授,也是一位高水平学术能力评估的先驱者,有一个男孩,只对汽车和引擎感兴趣。许多身居这个位置的父亲都会强制自己的儿子进大学,从事白领工作,即使他可能很不适合并且觉得很痛苦。而这位父亲愉快地支持他儿子去一所当地的技校学汽车机械,而且帮助他在大学校园附近经营自己的汽车加油站和停车场。这位年轻人(现在已经退休)很快就有了兴旺的生意,他出色的工作传遍了整个心理系。贝雷姆先生并没有这位父亲这么聪明,当然贝雷姆不是心理学家。

沉 浸

> 幸福不是你体验到的东西;幸福是你记住的东西。
> ——奥斯卡·列文特(Oscar Levant)

米哈伊·奇克森特米哈伊(Mihály Csikszentmihályi)花了多年的时间研究一个人们都很熟悉的现象,他命名为"沉浸"体验[7]。处于"沉浸"体验意味着你全神贯注于当前正在做的事情,聚精会神,心情自然,就像象棋大师计划他的下一步,滑雪者快速滑向下一个具有挑战性的斜坡,作家设法找到合适的词汇,或恋人在一起恩爱。它意味着做一些你感觉重要的事情、值得做的事情、有挑战而你也有能力和精神去迎接的事情,从而一步一步向前推进,越来越近目标。当一个著名的运动员,比如迈克尔·乔丹或泰格·伍兹,愉快地度过赛季中的一天,就会处于"沉浸"中。当一位在音乐会上表演的艺术家完全沉浸在音乐中,他不需要注意手指就可以找到正确的音键;当帕瓦罗蒂放开歌喉独唱时,他处于"沉浸"中。有趣的是这些人中没有一个在这种状态下微笑。

跳伞员站在1500米的飞机机舱门口,并没有露齿而笑。那些酷爱惊险、刺激的铁塔手竖起高耸入云的广播或电视塔,每把一块新的部分拧紧连接到上面都令人紧张,他们出了很多汗,同时他们又会感觉"每天都是美好的,活着真好"[8]。

我们看到阿基米德"沉浸"在计算中的时候会忘我,牛顿经常"沉浸"在思索中废寝忘食。宝丽来"立拍得"相机的发明者埃德温·兰德,也是一个颜色视觉计算理论的创立者,时常在案前连续工作36个小时或更长,他没有意识到时间的流逝,直到自己站起来时头晕眼花。托马斯·爱迪生也有类似的故事。但是当我们设想这些天才"沉浸"在思考的畅流中的时候,我们无法用快乐或表现出任何高兴的迹象来描述他们。不过,如果我们真的去打扰处在"沉浸"中间的表演者、恋人、运动员或思考者,叫他们对当时的快乐程度进行评定的话,他们很可能会被激怒,把我们打倒在地,鼻子淌血,也不会感觉特别快乐。但是,如果我们体谅地一直等到游戏、比赛或音乐会结束,问题解决了的时候,我们才可能获得一个快乐得多的反馈。

我们普通人无论什么时候真正沉浸在某项活动中时——在路上开车,打网球,与顾客打交道,修理坏掉的东西,做演讲——就处于"沉浸"中,它指挥着我们全部的注意力,挑战我们的能力,即使是很普通和简单的任务都能让人们长时间处在"沉浸"中,直到完成它。

我认为有意义的活动和实践技能是人类幸福主要的也是最可靠的源泉。因为当人们处于"沉浸"中时,我们是最具创造性的,这时候的技能发挥也是最流畅的,这种"沉浸"体验从而成为幸福感的理想缔造者。然而,依照奇克森特米哈伊的观点:

> 是"沉浸"感的全面介入,而不是快乐,让生活完美。当我们处于"沉浸"中,我们并不快乐,因为如果要体验快乐,我们必须集中注意到内心的状态,那将减弱对手头任务的注意。如果攀岩者正在做一次艰难的移动,如果要暂停下来感受快乐的话,他可能就要跌到山谷底了。外科医生不能在做一个费神的手术时停下来感受快乐,音乐家也不能在弹奏有挑战性的乐谱时停下来感受快乐。只有到任务完成以后,才有空闲来回想刚才发生了什么事情,对这个完美体验充满感激之情——之后,回首从前,我们也会由衷地快乐[9]。

我理解这个观点分析时唯一一个疑问是在奇克森特米哈伊对幸福的含糊的定义上。因为处于"沉浸"中的人不会微笑,不清楚当时自己的感受,如果我们打断他们的"沉浸"叫他们内省,他们可能还是无法报告"我感觉快乐",奇克森特米哈伊就下结论说他们不快乐。这就是"如果它走路、说话都不像鸭子,那它就不是鸭子"式的合理推论,但是我认为在这里是错误的。任何看过博德牧羊犬牧羊情景的人都会知道,它的注意力完全集中,相信它在工作中是非常快乐的,即使它可能没有摇动尾巴。"沉浸"的本质就是,它是一种人们热切寻找的体验,一旦处于其中,人们就随着任务和自己能量的持续一直保持在"沉浸"状态中。如果大自然用痛苦的"大棒"和快乐的"胡萝卜"控制人们的行为,如果人们努力避免痛苦获得快乐,那么毫无疑问,勤劳的博德牧羊犬——蹲伏着,兴奋得颤抖,在主人的命令下随时准备行动——难道不是一只快乐的狗吗？因此，我相信，应该断定帕瓦罗蒂在表演中非常快乐，尽管对观众鼓掌的微笑反应很迟才出现。

当然，人们不得不去体验一些东西，比如看牙医，并不意味着那种体验本身是被人喜欢的。许多表演者在等待上场的时候都感觉非常痛苦。据说著名演员劳伦斯·奥利弗爵士曾经有过几乎瘫倒在地的怯场经验。当那种恐惧、自我意识、自我怀疑在幕布升起来后还持续时，表演者根本不能获得"沉浸"感，而且只有当痛苦的感受过去后才有缓解。但是，我认为就是像阿里这样的拳王，在面对重要的一击，甚至胜负系于一线的情况下，一旦铃声一响，他就会说，"在场上我感觉很好！"然后注意力就集中在手头的任务上，肌肉颤动，关节张弛。

注　释

[1] D. G. Myers, The Pursuit of Happiness (New York: Avon Books, 1994), 128—129. The Studs Terkel quote is from his 1972 book, Working People Talk About What They Do All Day and How They Feel About What They Do (New York: Pantheon Books).

[2] D. Davis-Van Atta, et al., eds., Educating American Scientists: The Role of the Research Colleges (Oberlin: Oberlin College Press, 1985). (Of Ivy League graduates, 7.8 percent got Ph. D. s, compared with 4.3 percent Big Ten graduates.)

[3] 推孟教授的研究一共出版了 11 卷，耗时 71 年，所以初始的研究对象都已经长大成人。第一卷是推孟的 Genetic Studies of Genius, Vol. 1. Mental and Physical Traits of a Thousand Gifted Children(1925)。在此引用的数据来源于 L. M. 推孟与 M. H. 奥登的 1959 年出版的 The Gifted Child at MidLife(1959)。最近的一卷是，C. K. Holahan 和 R. R. Sears 于 1996 年出版的 The Gifted Group in Later Maturity，在此卷中总结了全部研究，并且检验了这些研究对象的晚年情况。所有卷册均由斯坦福大学出版社出版。

［4］关于奖励的反作用的讨论可参见：A. Kohn, Punished by Rewards (New York：Houghton Mifflin, 1993).

［5］见 Milhaly Csikszentmihalyi, Flow：The Psychology of Optimal Experience (New York：HarperCollins, 1990). （如果这位作者的姓氏读起来很拗口，打扰你的"沉浸"状态，那么试着这样念："chick-SENT-me-hi（小鸡带我飞）"。）

［6］L. J. Peter and R. Hull, The Peter Principle (New York：W. Morrow, 1969).

［7］M. Csikszentmihalyi, Finding Flow (New York：Basic Books, 1997). （发音参考［5］）

［8］引自 J. R. Chiles, "We Got Us Some Sky Today, Boy!," Smithsonian, July 1997。

［9］同［5］,32 页。

第三部分

幸福的家庭

> 把所有的鸡蛋放在一个篮子里——然后守着篮子就可以了。
>
> ——马克·吐温

行为遗传研究报告了一个更令人吃惊的发现：同一个家庭中一起长大的儿童，不一定与父母的 IQ、个性都一样。也就是说父母亲起到的作用都是差不多的，只要他们没有虐待倾向，为人不堕落、腐化，也不精神错乱，那么不同的父母就是可以相互替代的。从生命开始的那一刻起，父母对你的特殊使命已完成。即使你一出生就被他人收养，你还是会长成你现在这副模样。因此，如果你因抚养过程中出现的某些问题或养成的某种毛病，动不动就责怪你的父母，那你就需要重新想想了。此外，作为父母，若一直怀疑由于自己的缺陷或过失影响了孩子,并为此深感内疚,那也是大可不必的。孩子习惯的形成(或已形成)取决于两类因素相互作用,而父母并不属于其中任何一类。造成影响的第一类因素是基因结构(不可否认父母对此起到了一定作用,但这只不过在早期带来了些影响,现在作用已经没有了);第二类因素包括儿童的同伴、学校,和其他的家庭以外的经历,它们影响到儿童如何获得发展。汉斯·埃森克(Hans Eysenck)(大约40年前)和托马斯·鲍查德(Thomas Bouchard)(就在昨天),这两位著名的心理学家告诉我,他们也认为是这样的,而且大部分行为遗传学家也都同意这个观点。

目前为止,朱迪斯·哈瑞斯在她的《教养假设》*一书中对这个富有煽动性的假设提供了最强有力的事例。这是一本非常吸引人的作品,我有幸获得特权阅读了她的手稿。在这本具有学术性却不乏趣味的著作里面,哈瑞斯设法将许多许多发展心理学家所相信的父母教养的重要性引入到民俗心理学的神话之中。哈瑞斯的论据引导我做出这样的结论:除了遗传方面的贡献,大多数父母(她认为是"所有父母")对孩子成人后的个性和行为模式的持续影响作用是可以忽略不计的。然而,在接下来的三章里,我将尝试展现父母亲实际上是会起一定作用的,相对于缺乏技巧的父母,有技巧的父母(加上一点幸运;幸运在家庭事务中总是起作用)会有更快乐的孩子。

---

* J R Harris. The Nurture Assumption. New York: Free Press, 1999.

6

幸福的父母

稍等一下,他们在牵着我的鼻子走吗?我对孩子一窍不通!我还没有领取做这件事的执照……为了这些毫无意义的事情,你教给我许多的课程,例如弹钢琴、打字。你年复一年地教我课程,像如何平衡方程式,谁知道这些在日常生活中是否会用得到。那么如何为人父母?在你开汽车之前,需要进行一定量的课程去学习,但是与抚育一个人类新生命来比,驾驶简直不算什么。

——安妮·泰勒(Anne Tyler),《呼吸的代价》

研究发现同卵双胞胎分别被不同的家庭,甚至在不同的国家被抚养成人后,仍然非常相似——在很多方面与一起长大的同卵双胞胎不相上下。这些事实证据部分支持了"父母可以替换"的说法。还有一类证据来自被同一父母收养的没有血缘关系配对孩子的研究。许多对这类配对孩子的研究没法在 IQ 测量上找到线索。结果显示这些不相关的一对孩子长大成人后的 IQ 水平并不见得就比一对普通的陌生人来得更相近。第三类证据则来自一起抚养的双胞胎研究。如果养育的差别是很重要的话,那么同卵双胞胎因为有相同的基因,相似度应该大于异卵双胞胎[1];这是正确的,就拿出生体重来举个例子。记录中600对同卵双胞胎的出生体重相关系数是0.71,而450对异卵双胞胎的相关系数是0.69。稍后的体形很大程度上取决于遗传因素,比方说异卵双胞胎的身高相关程度,应该大约是同卵双胞胎相关程度的一半。但出生体重大多决定于妊娠期情况,而且双胞胎在母亲的子宫里共有一个家,因此往往会同时出生。

学业成就也是如此。有财力和愿望让孩子上大学的父母很可能会把他们的两个子女都送去读书,即使他们两个并不都是因为天赋和兴趣而读。同卵双胞胎受教育年龄的相关系数是0.70,同性的异卵双胞胎的相关系数是0.50,大于同卵双胞胎相关值的一半,说明了共有同一父母的影响。(380对异性异卵双胞胎受教育年龄的相关系数是0.42,可能是父母会对不同性别的孩子有不同的教育程度的期望。)

这种共同养育环境的影响同样可反映在某些成年后产生的兴趣上。例如,登记处记载的男性双胞胎中,异卵双胞胎与同卵双胞胎们在教会工作、狩猎、捕鱼、经营农场或牧场等兴趣上有高达2/3(而非1/2)的相似度。在参与赌博或从事科学工作的兴趣上女性会受到更多的家庭影响;同样是上述兴趣,女性的异卵双胞胎与同卵双胞胎相似度高于80%。但对于心理特征来说,异卵双胞胎间的相关系数只是同卵双胞胎相关系数的一半或更少。尤其对于快乐来说,异卵双胞胎成人后并不是那么相似,而同卵双胞胎事实上是非常相似的。

因此,我相信假如我做出以下总结,我的学术伙伴也不会为此震惊:我们没有什么事实可以用来说明怎样抚养幸福的孩子。我们没法给家长建议,如何能让婴儿从出生起就意识到他们的幸福潜能,从而使孩子获得幸福的可能性最大化——这些幸福潜能甚至超过了他们遗传所能决定的范围。但我不愿意放过任何一个可以使我的同事震惊的机会,事实上我确实相信其中大有文章。首先,若父母惩戒合宜、教导有方,他们自己会更为幸福。这一点是毋庸置疑的。正如我确信,带狗一起参与训练课程的狗主人会更幸福。这里需要说明的是,训练目标不是宠物而是宠物主人。同样,我相信,狗若有个知道如何让它们坐着和趴下的主人,它们也会因此而更幸福。

在一本关于"反社会人格"的书*里面,我谈到了苏西,一只中年的雌性杂种猎犬,它的主人带它参加一个宠物狗的聚会,那是一个杂种犬的选美大会。苏西失去控制,被锁链锁住的它大叫、猛冲,很快咬烂了绳子——它那可怜的主人用来拴住它的绳子。最后,主人不得不把苏西锁在车上无奈地离去,因为他确实没有办法把苏西带上去跟其他的狗在一起选秀。我相信,犬类和所有的社会动物,包括人类,都想成为支配者。每一位训练师都知道,建立和维持支配地位是最基本的;狗或人都可以成为支配者,但若为两者的利益着想,由人来担当这个角色再好不过。苏西的主人在这项测试中失败了,他们都因此而痛苦。大约25%的小孩在儿童期会产生一种对抗性失调,更糟糕的会有行为失调的潜在可能性,而少年犯和成年罪犯往往来自该群体。若你的孩子成为其中一员,你将不会是一位幸福的父母,同样你的家庭也不会幸福。

但我认为,能够欣赏孩子,喜欢与他们一起干活,喜欢孩子围绕在身边,认识他们的朋友,并且带上他们一同外出旅游的父母会更幸福,这样会有更幸福的家人和更幸福的孩子。这不仅听起来非常有道理,而且能够拿出事例来支持它。

请记住幸福就像泛起波浪的湖泊,若你在波峰上测量而你的双胞胎兄弟姐妹在波谷下测量,你们的分数就会比实际情况有更大的差别。当我们9年后再一次为双胞胎们做幸福水平的测量,

---

* Lykken D T. The Antisocial Personalities. Mahwah, NJ: Lawrence Erlbaum Associates, 1995.

发现在如此长的时间间隔中131对同卵双胞胎两两间的相关与该时间段前后他们与自身的相关相差无几。然而异卵双胞胎在幸福感上并不是非常相似,不单是9年后(相关系数为0.05),甚至在同一时间测量也是如此(相关系数为0.08;见表2.4)。这就是为何我们说幸福感是一种自发的特征,它受遗传影响很大但在家庭中的变化却是非常微妙的。

在明尼苏达州双胞胎-家庭研究中,同样测量了17岁双胞胎和他们父母亲的幸福水平。表6.1表明,住在家里的青年双胞胎与他们的胞兄(弟)的幸福感几乎有一半相似。该数据同样揭示了这些双胞胎的父母在幸福程度上的相似性,配偶对配偶,正如异卵双胞胎间的相似一样,父母和子女的"双亲中值-双胞胎中值"也存在中等程度的相关。

表6.1 双胞胎-家庭研究中 MPQ-WB 的配对内相关性

		配对数目	相关系数
17岁双胞胎	同卵双胞胎	349	0.47
	异卵双胞胎	192	0.22
家庭相关	双亲中值-双胞胎中值	447	0.20
	夫妇	447	0.18

虽然还需要收集更多的数据来确证所有与此相关的解释,但暂且在此对其做出一些解释:当这些青年双胞胎在10年或20年后,大部分结了婚并搬离父母的家时,我相信他们的幸福相似度将会跟我们早前对登记的中年双胞胎大样本所做出的预测相符。同卵双胞胎将仍然很相似,而异卵双胞胎相似度不会比随机配对的高多少。然而目前来说,由于他们生活在相同的家庭环境下,在幸福家庭里的异卵双胞胎比生活在充满暴力、不幸福的家庭里的异卵双胞胎感到更幸福。这是不用多想也能知道的事实:在相对来说压力更少,兴趣、爱心和支持更多的家庭里会更幸福,比起在气氛压抑、好争吵或相互离间的家庭,显然这些家庭成员平均

来说会感觉更好一点。但是当这些孩子搬出去组建自己的家庭时,家庭氛围则更多地决定于他们自身而非父母亲的遗传特质。重要的是,要明白这些相关数值是由主观幸福测量得到的。如果能够测量这些青年双胞胎家庭成员的平均幸福水平,那么所有的相关系数都会在相当程度上大于表6.1所列出的数。

我认为这说明,若父母亲幸福感较高,并且他们当中有任何一方知道,父母的幸福很大程度上受到孩子行为的影响,那么孩子也会更幸福,至少他们在家的那一段时间里是这样。如果孩子像苏西一样,无法控制、愠怒、好斗和不听话,那么家庭的安宁、和平就难以实现。有些父母像某些学校的老师一样,在管束纪律上有天生的能耐,我甚至还可以叫得出五十多年前有此天赋的教师们的名字。

一位好教师不应该强制性地命令学生或者惩罚学生,他们应该能够单凭责怪的目光一扫而过就使得原本躁动的课堂立刻安静下来。我的兄长乔治就是这样的一位教师,很多大学的学生向我称赞说:"你哥哥教我三年级的英文,他是我遇到过的最棒的老师!"他的课堂之所以有趣,是因为学生都尊敬他,而且,既然纪律不成为问题,人人都专心地去做教师布置的阅读作业,并从中得到乐趣。

有此天赋的父母亲一定会更幸福,并拥有更幸福的家庭。但很多在管教能力上有限的父母,也可以通过训练和练习来弥补不足。如果由我来负责掌管生育,年轻夫妻若不符合以下条件,就不应该允许生孩子:(1)他们已经在当地的社会学校或公众机构参加并完成了如何养育孩子的课程;(2)他们各自都通过训练成功地养了一只小动物(最好是某些品种的小猎犬)。以我的经验来看,能毫不费力地与孩子一起做事情似乎就是一种与生俱来的能力,相当于高音辨别力,而与聪明程度或受到多少教育没有太大关系。没有这个天赋并不代表说应该感到羞愧,若想成为一位教师或父母,那么既为孩子也为自己着想,应该负起这样一个责任:学习使得自己变得有权威(不是独裁主义者)的能力,从而博得孩子对你的敬重。相关内容我们还会在第8章"快乐的儿童"继续探讨。

全职母亲

你可曾听闻贺曼公司推出了一系列的问候卡片——"给太忙了以致不能跟孩子见面的父母们",卡片上有一些字句如"抱歉(孩子),我不能回来为你准备美味的晚餐"。我第一次获知这一令人沮丧的产品的消息是在社会心理学家霍赫采尔德(Arlie Russell Hochschild)最近出版的新书——《时间的约束:当工作室变成你的家》[2]中。霍赫采尔德通过调查发现,父母都工作的双薪家庭并不都是出于经济的原因。越来越多的现代父母,都认为与呆在家里相比,工作能让他们更快乐、压力更少、更能自我实现和满足。进化心理学显示,人类是在儿童时的抚养环境中逐渐社会化的。在该环境里,外祖父母、叔伯、姑姨、堂兄弟姐妹,经常在身边,而且提供帮助,他们都参与教导年轻一代,使儿童得到社会化。孩子需要父母更多的陪伴,而不是电视机和一间空房子。我们没有理由返回到祖先年代的大家族体系,而且在大多数情况下,父母至少一方不得不每天外出工作赚钱,养家糊口。但养育下一代是最重要、最困难的工作,父母都得承担。当小孩在家时至少应有一位家长,这位家长的配偶至少在晚上和周末会留在家里,给这位专职的家长提供某些帮助和自由时间,同样还可以就某件事一起讨论,帮助处理家庭事务。

所有文化中都长期存在着父亲外出赚钱养家、母亲在家照看孩子的传统,正是这种传统抛弃了"大家族体系"。我觉得大可灵活地看待这些传统。可以想象一下:如果男性是最有办法带好孩子的人,而女性是最有能力赚钱的人,那会是怎样的一种情况?然而,现有规律却是:在幸福家庭中,妈妈总是成为专职的抚养者,爸爸就是养家糊口的人,是带孩子的候补者、支持者和顾问。

很多现代女性非常抵触这种传统,并感到极端地不公平。为何总是男性可以向外展示自己,有机会实现自己的愿望?为何总是女性包揽家务,既劳累、地位又低下?

以我的家庭为反例,我妻子哈瑞特大学毕业后就开始从事社会工作,8年后有了我们第一个孩子。毋庸置疑,工作对她来说是展示能力的好机会。当杰西、约瑟夫、马修一个个接连出生后,她把全职母亲看做一项更富挑战性的工作,而且对它的期望不亚于她在以往工作所取得的成绩。我从不认为哈瑞特会觉得我在大学的工作比她在家里所做的事情重要,当然她的观点很正确。虽然她很幸运地拥有管教儿女的天赋,但还是出现了一些问题,我敢肯定她在学习如何处理抽水马桶的时候做过一件事:报名上某些课程。当这些男孩们都上学了的时候,正赶上越南战争,哈瑞特则活跃于支持反战的各种运动。战争结束后,她成为一个环境保护者以及野生动物保护组织的成员。任何人都难以想象出比这更有用、更能实现自我的职业生涯,她在全职母亲期间度过的岁月也许造就了她最显赫的成就。我知道这是她有生以来最幸福的时光。我希望越来越多的母亲能够像哈瑞特一样清晰、明确地看待这些问题和价值。

但是有些数据表明,在同一家庭被同样的父母抚养大的孩子并不特别相似(也许,他们的宗教信仰、受教育时间和他们对赌博或家族运动的兴趣例外)。这说明了什么呢?难道这不足以证明父母亲除了最初的遗传外,他们对孩子几乎没有什么持久的影响作用吗?朱迪斯·哈瑞斯在一本耐人寻味的书——《教养假设》里面提出,孩子在自然养育构建过程中的养育成分基本由家庭以外的邻里关系和同伴间经历的影响构成。她指出,年幼的儿童更容易被其他年幼的儿童吸引并加入到他们当中去。年幼的儿童,喜欢跟同龄伙伴一起模仿年长的儿童,并泛化到最终的角色榜样——团体中的成人们。哈瑞斯提醒我们,移民家庭的孩子在家里或许会说波兰语或越南语,但他们很快就会在家门口学会邻居的英语口音,同样也会习得邻里的规范准则和价值观等。哈瑞斯特别强调了儿童场景依赖学习的能力,即能够在家庭环境中遵守某些行为规范,但在更广泛的社区环境下又会采取与家庭环境甚为不同的一些行为规范。正是后面的那些价值和行为取向,而非在家庭环境这种狭窄限制下形成的这些规范,逐渐地发展成为儿童的成年人格和行为模式。

在远古时代,当所有这些行为倾向都经自然选择固定下来的时候,确实是由整个部落来抚养一个孩子。也就是说,那些由狩猎耕种组成的大家族的孩子所习得的行为并不像他们的父母,而是像其他与其同龄、同性别的孩子一样,而所有的孩子都以年长的孩子为榜样,同时年长的孩子也在仿效部落中的成人。亲生父母则对他们的孩子尽最基本的责任,如喂养、照料、庇护,但这些孩子的社会化却是部落作用的结果。

哈瑞斯认为现在已经是新时代了。大多数父母都会为孩子的生存提供必需的基本养育,但除此之外,亲生父母对子女所做的唯一贡献就是完成于胎儿期发生的"基因之谜"。请注意,哈瑞斯并不是在说父母对孩子的行为没有影响。我们都知道这是不可能的,尽管当我们回忆父母对自己影响以及反思对自己子女影响的时候这种信念会来得更强。哈瑞斯所声明的是,在儿童如何"在家以外的环境中表现他们的行为方式——这是他们将度过往后岁月的社会环境"这方面,不同的父母亲几乎没有起到什么有差异的影响。

我想哈瑞斯举了一个非常有说服力的事例,以致到目前为止人们所收集的证据并没能把它驳倒。但我仍然不能相信,父母在子女的社会化和成年调节方面的地位是可替代的。我相信的是,父母在使子女的好品质和他们成功的机会最大化上,或在帮助有某种不足的孩子克服困难方面,发挥了重大的作用。同时我相信某些父母确实非常糟糕——无能、对子女漠不关心或异常恶毒——因此,那些被他们毫无责任心地对待的孩子有成为社会化不良成人的危险。尤其是,我相信优秀的父母不会试图让他们的孩子更相似,不会试图让他们成为一个模子里刻出来的人。

除了那些每 1000 人当中有 6 人的同卵双胞胎外,基本上每个小孩都是独一无二的。他们都有各自的优缺点,与他人有不同的集合,有自己独特的才能和潜在问题的混合体。一位明智的园丁,不会想方设法让她的西红柿长得像萝卜,也不会想让她的甘蓝变成草莓。

心理学家未必一定就是优秀的父母,但若父母能像心理学家那样,他们至少应该是好的观察者,能够欣赏具有天赋、力图去做事情的人们(像我的妻子哈瑞特一样的人)的行事方式。哈瑞特养大了三个具有很好修养的孩子,他们都是幸福的孩子,而现在,他们都已经成为养育自己孩子的成功的家庭人士。我们经常带他们去旅游,走遍美国的各个地方,去欧洲,甚至去西萨摩亚和东非,我知道他们都很快乐,因为相对于自己出去游玩,他们更愿享受和我们一起的旅程生活。第一次的长途旅游是在他们分别 4 岁,2 岁和 6 个月大的时候,我们自己驾车到加利福尼亚。我们的老爷车在内华达州坏掉,由于要修理汽车我们只好在一家破烂的汽车旅馆住宿,这反倒增加了旅程的乐趣。若每个家庭的孩子都如我们的孩子一样幸福地成长,这世界将会更美好。在接下来的两章里,我会告诉你我们是怎样做到的。

注　释

[1] 我们人类大约共享四分之三的基因;这些共享的基因保障我们成为人,而不是蝴蝶或大象。而那可变的四分之一基因库——我们个人遗传蓝图的部分——大约可被从 2 到 20 或更多种的轻微不同或多态基因中选取的一个基因所占据。这就是产生人们个体差异的原因。

[2] A. R. Hochschild, The Time Bind: When Work Becomes Home (New York: Metropolitan Books, 1997).

7

幸福的宝宝

> 我们不一定可以幸运地成为淑女……（或者）绅士、或诗人、或评论员；但是一旦宝宝降临，我们都是一样的。
>
> ——马克·吐温
>
> 孩子是个无可估价的祝福和烦恼。
>
> ——马克·吐温

抚养孩子是大多数人必须承担的最重要的也是最困难的责任。哈瑞特和我第一次匆匆忙忙地开始负起这个责任是在1955年的时候。当时我在伦敦大学作为期一年的访问学者，远离家庭和亲人，人生地不熟。当时在英国有一位产科医生迪克瑞德重新倡导"自然分娩法"，在大学学院的附属医院开始试行实践[1]。哈瑞特一直对现代医学抱有很深的疑虑，喜欢迪克瑞德思想，于是我们在到达当地后就给医院打电话。

"我们要求提前9个月预约。"这是当我告诉她哈瑞特已经怀孕5个月时得到的回复。

"可是，您知道，我们刚从美国来。"

"那你也应该提前一点预约，不是吗？"她令人惊讶地回答道。在这里我们是外国人，我们正向这个国际公共医疗卫生服务机构申请公费助产。作为一家据说是世界上技术一流的产科医院,能进入里面分娩的机会却是十分难得,以致医院采取了只负责头胎生育的政策,原因是当你跟她们学会如何生养第一胎婴儿以后,你就可以在任何地方生养第二胎。但是这种官僚倾向的传统却为我们破了例——真令人振奋!

这家医院提供极好的产前护理和培训。全部员工都极力去说服所有的待产母亲:"这将成为你生活中幸福的经历,为了好好珍惜这样一整段经历,希望你亲眼看到整个过程!"给未来父母上的第一堂课中,中年医生解释道:"宝宝是世界上最明白事理的小家伙,他知道如何(被)生下来。现在他正像小猫一样的蜷缩着,占据尽可能小的空间。"医院的病房没有私人卫生间,每一间12张床位的病房的中央有一套供暖设备——也就是说,每个房间中央放置一个烧炭的火炉。在这样的病房里,哈瑞特住院10天,跟其他新任母亲一起,休养的同时学习如何喂奶和照料新生宝宝。这实在是一段充满好奇与惊讶的历程,她回家后继续休养,并很好地掌握了小杰西的情况以及他的各种需求。

杰西的床,叫做"摇篮",固定在一个相当稳固的架子上面,用一只手就可以轻松地前后摇动,我们很快发现这种摇动是缓慢

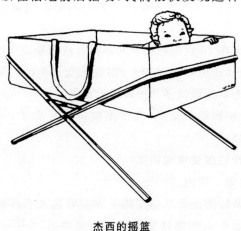

杰西的摇篮

的,它能够防止把杰西放下来睡觉时出现的抽搐和呼吸节律失调。摇篮的两边都有布条扎的把手,可用一只手握住,整个护栏就像钟摆一样做头脚方向的来回摆动。当仅轻轻摇晃显得不足够时,就需要更强有力的摇晃方式。这种运动方向防止了杰西从床的一边滚到另一边,而且无论他一开始是多么躁动不安,我们都能成功地哄他入睡。

接下来的几个月里我们外出旅游,游览了英格兰和苏格兰的好几处名胜景点,并在当地的旅店住宿。我至少有这样一幕生动的记忆——在一间旅店小房间外的楼梯过道上用力地摇着杰西的情景,当时感到有些茫然,不时有礼貌的英国游客经过我身边下楼去用餐,他们尽量不去注意这个粗鲁、笨拙的美国游客。于是,正如迪克瑞德发现自然分娩的好处一样,我再次发现了婴儿摇篮的好处。

摇篮里的婴儿

> 婴儿摇篮是必须的吗?绝对不是。它容易养成难以戒掉的习惯,没什么益处甚至有时是有害的。
> ——豪特博士(L. Emmett Holt,美国儿科专家)

豪特博士在20世纪初在育儿界拥有现今斯波克博士的地位。他写的小册子《送给母亲和护士》彻底改变了美国的婴幼儿护理。正是豪特博士令美国的婴儿护理提上日程。

"除了个别病得很重的,几乎不提倡婴儿多于计划表里所列出的喂养次数。"

何时该开始接受常规训练?

"出生的第一周内。"

由于在豪特博士的严格安排下宝宝看起来不甚愉快,从而导致了有些母亲不太情愿接受安排。他解释道,"……对一个年幼的儿童来说,哭喊是正常的。这种哭的本质是什么?它响亮而且强健。宝宝一哭脸就涨红;实际上,哭是一种尖叫。这是健康所必需的。哭是宝宝的一种锻炼。"

豪特博士坚决认为美国的儿童决不能被"宠坏"。婴儿不仅睡觉、喂食和洗浴有严格的时间安排,如果他的时间与豪特博士的安排发生冲突,必须让他"大声地哭",母亲却不能够为了表达母爱而让宝宝任着性子来。"你对亲吻宝宝有什么有效的反对理由吗?"对这个夸张的问题,豪特博士给了坚定的答复:"有好几个严肃的反对理由……若从根本上来讲,宝宝应被亲吻的部位应该是脸颊或前额,但,越少越好。"

在1929年出版的第14版,也就是最后一版里,他把这些限制扩延到年龄8或10岁的儿童:"情感的表达应该仅限于就寝时间轻轻的拍头和早晨的一次紧紧的握手。"

豪特博士给美国母亲们带来影响的程度之大,从摇篮在美国家庭消失了近乎一个年代中便可见一斑。第一次世界大战前,哪家有婴儿,摇篮或摇椅就成了那个家庭的必备家具。在稍微大点的家庭里,摇婴儿入睡这件较为开心的杂活儿是让家中大一点的孩子完成的。美国的发明家们都在致力于研究改良更省力的摇篮。一项在美国国家专利局记载的资料基础上所做的研究,揭示了一大批关于自动摇篮的设计方案提议,而这一潮流却在20世纪30年代早期突然停滞。豪特博士试图在10～20年内阻止中产阶级家庭使用摇篮,他告诉母亲们这是"没有什么益处的习惯,有时候甚至是有害的"。美国父母发现自己难以抗拒所谓专家说得如此强调又十分肯定的话,即便有些时候他们是在胡说。

做人类学研究的朋友们告诉我,所有的传统文化里,养育幼儿就是每天长时间地给婴幼儿提供某种形式的运动刺激:婴儿被背在母亲胸前或背上,随同母亲做各种日常家务;或者婴儿的摇篮被系在附近的树上,随风摇摆;又或者婴儿躺在房间中央的动物毛皮上,每当他有什么动静,就由他的堂兄堂姐或婶婶们逗他玩。在传统的犹太人家里，婴儿"被放在离母亲不远的摇篮里，母亲可以手握一根连着摇篮的绳子连续不断地摇，甚至在她睡觉时也一样能摇"[2]。与人类不同的是，大猩猩和黑猩猩从来不让婴儿"大声地哭喊"。而我们人类可以开展反常的、不健康的活动，好比一些妄自尊大的人的头脑风暴。但是这种具有跨文化性的活动——从新西兰毛利人，到南北美洲的印第安人以及非洲的土著——可能体现了一种进化的智慧，只是被我们愚蠢地忽视了。"摇篮是必需的吗？"也许豪特博士的回答并不能成为这一问题的定凿之音。

婴儿的神经系统刚出生时并不完善。成人的神经纤维被髓鞘化后有一层隔离层，可以有效地防止神经通路的"短路"。在婴儿刚出生的几个月内，髓鞘化并不完全。不规律的神经机能、间歇周期和协同失调可以扰乱和妨碍睡眠，导致胃口不好和其他不适，甚至可以扰乱呼吸。这些在婴儿神经系统平缓而有节奏的机能中出现的短式脉冲（波形干扰）极有可能导致突发幼儿死亡症（SIDS）。

当心跳或呼吸停止时，机体正常机能可以被外部刺激重新启动。即使是成人的神经系统看起来也经常受益于外部的"刺激输送"，尤其是节奏性刺激，最特殊的是节奏性运动。那些习惯于在火车或船上呼呼大睡的人自然明白这个道理。每个父母都知道宝宝很容易在婴儿摇篮里或旅程中晃动的汽车座椅上酣睡。胎儿体验了与母亲步行和呼吸相似的节奏性刺激。也许刺激的供给，尤其是通过自身的缓慢运动传来的刺激，是婴儿疼痛的天然止痛剂。给婴儿提供刺激似乎成为一种全球性行为，它或许已经发展用来补偿婴儿神经系统的晚熟。其他的灵长类动物的动作发展得如此之快，以致"猴子摇篮"不是必需的——年幼无尾猿和猴子几乎从出生的一刻起就附在母亲的毛皮上，跟随着母亲而运动。

观察小杰西在两个月大的时候，所有的吃喝都是在他的摇篮里进行,你会发现他那神经系统的间歇性"死火";他会骤然抽动,有时真的好像被惊吓了似的"跳起来"。在一段时间的有规律呼吸后,下一次吸气有时会被延迟,之后紧跟着一个喘息,而且双眼会警觉地睁开。通常情况下,尽管他起初被放下时明显有睡意,但仍会有渐强的抽动,并引发一段时间的哭叫。有一次我们将他交给了一个不太情愿的保育员三小时。回到家里看到他已经声嘶力竭地、失去控制地啜泣,哭得汗水湿透了全身。原来是那个笨女人把他放在他的固定床上,让他"大声地哭喊"。

我们的第二个儿子约瑟夫,在出生头几个月里表现出典型的婴儿急性腹痛症状。通常在凌晨两点到五点间,他会叫得让人心里非常难受,小脸涨得红红的,两条小腿紧紧蜷缩在他那又热又硬的腹部——而约瑟夫的叫声是我所听过的小孩中最响亮的。幸运的是,我那时已经请当地一家金属薄板制品店做了一个稳固的摇篮,在金属管弯曲而成的框架上有一个由四条二十来英寸长、末端有轴承的吊臂悬住四个角的一只金属盘。宝宝的床安稳地放在金属盘上,可以用手来前后摇动这只金属盘,来回摆动的力度视约瑟夫的不适程度而定。

这简直就像一个奇迹!经过两三次大幅度的摇摆后约瑟夫的哭声就停止了,两只小眼睛仿佛很惊奇地睁开,双腿和身体也逐渐地放松。在一两分钟后,约瑟夫就会再一次地把身体舒展开来,眼睑眨着眨着闭了起来,而摆动的幅度可以逐渐减小到停止。这一招简直屡试不爽!

当然,豪特博士的宝宝们也有急性腹痛。这里有他在20世纪20年代给母亲们的建议:"首先,看两只脚是否温暖。把它们放在一个热水袋上。如果疼痛还在继续,把10滴松节油倒入半杯暖开水里,然后使用灌肠器把它们注入小孩的肠内。"

对我们第三个儿子马修来说,我那摇篮从来没有失败过。就连后来马修不再用时把它送给朋友们的孩子用也一样。当马修有了我们的头两个孙子时,原先的那只摇篮已经很久不见了,于是我寄给了他一个由发条马达为动力装置的摇篮；它有正确的头脚的运动方向，但糟糕的是它却不起作用。因为运动太过缓慢，孩子就像被托在某种汽车座椅上，而不是以睡觉的姿势俯伏着的。

　　对我们的第三个孙子，杰西的儿子泽克，我使用了一部根据原先那部设计制作的新摇篮，没有马达，用手就能很容易地开动它。而且当小泽克看起来实在很躁动不适时，用手有力地来回摇他，或当他快睡着时就轻轻地摇摆。当大约一个月大时，泽克如同大多数宝宝一样，在夜里会每两个小时醒来一次，需要人哄他入睡。摇篮就很方便地摆放在父母的床边（在父亲那边，为了分担活儿）。当泽克醒来10分钟，摇摆就会帮助他进入下一个有规律的两小时的睡眠周期，这样母亲可以有4小时不被打扰的歇息时间。如果宝宝尿湿了或真有某些疼痛，确实需要母亲的注意——或者，如果这真的是他该醒来活动的时候——摇篮便不会使他睡着。它不是一部起麻醉作用的东西，而是一个安全而天然

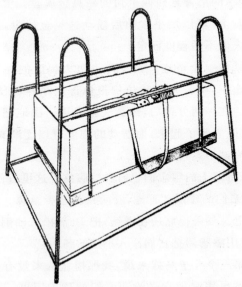

吕肯没有申请专利的永不失败的婴儿摇篮

的助手,当宝宝需要睡觉的时候,促进他安静的睡眠。

在泽克到来与我们住了一晚后,我们得到了另外一个发现。曾经是哈瑞特的婴儿床的一部柳条童车被打扫干净,从阁楼搬下来。这部上了年纪的器具由四只轮子(结实的橡胶轮胎做成,直径约25厘米)支撑,在泽克要睡觉时,就把他放进去躺着,我们可以在硬木地板上前后地摇他,有如他的摇篮一样得到相同的基本运动和产生同样的效果。摇摇篮虽然简单却难免会产生一些噪声,但相比于摇一个躁动不安的吵闹的婴儿来说,已经是较为安静的了。一张婴儿床,只要两旁有合理高度的护栏和配上一张婴儿用的床垫,应该会起到我们的四轮童车甚至摇篮一样的作用。当一个人在看书或者看电视的时候,几乎可以毫不费劲地使用这两种方法。要真正地享受怀抱,喂养宝宝,与宝宝一起玩,没有东西可以比得上宝宝安静睡觉后那数小时里所带来的如此多的乐趣。

我从未做过一个严格的控制实验,但确有一些事实是不需要经过这样的实验就可以得到证明的。正如马克·吐温所说的:"你必须要看过多少次双头兽才能相信它的存在?"豪特博士一生中从没做过任何严格控制的科学实验,而我们也不需要多此一举用实验研究来证明他是错的。对大多数宝宝来说,在某些时间摇摆是必不可少的;甚至对一些宝宝来说,在大部分的时间都需要。

我们可以也应该去做一些经过控制的实验,来证明(像我认为的那样)在一个摇篮里提供有规律的刺激,能否使婴儿较快地增加体重,减少哭声和胃部不适的问题(小泽克在3个月时重达23磅,笑起来有酒窝)。我希望某些有眼光的婴儿用品制造商会把这样一个设备投放到市场上:简单和稳固,不需要马达或人力。并且我特别希望儿科医师会认识到老一辈母亲们所认识的:宝宝需要运动,依靠有节律的刺激来保持他们的神经功能良好地运作。

有人会希望看到这样的摇篮被运用到那些有猝死危险的婴儿身上来。最重要的是,我们经常看到婴幼儿因为不停的哭喊使得母亲发狂而殴打甚至杀死婴儿的新闻报道。哈瑞特和我相信,如果这些母亲们(或那些被生活压力弄得濒临崩溃的单身母亲)都能拥有一部起作用的摇篮,或许可以避免许多这样的悲剧。

幸福的母亲

> 孩子是母亲存在的理由,再温柔的父亲也无法抚慰孩子的心。
> ——沃尔特·兰德(Walter Savage Landor,英国诗人)

> "你在抚养孩子方面颇有心得。"亨尼西太太说。
> "是的,"多利太太说,"我不仅是个作家,还是个伟大的批判家。"
> ——芬利·邓恩(Finley Peter Dunne,美国作家)

因为在我们去英国之前哈瑞特已做了好几年的社会工作,当她固定下来作为全职母亲时非常安心,因为作为一个能为自己去谋生的职业女性,她早已证明了她的能力。再者,她明白一个相当明显但似乎许多现代母亲们并不认同的事实:若养育孩子比 X (此处,X 几乎等同于任何一个你在意并愿意去做的工作)更具挑战性和更为重要,那么当然若你做得好,养育孩子应该成为你成就感和满足感的最大来源。

摇篮对让小东西入睡是挺不错的,但当他们醒着时,还是需要刺激和母亲的抚摸的。每一个学心理学的学生都听说过那一群在威斯康星大学被哈里·哈洛(Harry Harow)从母猴子身边"拐"来的幼猴。它们由两只"代理母亲"喂养,一只由金属丝做成但有可以喂奶的橡皮奶头，另一只由柔软的毛巾做成，可拥抱，但不供给食物。哈洛发现幼猴大部分时间会跟那只可拥抱的"代理母亲"在一起，而不是那只有食物来源的"金属丝妈妈"，并且当它们受到惊吓时也会跑去柔软的"母亲"那里。在狩猎耕种群族的社会，比如非洲原始的昆族，他们的婴儿喂养活动很大程度上接近于我们的物种在进化过程中所适应下来的那样，无论白天或夜晚，在大部分时间里，婴儿不断接受到来自他们的母亲或"代理母亲"身体上的接触。在这种情况下的婴儿并不如豪特博士所预期的会被"宠坏"；相反，他们感到更加安全，更少依靠"安全毯子"或玩具熊等代替物。

此外，我们应该重视那些提供给容易养育的、社会化的狩猎耕种族群的婴儿的丰富的感知觉刺激。在早期岁月里，知觉学习大量产生。研究发现，相比于养在一起处于丰富环境下的小老鼠，那些自断奶后就独自生活在一个小笼子里面的小老鼠脑重较为轻些，脑细胞较少，而且脑细胞间的联结更少。吉妮，一个13岁的小女孩，由于被父母绑在便椅上隔离式抚养，造成严重的智力迟滞和障碍，而其后无论多努力地给她做补偿性训练也无济于事。虽然不能确定吉妮的脑子是否一生下来就跟正常人的一样，但极有可能的是，即便是莫扎特或牛顿，在如此缺乏早期刺激的情况下发育也会停滞。以下是一个来自东欧一间设备简陋、人员不足的孤儿院的事例：那里的婴儿都因为营养不良和缺少照料而相继地死去——让他们待在床上如此长一段时间，剥夺了他们对人工照料和抚摸的需要，以致他们那未成熟的神经系统完全关闭。

哈瑞特养大了她的孩子，那是一段快乐时光——对妈妈和孩子来说都是如此。她让每个小孩决定自己何时准备断奶——杰西12个月，约瑟夫11个月，而马修3年。马修是如此地依恋他的奶瓶，直到经过他与母亲对这一问题进行了彻底的反复论证后才把它戒掉。哈瑞特同样与宝宝谈话并常常代替他们说话，向年长的小孩或我解释宝宝是如何看待这件或那件事情的。这种代动物和宝宝说话的倾向已成为我们家的习惯。我们惯于把它们归为具有不同的个性特点及常常有各种强烈看法的人或动物,尽管这种行为听起来很愚蠢,我还是要推荐这样的一种活动。宝宝想什么或猫儿说什么的谈话内容常常令人发笑,这种给予和接受似乎营造了一个友好、包容的氛围。从大学回到家中,我立刻产生的一个印象就是,在我不在家的时候,家里在发生着某些说不出的变化。

看来,这种口技表演者的嬉耍同样能够让人容易看到和接受这样一个事实:每个小孩在世界上都是独一无二的、不可预见的各种基因的结合体。这就像夫妻俩开始了一次需要好些年的宇宙旅行,但仅有一些种子放在船舱的小温室里。两人是如何热切地期待每一粒种子的发芽,很想知道它会是一株什么品种的植物。大自然给大多数的父母赋予了对孩子的爱和养育的使命感,但我认为保持和鼓励恰如其分的惊讶感同样是明智的做法。假如一部新的价值千万美元的格雷超级计算机被邮寄到你的家里,你会因为它的复杂性和它可以完成的事情感到畏惧,而你的孩子比起任何超级计算机来复杂得多,并且一早就注定可以做很多格雷无法完成的事情。

当我还在做心理治疗,需要花大量时间去聆听不知何故受到伤害的人们的时候,我发现治疗关系让我理解到每一位来访者是如何地不平凡,同时对他们产生尊敬,而对于偶然到来的陌生人一般较难感受到这些。我印象尤为深刻的是他们的各种各样的梦,我发现没有安全感、不擅表达感情的人的脑子里却住着一位富于创造的剧作家,每个晚上不断地生产出新的剧本来。若你看着你的孩子,流露出一种对他应有的欣赏,你将会愈加喜爱他,并且你的喜爱会让你很自然地花时间去做那些可以让小孩成长得更好、成为幸福宝宝的事情。

注 释

[1] Grantly Dick-Read, Childbirth without Fear (1953).
[2] M. D. Storfer, Intelligence and Giftedness (San Francisco: Jossey Bass, 1990), 324.

8

快乐的孩子

……让孩子保持愉快心情。

——彻奇(Francis Pharcellus Church)

孩子们都是从爱父母开始的；当他们长大一点后，开始批评父母；有时也原谅父母。

——王尔德(Oscar Wilde)

幸福是想象中的东西。从前，生者认为死者幸福，现在大人常认为孩子幸福，而孩子却认为大人幸福。

——托马斯·萨斯[1]（Thomas Szasz）

当小家伙约瑟夫即将降临人世的时候，哈瑞特非常注重让两岁大的杰西明白我们三个人——妈妈、爸爸和杰西——都在盼望着一个新生儿。去医院接"妈妈"和约瑟夫的时候，"祖母"走进医院，"爸爸"和杰西在车里等，这样安排，"妈妈"就可以毫无阻碍地把杰西抱在膝上，"祖母"就抱着婴儿。从一开始，杰西就以他这个弟弟为骄傲，丝毫没有感到威胁，而且现在也还是这样。

哈瑞特认为自己的每个孩子都不平凡（他们实际上也的确是），而且每个孩子都有自己的特点。她为他们的个性感到高兴，他们也感觉自己在一个可以做自己的空间里长大,而不是老被拿去与自己的同胞进行比较或互相竞争。她喜欢和他们聊天,对他们想说的话充满兴趣和尊重。开始上学简直就是一次令人兴奋的探险,年龄小些的总是等得迫不及待。我们的孩子们在愚蠢的而且起反作用的"种族融合、校车接送"制度强制执行以前就长大了,所以他们那时可以走去自己的学校,在中饭时间冲回家,告诉妈妈早上在学校里发生的事情。

男孩们会帮助妈妈做家务。哈瑞特从自己母亲身上学到的一个小窍门就是,不说"我要你摆餐具"而是说"杰西,我准备让你来摆餐具"(杰西现在说,他老早就看穿了妈妈这点,但事实上它的确起作用)。吃饭的时候非常有趣,因为哈瑞特以很大的热情来介绍饭菜,"这些小小的甘蓝这么好,再加些黄油、盐和胡椒粉就更好了!"孩子们一开始得到一小份,我们鼓励他们吃更多,但是不逼他们吃东西,也不允许他们说"我不喜欢吃那个!"因为那是对厨师的无礼。另一方面,好胃口的孩子会受到赞扬,告诉他们很高兴地吃完自己的蔬菜也应该引以为豪,而且是成人的表现。一旦冰箱里累积了剩菜,妈妈就会准备"蓝盘特味",每个盘子都是不同的菜品,孩子们总是很渴望得到它们,因为它们作为一种特别的款待上桌,而且成了一种惯例。孩子喜欢惯例。

睡觉时也很有趣,所以他们不会抵抗。爸爸把三个小孩一块儿都放进浴盆,给他们唱歌,跟他们嬉戏。然后他们站成一排来刷牙,这也是非常愉快的,因此以后他们自己照顾自己就非常周到。三个人亲密无间地一起长大。最后是睡前故事时间。通常那个时候妈妈收拾好了餐具,然后过来读故事给他们听。每个孩子抓起自己的"玩具人"或玩具动物,然后和妈妈爬上双人床,妈妈让他们每人选一个故事。到9点他们就被塞进被子,然后父母才有自己的晚间活动,但是并不感觉被侵扰,因为和孩子们在一起是非常美妙和开心的。

为什么在同一个家庭里抚养大的孩子长大后个个都不同?

弗兰克·萨洛韦（Frank Sulloway）在他那本引人入胜的《天生反叛：出生顺序，家庭动力学以及创造性的生活》[2]一书中引证了出生顺序在解释这个问题上的重要性。孩子们总是要争夺父母的宠爱和关注，亘古不变，人类的孩子进化而得到一种为自己开拓独立和特别的生存环境的策略。后出生的孩子宁愿不与哥哥们在同一场比赛中正面交锋——哥哥们比你更大、更强，而且已经知道做长远的打算，你难以和他们竞争——而倾向于进入不同的竞赛中，培养出不同的才干和品质。我认为哈瑞特作为母亲成功的重要一点来自于她天生地对每个孩子的独特个性感到高兴；他们每个人都以独特的方式让她觉得特别。她觉得每个孩子在他自己努力的领域中都是冠军，而且她会告诉每个孩子她的这种感觉。

关于纪律，哈瑞特的指导原则是"如果你那样做的话，没人希望看到你的到来！"她只是偶尔猛拍一下孩子的屁股，以引起他今后在这方面的注意。杰西是三个孩子中最易激动的，因而挨打次数也最多。而马修却是另一个极端，只挨过一次打。当时他只有三岁，他嗔怪地看着哈瑞特说："你为什么那样？你只要说'马修，请不要那样做'我就会停止的。"因此孩子能从父母那里学习，父母反过来也能从孩子身上学习。

孩童时期一直在进行着的一个重要活动就是自我概念的形成。我和哈瑞特一起写下这些话。"杰西，我特别喜欢你的一点就是，你总是很公正，并且通情达理。""马修，霍尔特夫人说她知道你大哥有多么的聪明，但是她认为你是所有人中最聪明的。"这些意见似乎从别人口中说出来时更有效："约瑟夫，你爸爸说他从来没有见过搭积木像你这么好的人。"我想不起因为孩子们乱丢东西而责骂过他们，而且我认为那是因为我们早在孩子们的心里灌输了一种反对乱丢东西的自我概念："你看到那个往车窗外丢糖纸的蠢孩子了吗？真是个笨蛋！"暗含的信息当然就是："我非常高兴你们不是像那样乱丢垃圾的人。"人们必须小心不要用这些评论过分夸大了真相,否则会适得其反。我们总是在车里放一个废物袋,孩子像我们大人一样使用它。

当这些孩子还都非常小的时候,我们搬到了一个相当豪华的社区,不到一年就搬出来了。我们发现里面满是上流社会和中产阶级的孩子们,他们的父母用极端自由主义和放纵来减轻自己不喜欢孩子的罪责感。这种恶性循环非常普遍。一个被忽略的孩子、父母教养方式前后不一致的孩子、被喝令而不是商量去做事的孩子,一个没有得到真正的爱、尊重和关注的孩子,不会是一个可爱、有趣的孩子,因此也不能从任何人身上得到爱和尊重。

但是不单是自我中心、疏忽的父母抚养的孩子难以爱别人。许多父母,包括无私奉献的、关爱的、高责任感的父母,都缺乏一种做父母的天生的能力,这个重要的事实普遍存在,但却被广泛忽视。我深信要不是有社会化良好的同伴群体的话,许多中产阶级的孩子们会变成严重行为不良者,不适应社会,不能充分利用自己的能力和机会。就像我下面将要讨论到的,决定大多数孩子价值观和行为的因素中,同伴群体的影响与亲子关系质量的作用成反比。

我所描述的这种家庭田园生活,部分是因为我们很幸运地了解孩子们的内在气质。杰西有成为恶人的潜质,但是幸运的是他是第一胎生的,像萨洛韦指出的那样头胎儿倾向于认同父母。(作为家里老大,杰西记得每一个家庭成员的生日。而我,作为老小,我只记得我自己的生日直到我建立了自己的家庭。)因此,我们的孩子们已经获得了社会交往必需的特质:实在的道德心、共情的能力、利他的感情和个人责任心。他们每个人都发展了与众不同的自我概念,这些观念与打破家庭规则是不调和的。为此,我们喜欢和他们一起做事情,他们反过来也喜欢和我们一起做事情。他们分别10岁、12岁、14岁时,我们在东非待过两个星期,和一群英国游人一起游览了肯尼亚和坦桑尼亚的围猎场。一对英国中年夫妇在发现他们与我们分在同一辆9人小车里时,我确信当时他们非常惊慌。(三个小孩,都是美国人!)然而,在旅程结束后,他们特别告诉我们,他们有多么地喜欢我们的孩子。我们甚至被一位也是和我们一起游览的英国退休老校长的类似的称赞所打动。

当然,我确信我们的孩子也可能和许多其他父母抚养出来的孩子一样,甚至和少数星级单身母亲抚养出来的孩子一样。我也相信孩子们会成为像任何家庭里抚养的孩子一样成功的人。然而我确定就是我们这些性情和蔼的孩子,也可能变成牢骚满腹、装聋作哑、怒气冲冲、惹人生气的孩子,如果抚养他们的父母没有采取措施应付孩子问题的本能,或他们太自我忙碌而不能费心去想办法。我很有兴趣知道这样的父母抚养出来的孩子长大后自己是否能够变成自己孩子仁爱的、具有献身精神的父母,而不是像他们父母那样的家长。如果有一个心理学家的天堂的话,让它提供一个机器,能够让孩子们在不同环境中重新成长,让我们了解他们成长的结果有何不同(但是没有人真正要受不好结果之苦)。然而,一件能够确定的事情是,快乐的孩子组成快乐的家庭,快乐的孩子是适应社会生活的孩子。

快乐的孩子是社会化良好的孩子

在俄勒冈社会学习中心,心理学家杰拉尔德·帕特森(Gerald Patterson)多年来一直从事对有品行问题的儿童的父母教养的相关研究。研究中他发现,这些儿童的任性、令人厌倦的行为通常由他们父母所给予的反馈塑造而成。这就像想要训练一只老鼠连续快速地按压一根杠杆10次,你会找来一只饥饿的老鼠,准备一套能够分发小食团的仪器,而这种分发过程既可以通过在箱子外面所连接的按钮控制,也可以通过老鼠主动按压箱内杠杆实现。刚开始的时候,老鼠每次转向杠杆你就按下箱外的按钮给食团;然后,当它出现在某一特定区域时,预备按下按钮——此时你拒绝给予强化,直到老鼠生气暴跳,因为它需要的是按下杠杆。当它出现持续的暴跳,这时你就需要训练它跳到杠杆边的区域以拿到小食团。不久后,它可能出现偶然按压杠杆的行为或者在杠杆边溜达的情况,老鼠会发现只要杠杆充分移动就会有小食团出现。如果你熟悉这套程序,不久就可以训练你的老鼠十分准确地按压杠杆,吃到小食团,然后再次按下杠杆,这一切就像一个熟练工一样。但你所要求的是连续的10次按压,而非一次。事实上也没有什么难的。电动装备的"斯金纳箱"(这种杠杆按压仪器是以已故著名哈佛大学心理学家斯金纳命名的)可以通过一个开关来实现只有在隔秒按压才分配食团。起初,在首次按压时并没有食物出现,你的老鼠会觉得吃惊,甚至愤怒。但正如我们在玩糖果机时的表现一样,它会再次按下杠杆,此时食物出现了。也许就在一杯咖啡然后再返回的时间,你的老鼠已经可以目的明确地一次、两次按压杠杆,然后等待它的食物。现在我们需要将机器的强化标准设定为每三次按压分发一次食物,然后是每五次——相信你也明白了这一过程。斯金纳和他众多的学生以及追随者的实验表明完全可以训练老鼠按压杠杆、鸽子啄闪光板、海豚和其他马戏团动物做各种复杂的小把戏——你甚至可以训练一只普通的家猫招手——通过这类系统的行为塑造,用合理提供的奖励或"强化"来"塑造"行为至所需要达到的目标。

　　帕特森发现许多父母对他们的孩子采取了随意的、不明智的方式,使得孩子的行为塑造往任性而又反叛的方向发展。假设你命令孩子停止他手头的事情,因为他做得让人心烦或者弄得到处乱糟糟或者其他什么原因:很多孩子(并非所有的孩子,这得看脾性)都会抵触。他们会发牢骚、提出抗议或者根本不听。他们是在做自己当时想做的事情,没有人乐意听令于他人。这种命令式的制止就像老鼠转向杠杆一样。当你再次对你的孩子说"住手!"的时候,提高了孩子嘟囔、反对甚而漠视的可能。实际上你是给了他一个食团,是你让他逃脱了处罚。做你想做的,一边待着去,必须得受我控制,这就像任何老旧形式的食团一样。大多数的父母都会再次提道:"鲍比,我说你该停止了!"这时很多小孩都会表现出更强烈的抵触,更大声的抱怨,甚至号啕大哭、大发脾气。你又是怎么训练你孩子发脾气的呢?那是通过你所给予的"报酬",也就是你所加的强化。

帕特森多年来一直在观察那些高危孩子(关于品行问题)的母亲的行为方式,他将此称为"三部曲":提出要求→得到相反的反馈→退让,结果是可以预料的。当然了,很多母亲也不一定会退缩。有时候事情的确是非常严重或者父母被激怒了,他们会命令孩子走开。因而,小孩子所体验到的正是斯金纳所说的对于父母拒绝或者发脾气的"不定期强化"。正是不定期强化使黑手党在拉斯维加斯发迹的;这也正是"老虎机"与咖啡机、ATM(银行自动取款机)的区别所在。在训练老鼠连续10次按压杠杆时,需要渐进的过程,先是强化每一次按压,然后是每两次、三次、五次——不可能为了达到连续10次按压的效果而给予每次按压一个强化的小食团,这样的话,老鼠很可能由于一次食团的缺省而放弃按压,通常这时还不能达到10次按压的效果。

要想终止已经受到连续强化的反应习惯也是容易的。一旦老鼠达到了10次按压一个小食团的目标,这时重新设定控制条件,有时出现十二三次按压才会有一个食团,而有时却又是七八次就可以得到。老鼠将很容易适应这种程序。现在我们继续扩大按压的最大次数,这在某些时候是必要的。只要老鼠在五六次或15次按下杠杆后都可能得到食物,它就能够保持这种工作,尽管有时候在食团出现以前它需要连续100次地敲击物体。通过不可预计的强化,使得老鼠的这种按压行为几乎不可能消失或者改变;我们成功地缔造了"老鼠老虎机"。

帕特森所观察的那些母亲是通过不再坚持自己意见和要求来对孩子的不服从行为进行强化的,由于她们的退让并非是长期行为并且是不可预计的,就像老虎机一样,这实际上就使得这些孩子的逆反行为持续下来,不可能停止。在第6章中曾提到我妻子对于教养子女有着本能的天赋,这种能力是我所不具备的,我只能观察、羡慕。现在我不得不承认哈瑞特对于四脚动物同样具备这种让我羡慕的能力。作为一名热爱动物的人士,她掌管着塞尔亚俱乐部下的野生动物工作促进会(Wildlife Task Force)并且是该组织的CEO、办公室主管,同时也承担着另一个叫做"帮帮我们的大灰狼"(Help Our Wolves Live)组织的工作。她是少数负责48个州"可生育大灰狼"组织的成员之———但是她在塑造我们家三只猫、一只狗的工作中却表现糟糕。

星期天的早餐,我悠闲地阅读报纸,喝着早上的第二杯咖啡,而此时哈瑞特正站着饮用她的咖啡。她之所以站着是因为威利,那只混种小狗在她坐着时就不停地在她膝盖上追玩小球。威利只对她却不会对我这样做,因为她有时会捡起球来扔给它,我却不会,至少不在用餐时这么做。那些猫每天天没亮就会到哈瑞特床边叫醒她来给它们准备早餐,但却不会找我。为什么?因为她会最终屈服然后起床去准备猫咪的早餐。我却从不这样做。但在我们孩子身上我却想不起存有这样的问题;他们不会强求,不会嘟囔抱怨,或许是因为哈瑞特和我都不能容忍强求的缘故。动物们只有在它们的强求确实从未奏效的时候才会放弃,我想孩子有时也是采取这种方式。孩子之所以明白是因为他们可以预见结果。马修三四岁的时候,和妈妈一起去买东西带回一打油炸圈。这些就是"马修的油炸圈",他可以在午饭后分发给他的哥哥们,这是可预期的结果。有时他们会对一些结果感到吃惊,但是他们却从不会以"妈妈,我想要……"的形式来获取这些结果。

帕特森研究那些被认为是行为不良的"高危"儿童,其不良行为的形成主要是基于以下两个主要原因。首先,他们具备某些使得他们难于教养的脾性。有些孩子表现出攻击性、比较冲动,另外一些胆子非常大、不容易妥协。那些害羞的缺乏自信的孩子和有爱心的、热心肠的小孩则不大可能卷入这种"三部曲"的恶性循环中。其次,帕特森调查所涉及的妈妈大多都是单亲母亲,没有爸爸来给孩子施加权威、分担负担、明确一定的限制,她们必须得单独完成这些任务。通过训练和练习,她们中的多数都能逐渐掌握控制权,但毕竟这不是一项容易的工作。

那些退出了帕特森研究项目的孩子通常会成为被当代精神病学诊断为对立违抗障碍儿童。美国心理障碍官方诊断标准《诊断和统计手册》(第四版)(DSM-Ⅳ)对此障碍提供了明确的诊断标准。

对立违抗障碍诊断标准[3]

对立违抗障碍以抗拒、敌意、挑衅性的行为为特征,儿童持续这些特征至少 6 个月,期间出现如下四个(或更多)症状:(1)经常发脾气;(2)经常和成年人吵架;(3)经常公然抗拒成年人的要求或拒绝按章行事;(4)经常蓄意激怒他人;(5)经常指责他(她)人失误或不当行为;(6)经常敏感易怒;(7)经常生气不满;(8)经常心怀怨气或持报复心。

是否有你认识的孩子符合以上的描述?如果是,我们有理由确信,这是一个不快乐的孩子,同时,这个孩子生活的地方,对于任何人来讲,也不是一个快乐的地方。除非立即采取适当的治疗措施,否则这种情况很可能变坏。记住,在这里,我们正在谈论奖赏(正强化),不是惩罚。这个叛逆的孩子惯于因为不顺从而获得奖赏,现在,有必要改为因为这个孩子做了该做的事而得到奖赏。这意味着,当孩子不能按要求行事时,父母必须起身重申一遍要求并促使孩子去完成它,根本就用不着那些听起来吓人的话。"托比,我说'别在屋子里拍球',你必须照我说的做。现在我要拿走这个球,你为什么不玩你的游戏?"如果托比尝试发脾气的花招,因为"没有人想听到这些噪声",他就必须回到他自己的房间去。如果托比又踢又打,那么可能需要在屁股上给一巴掌从而引起他的注意。好的父母亲能够熟练区别"发疯般的哭叫"和"伤心的哭叫"。前者应该被忽略或进行"冷"处理,而后者需要一个安慰性的拥抱。总而言之,你比他更强大、更聪明,因此所有一切需要你超过这个孩子,成为一个主宰,拥有无尽的耐心、韧性和决心(谁说这个活儿轻松?),同时还能凭感觉去奖励期望的行为而不是发脾气。

心理学家哈里斯很有把握地认为,社会化中的孩子能否接受社会规范,主要是通过他和同伴群体间的互相交往所决定的[4]。然而反过来,我认为,因父母养育技巧和能力的不同,同伴群体的影响也是不同的。有能力的父母能促进和孩子的关系发展,使父母成为受尊敬的模范、教师和顾问,同时,这种父母的孩子大多数是不会被反社会同伴所吸引的。如果某个社区里大部分的同伴是反社会的,好的父母也不会选择在那个地方养育后代。另一方面,没有能力的父母所养育的孩子,其价值观和行为模式将主要由同伴团体所决定。我相信这就是为什么虽然有一部分中产阶级的父母缺乏养育技能,然而大多数中产阶级子女能成为适应社会的孩子,这是因为(能够影响他们的)大多数中产阶级子女的同伴还算得上是能适应社会的。

我曾经观察我所认识的一对青年夫妇照顾两岁的小孩子,小孩烦躁不安地坐在餐椅上,父亲试图用一本图书去吸引小孩子的注意力,而母亲也在寻找机会将一匙婴儿食物喂到小孩嘴里。这夫妇俩是受过高等教育的,聪明、好交际、富有爱心。虽然有这么多资质,但他们是没有能力的父母,因为他们全然不懂得最基本的行为塑造原则。当小孩子1~6岁时,他们是一个把父母指挥得团团转的小暴君——行为塑造的努力全乱了方向。然而,这些小孩子一旦进入了学校,他们不可避免地要按其他小朋友的方式行事,接受这种社会化。的确,这是一个普遍的模式。作为一个社会来讲,这也表明了人们没能意识到在养育技能上进行常规培训的必要性。

在祖先生活的年代里，不稳定的青春期比起现代来讲开始得晚一点，同时也结束得早一点。自从19世纪早期开始，在发达国家，由于健康护理和营养状况的改善，年轻人几乎提前三年进入青春发育期。与此同时，为了进入成人的工作领域，年轻人对于教育的需求已大为增加，使得今天的年轻人成为"代沟、生理年龄和社会年龄之间时间偏差的质押品"[5]。当我们的祖先还是狩猎一族时，在青春发育后期，由孩童转变成成人的过程相对来讲完成得非常迅速。可能是通过某一类仪式标志这种转变。这种仪式至今仍可以在一些传统社会里看到。然后，这些刚刚被承认的成年人，通过学习和模仿成年人的处世方式和生存技能，同时接受长者的教导，从而在成人社会里找到他们的位置。

相反地，今天的青少年在这个时间差距里停留的时间长达10年之久。他们在体格和外形上是成年人，但没有成年人的职业和地位。在这个时期，他们的交际圈里少有能够教导他们如何适应社会的成年人，影响他们的主要是同龄伙伴。从这些伙伴身上，他们不太可能学到什么有用的和富有建设性的东西。如心理学家泰瑞·莫菲特已经指出，一些青少年危险的、反社会的行为易于被其他人模仿，因为这些行为看起来体现了成人身份。莫菲特认为，青少年善于模仿同伴行为，这是因为处于这个年龄阶段的祖先们，就是通过这种方式学习成为成年人的。由于祖先生活中没有这段被延长和间隔开的青少年时期，我们的种族还没有相应地进化出一套适应方式以调和这个间隔。

我想我的家庭是幸运的。在孩子还小的时候，我们经常去旅行，而且，孩子们和他们母亲在湖边小木屋里度过了好几个暑假。他们没有完全和各自的同伴粘在一起，这种定期离开居所的方法有助于孩子们成为彼此最好的朋友，同时和父母亲也很亲密。比起我们来，那些不那么幸运、同时又缺乏技巧调教顽皮孩子的父母们，他们的日子会难过得多。然而当孩子们在学校里或和邻居们展开一些社交活动时，这些年轻人中的大多数似乎变得"非常的正常"。但是正如莫菲特指出,有时他们碰巧结识了一个偶尔很粗野的男孩,他们认为这个男孩有吸引力,因为他按自己的一套行事,就像那些成年人一样。这时,如果缺乏适当的教养,接下来可能会出现精神科医生或未成年人辅导工作者所熟悉的品行障碍问题。目前,因为品行障碍而引起的混乱和困扰已经超出了家庭,蔓延到学校和邻里。大多数严重的少年过失或成年犯罪行为都是可以划归为他们在孩童时期就有品行障碍问题。

品行障碍诊断标准

侵犯他人基本权利或违反与其年龄相当的社会标准和规范,此类行为反复、持续,表现为在过去的12个月内,出现下述标准中的三项(或三项以上)症状,或在过去的6个月内,出现下述标准中的一项症状:

(1) 攻击他人和动物:经常欺负、恐吓或威胁他人;经常打架斗殴;使用武器,足以严重伤害他人;对他人使用暴力;对动物使用暴力;当面行劫(如背后袭击、偷钱包、勒索、持械抢劫);强迫他人进行性行为。

(2) 损坏财物:蓄意纵火,有意造成严重损失;蓄意损毁他人财产(非通过纵火)。

(3) 欺诈或偷盗:未经许可闯入他人房屋、住所或汽车;为获取利益和好处或免受惩罚,经常撒谎(如:欺骗他人);暗地盗取价值不菲的物品(如:不是砸门或闯进去,而是手段巧妙地混入商店偷东西)。

(4) 严重违反规矩:无视父母制止,经常夜里外出,并且在13岁之前就已经开始;和父母或看护人住在一起,至少两次夜里出走,彻夜不归(或者曾经有一次很长一段时间都没有回来);经常逃学,并且13岁之前就已经开始。

然而,若能及时寻求专业的帮助,以及父母愿意接受帮助,同时有能力来实施改善措施——通过改变他们的教养方式和(对孩子)时间、精力上的投入,这些行为失调的情况是可以改变的。一个未经治疗的行为失调的孩子,他与生俱来的"生活、自由、追求幸福"的权利可能很快就会永远地丧失了。因为我相信,孩子的权利重于母亲的权利,而正是父母们的这种无效的管教方式制造了问题,所以,如果父母亲(尤其是单亲家庭)不打算或不能有效地应付时,我提倡将这样的孩子转送到管教所或寄宿学校。[6]

精神病患者

太多的品行障碍孩子逐渐变成精神病患者或是反社会人格障碍患者。在其他书上我已经区分过了精神疾病和反社会人格障碍的差别:精神病患者是生下来就具有一种天生的气质,这种气质使他(或她,虽然精神病患者中男性的数目是女性的好几倍)在适应社会方面异常困难[7];反社会人格障碍的人是后天逐渐变得不适应社会,主要是由于父母的失职。有着适应社会困难的气质和不称职父母的人非常可能成长为一个不适应社会的人,这对社会上的任何人来说都是显而易见的(我用这种方式来说是因为我的一些同事——他们也是社会中的一员,却被博士学位所累,认为这种观点很难理解)。这意味着将会有些人由于同时符合精神疾病和反社会人格障碍的标准而难以被区分。

多种气质上的特性结合能"制造"出精神病患者来。纵欲者就是一个例子。有着"波士顿劫杀者"之称的多起强奸杀人案的凶手,我们从他的传记中推断,他似乎每天的大多数时间都处于这种状态。[8]似乎也有必要鉴别精神病患者的亚群体,这是指在情感发生的速度和强度的正态分布中处于分数高端的那一部分人。然而更糟糕的是,不容置疑某些男人身上,暴力侵犯是伴随着一种必需的至少是一种偏爱的兴趣表达而来的。从该联系中我们可能会学习到,也许可以通过同样的方式对性崇拜进行调节。想一下没有朋友、孤独的托马斯·舒尔茨,1993年谋杀了通过征友广告认识的一个女人,然后用两个小时将她的尸体肢解了。他说,甚至在他上小学的时候,"就迷上过一个女孩,出于某些原因即使不认识她,也想伤害她"。他的性欲变得更加的强烈,最后需要通过杀人和肢解来满足。[9]但最使人感兴趣的——很有可能为数众多的——真正的精神病患者并不因其异乎常人的渴望而有任何困扰,也不容易被情感风暴所压倒。最先的精神病患者仅仅是一些不受惩罚影响的人,他不像你我那样担心行为所产生的后果(多数初级的精神病患者都是男性)。

一个初级精神病患者的例子是"恶魔"考蒂·斯考特[10]。考蒂是一个大胆的男孩[11],在12岁就加入了洛杉矶的一个犯罪集团,在当天晚上他枪杀了第一个受害者。考蒂不知道他的父亲是谁,据说他父亲曾经是一名职业的足球运动员。还有一个大胆的精神病患者克里斯托弗·伯耶斯(影片《苏联间谍》中的主角的原型)[12],他的父亲是一位退休的FBI密探,有着受到良好社会化的大家庭。他因向苏联泄密而被判处长期监禁,之后他成功地从戒备森严的监狱中逃了出来。此后美国司法部展开了历史上参与人员最多的一次追捕行动,他仍然轻松地洗劫了众多银行[13]。

精神病专家埃尔韦·克莱克雷(Hervey Cleckley)在他经典的名著《心智健全的假面》(The Mask of Sanity)中,阐述了他如何在自己的实际生活中收集明显扭曲的个案事件来了解初级精神病患者的问题。有一些人,他们来自好的家庭,有高智商和理性,还有健康的身心,但他们可以撒谎而不内疚,他们欺诈、偷窃,因为一时的兴致,会偶尔违反某些甚至任何的社会行为规范。此外,让人惊讶的是,无论他们行为的后果是加在他们自己身上还是他们的家人或朋友身上,他们似乎不会受到影响。

克莱克雷也举了几个同类的个案,都来自于他记得的文学作品,其中包括莎士比亚笔下的奥赛罗和福斯塔夫、易卜生笔下的培尔·金特和伟大的匈牙利戏剧家费伦克·莫纳创作的典型人物利力姆,以及罗杰斯和海姆斯坦(电影《音乐之声》的音乐创作者)的音乐剧《酒会》中的角色比利·比格劳的原型。但是,无法解释的是,克莱克雷忽略了莎士比亚作品中的另一些人物,而这些人物是初级精神病患者的最好代表。例如理查三世,他在第一幕中说的第一段话就表明了他自己的无聊,让我们找到这个情节:"现在是我们不满的衰落期……在这个脆弱的和平年代,我,为什么找不到任何快乐来消磨时光?"

在下个场景,安妮抱着她丈夫的尸体进来,她丈夫叫亨利六世,是佣人出身。就是理查三世杀死了亨利六世,安妮既鄙视他又害怕他。在他和这个悲痛的寡妇发生关系的时候,他命令抬棺人将棺木放在旁边!仅仅用了三页的篇幅就说服了她——这肯定是一位剧作家或是演员尝试过的最伟大的绝活之一——后来他洋洋得意地说:

> 女人曾经体验过这么幽默的心情吗?
> 女人曾经体验过这么幽默的获得吗?
> 我将拥有她,但我不会和她长期交往。
> 我所做的就是杀害她的丈夫和她的父亲,
> 使她陷入极度的仇恨中,
> 她嘴里充满咒骂,眼里充满泪水,
> 憎恨我的流血的证人,
> 通过祈祷上帝,利用她的善良,以及这些对我的诉讼来与我对抗,
> 我也没有朋友来为我争取抗诉
> 仅有十足的恶兽和虚伪的外表?
> 然而为了赢得她——整个世界都不算什么!

文学作品中还包括一些女性精神病患者,例如,毛姆的小说《人性的枷锁》中的玛蒂尔德、电影《酒店》中的女主人公莎莉、易卜生名剧《海妲传》中的女主人公以及比才的《卡门》。我们可以

从演员杰克·尼克尔森在几部电影中扮演的角色中看到一些初级精神病患者的身影，包括《五支歌》、《中国城》、《最后的细节》，尤其是在《飞越疯人院》中。奥逊·威尔斯在电影《第三个人》中扮演的无赖哈利使人们了解到某些精神病患者是魅力和危险的可怕结合体。童星帕蒂·麦科马克在电影《坏种子》扮演的角色和托马斯·曼的小说《自信男人：弗里克斯·克鲁尔的自供》里的同名的主人公就是那种表现为虚伪的操纵者的精神病患者的鲜明写照。葛兰·葛林的小说《海难》中的兄弟就是软弱、迷惑自己和他人的装模作样的精神病人的典型类型，与约翰·李·加里的小说《优秀的侦探》中主角的父亲是一样的类型。据说这个角色是作者是以自己的父亲为原型的。道科特诺编剧的电影《强者为王》中，年轻时期的精神病患者是作为英雄出现的，电影中还提供了一个更危险的版本，那就是歹徒达奇·舒尔茨这个角色。

媒体上使用到的"精神病患者"一词给人传达了一种危险和难以平息的罪恶的印象。克莱克雷已经说得很清楚了，这是一种误解。像难以适应社会的反社会障碍患者一样，精神病患者是以缺乏道德心的约束作用和考虑他人的同理心为特征的。不同于平常的反社会者的是，初级精神病患者不能发展出道德心和同理心，他们不是因为没有社会化的经历，而是因为一些与生俱来的心理上的特性使他们在适应社会方面异常困难。这种先天的特性导致的另一结果就是精神病患者在行为方式上反映其行为所受到的惩罚对他来说是相对无关紧要的。精神病患者的这个基本特征本身并不邪恶和可恶，但若它与易怒的脾气或异常的敌意和好斗的性情结合，加上缺乏常规的约束，将导致爆发性的危害事件发生。这种结合的例子包括有连环杀人狂泰德·巴迪[14]、诺曼·麦勒的优秀作品《刽子手之歌》所描述的加里·戈尔默、黛安娜·唐斯因为她男朋友不喜欢她的孩子，她就极力想谋杀自己的三个孩子[15]；还有犯有强奸谋杀罪的 RAF 官员尼维尔·哈思[16]，这个领域的最重要的研究者 R.D. 黑尔写了一本近来十分畅销的书《我们中的精神病患者所处的烦扰世界》，这本书包括描述犯罪的精神病患者在现实生活中的许多短篇。

《辛德勒名单》中的数百名犹太人的"救世主"奥斯卡·辛德勒，他的案例明显与那些危险的特征不同，并能解释为什么心理学家会对精神病患者这么感兴趣。他是一个机会主义者、一个讨女人喜欢的男人、一个操纵者。他自己供认说他在做合法的事情上不成功，但在道德混乱的战时却非常成功。他营救那些犹太人能很好地解释一个35岁的骗子对最后挑战的反映：辛德勒对抗第三帝国。任何卑贱的人处在那个时期和地方都可以杀人；"真正的挑战"——一句话概括就是他的传记作者可能说出了他内心的想法："真正的权力"——营救人民，尤其是营救犹太人。斯蒂文·斯皮尔伯格的电影中的有些部分不符合我对辛德勒是初级精神病患者的诊断；特别是在电影结束的部分，辛德勒在向他的犹太工人致辞时因落泪而中断讲话。英国的电影制片人布莱尔早期的纪录片《辛德勒》比斯皮尔伯格的故事片更符合历史，他也发现了同样的差异。"它有些不符合实际，当然那是不会真实发生的。"布莱尔说。

其他一些初级精神病患者传记包括尼古拉斯·霍夫曼的《公民凯恩》、尼尔·希恩的《一个耀眼的谎言》、约翰·保罗·范恩的《美国人在越南》，还有丹尼尔·阿克斯特的《奇怪的男孩》：一个在华尔街上行骗的小孩。我相信，有些历史上的人物有精神病患者的才能，但他们却取得了全世界瞩目的成功，包括：林登·约翰逊[17]，温斯顿·丘吉尔[18]，非洲的探险家理查德·伯顿[19]和第一位打破音速的飞行员查克·耶格尔[20]。

这里列举的人很多都没有受到法律的判决，这个事实提醒我们，我们在这里谈论的是一系列行动者而不是一种行为模式。精神病患者有很高的参与犯罪的风险，但并不是他们所有人都抵抗不住这种风险。即使是同一对有犯罪倾向精神病的双胞胎，他们有同样的遗传，许多影响他们发展的经历也一样，但他们自己不一定会犯罪。在上文中提到丘吉尔、约翰逊、伯顿和耶格尔似乎很奇怪,但他们四人就是在早期按自己的标准生活的胆大、喜欢冒险、非传统的年轻人。才干、机会和一点运气使他们通过合法的(主要地)而不是非法的手段取得了成功、赢得了自尊。如果我们可以相信他们的传记的话,约翰逊和伯顿至少是边缘的精神病患者,而丘吉尔和耶格尔似乎仅仅是具有我称之为精神病患者有的那种"能力"。我相信这种"能力"本质上只是天生地相对胆大无惧。

预防初期精神病患者

从定义上看,那些天生有这种气质的小孩仍然很可能成为潜在的精神病患者,除非他们的父母非常有技巧或能得到技术上的帮助。而且,我认为那些应用在"困难的"小孩成功适应社会的原理也能成功应用在那些没什么脾气的小孩身上。训练杂种犬和小猎犬的方法是一样的;饲养杂种犬的工作仅仅是更加困难和苛刻,失败的代价更大。在孩子的幼年时期,养育孩子的主要目的是为了建立一种强大的父母爱的纽带。如果父母不能真诚地喜欢扶着初学走路的小孩,喂养他,陪他玩耍和读故事给他听,那他们应该寻求专业人士的帮助,因为早期的情感关系是后期亲密的养育依赖关系的基础。

小孩的行为记录表明,潜在的初期精神病患者将来不会害羞或胆小,相反,他们爱冒险,有时好斗。仔细的指导、耐心、一致的干预,在任何时候都是必要的。一对好的父母不喜欢惩罚,因为这对于潜在的精神病患者没有作用,对大多数孩子来说都是有坏的影响的。有时为了引起年轻人的注意,在后背拍一巴掌是必要的,但体罚的好处也就仅限于此。无论小孩可能有或没有初级精神病患者的"能力",他都必须晓得发脾气是没有用的,这种违抗是得不偿失的。另外,好的父母要尽力使小孩发展出自我的概念——自己是那种做事正确的人，因此值得爱、赞美和尊重。父母应该能够做到比他们的孩子更成熟、更灵活。如果他们的努力也不能起作用，要及时寻求专业帮助。

我认为，无论他们的孩子在适应上有没有困难，父母都应该有意识地以尊重的态度对待孩子，确实去听他在说什么，做出反应，对待他像个成年人而不是像个"不会说话的孩子"。当他们和孩子相互影响时，许多成人用一种"要人领情"或"叫人欠人情"似的方式，这不利于维持牢固的亲子关系。对幼儿来说，父母就是一切好的事物的来源；对大点的孩子，父母应该仍然是孩子兴趣、支持、鼓励、感情、信息、赞美等他们需要的大多数好的事物的来源。这种关系的存在，某种程度上，父母的价值观将趋向成为孩子的价值观。

爱冒险、胆大的孩子也能够做一些让他们高兴和满足的事情，这些事情可能是那些普通孩子因胆小而无法完成的。但是，许多这些吸引人的诱惑是非法的或危险的。有这样的孩子的家长面临的挑战是，指导孩子的兴趣转向使人兴奋同时又是建设性的事情上。假设，当科迪·斯考特还很小的时候，他的生父就开始教育爱铤而走险的儿子游戏的基本规则，或是让他加入一支棒球队，分享成功和失望。科迪过早走上犯罪道路的原因是，他发现他能支配其他的男孩，痛打别人，被他的同伴害怕和尊敬。如果他发现他是在足球方面有优势和受人尊敬的又会怎样呢？如果他学到是在准则范围中取胜比藐视准则更让人喜悦，那又会怎样呢？

我相信自豪感可能是精神病患者有效的矫正方法。温斯顿·丘吉尔是个胆大的男孩、坏学生，他很少做正确的事，直到最后（他第三次的努力）被批准进入军校，开始玩水球。他在马背上、水球场上以及后来在战场上的英勇表现让年轻的丘吉尔在他同伴中的树立了威信和获得了自豪感、成就感，这些奠定了他后来的政治生涯的基础。他那一代的许多上层的英国人，如丘吉尔的奶妈、教练和他严格的校长，都是替代他父母帮助他的人，而身在远方的父母则更像是伟大成就的动力的梦想,让人高兴的是,小丘吉尔有能力实现它们[21]。

社会病态

社会病态(反社会)的一个典型例子——罗莎·李,《华盛顿邮报》记者里昂·达施[22]获得普利策奖的系列作品的主角——同时也是社会病态人,作为父母更容易培养社会病态孩子的一个典型22。罗莎·李是一个没有父亲的大家庭里的最小的孩子,9岁开始偷窃,初一时退学,16岁结婚并很快离开了其滥于施暴的丈夫。此后,她又和5个男人共生了8个孩子。她曾做过服务员、妓女、短期毒品交易者。她10岁时便在商店偷东西,而当她的孙子长到同样年龄的时候,她又教他如何在商店偷窃。她让一个女儿在13岁时沦为妓女,在她的影响下,她的孩子中有几个染上了毒瘾。

然而,罗莎·李的8个孩子中的两个,虽然生长在同样恶劣的环境里,却表现出亲社会的气质。他们厌恶混乱和暴力,喜欢稳定和秩序。与当前形势相反的是,在欧美国家,特别是美国,越来越多不适应社会生活的年轻人的出现,已成为这个时代主要的——我认为是主要的——社会问题。解决这一问题很难,并且代价很高,但是绝不比听之任之所要付出的代价更高。如果我的分析正确,那么解决的关键在于减少那些无能、冷漠或没有社会化的父母抚养孩子的数量。关于如何实现的问题,我在其他地方有讨论过[23]。我们需要建立一些基本设施以有效地取代那些行为不当、不能胜任的父母们,包括:一个训练有素的、得到许可的养父母组织,并按其工作的重要程度给予报酬;更多的团体家庭、单性别寄宿学校——所有这些的费用都会很高,但绝不会超过我们对此无所作为时得付出的代价。因为,每挽救一个反社会儿童,至少为纳税人节省300万美元[24]。我相信,唯一正确的解决办法是,让那些希望生养孩子的人(至少)按照领养他人孩子的人所需达到的最低标准抚养孩子,这就是:成长、工作、结婚。

单身父母

目前,几乎每 10 个美国儿童中就有 4 个是由他们的单身父母抚养的,并且大部分是单身妈妈抚养。由于父母们的责任是如此的重大和不可替代,我们希望单身父母们努力使他们的孩子社会化良好,并帮助他们开始一个快乐而有意义的生活。人类已经适应了集体抚养孩子的方法,即使是传统的双亲家庭也难以成功地抚养孩子。因此,当生父仅仅只是播下生命的种子(而不管以后的培养),之后继续寻欢作乐,其结果往往是相当残酷的。1992 年,因严重罪行而入狱的美国青少年中,70% 是在没有父母的家庭里长大的[25]。对于社会病理学而言,这似乎是一个不可思议的数字。在俄勒冈社会学习中心被研究的反社会男孩中,来自完整的双亲家庭的孩子不到 30%[26]。1994 年 13 万离家出走的青少年中,有 72% 离开的是他们的单亲家庭[27]。1992 年在圣保罗明尼苏达州立小学的一个"少年旷课者"的研究中,一年之内 22 次以上无故缺席的学生中,70% 由单亲妈妈抚养[28]。全国范围内,约 70% 的十几岁的未婚妈妈是在没有父亲的家庭里长大的[29]。这些人都是缺乏抚养条件的牺牲品,而他们成为严重牺牲品的可能性也更大。1993 年,美国有约 1300 个儿童死于家庭暴力,其中只有一小部分是与其父母住在一起的[30]。例如,1993 年,芝加哥的 61 个死于谋杀的儿童中,51 个(占 83%)孩子是由十二三岁的未婚妈妈抚养[31]。最近的一项由乡村律师所做的调查发现,135 个牵涉到纵火、故意破坏、盗窃、打架、入室盗窃、性行为犯罪等罪名的儿童中——年龄最小的只有 9 岁或更小——70% 是生活在单亲(大部分是单亲妈妈)家庭里[32]。在青少年行为矫正组织的负责人看来,家庭问题是那些被拘留的青少年最普遍的问题,至少 76% 原因出于此,比药物滥用、不良伙伴、学习问题以及帮派问题等更为普遍[33]。

我的看法是:假如你不喜欢你的孩子,假如你在度暑假的时候,喜欢你的孩子待在帐篷里甚于待在你身边,那么,我很怀疑你已经按错了按钮(或者没有足够的按钮),而你最好去寻找专家的帮助。假如你真不喜欢你的孩子和你在一起(当然并不是每时每刻都会这样),那么很有可能你曾经是一个不快乐的孩子,或至少你的孩子以后不会快乐。记住,是谁需要咨询!假如你想让一只小狗学会顺从,训练师往往会弄清楚拴在狗颈皮带末端的是狗。假如你不知道如何挑选一个合适的咨询人员,那你可以问他是否熟悉已故的斯金纳,这是一位知道如何按按钮的心理学家。

注　释

[1] 精神病医师托马斯·萨斯因为他一个注明论断而闻名。他认为,精神分裂症的受害者的唯一错误是,其他人把他当作疯子来对待。

[2] F. J. Sulloway, Born to Rebel: Birth Order, Family Dynamics, and Creative Lives (New York: Pantheon Books, 1996).

[3] 获得允许引自:Reprinted with permission from the Diagnostic and Statistical Manual of Mental Disorders, Fourth Edition. Copyright 1994 American Psychiatric Association, Washington, DC.

[4] Judith R. Harris, "Where Is the Child's Environment? A Group Socialization Theory of Development," Psychological Review 102 (1995): 458—489.

[5] Terrie Moffitt, "Adolescence-Limited and Life-Course-Persistent Antisocial Behavior: A Development Taxonomy," Psychological Review 100 (1993): 674—701.

[6] D. T. Lykken, "Incompetent Parenting: Its Causes and Cures," Child Psychiatry and Human Development 27 (1997): 129—137.

[7] 继而,大多数关于心理变态的讨论因为我的 1995 年的一本书而减少了。此书是: D. T. lykken, The Antisocial Personalities (Mahwah, NJ:

Lawrence Erlbaum Associates).

[8] G. Frank, The Boston Strangler (New York: New American Library, 1996).

[9] Casseno, "He's in Prison for Good, but Not Before a Murder," Minneapolis Star Tribune, June 13, 1993, 1.

[10] S. Shakur (a. k. a. Monster Kody Scott), Monster: The Autobiography of an L. A. Gang Member (New York: Atlantic Monthly Press, 1993).

[11] M. Horowitz, "In Search of Monster," The Atlantic Monthly, December 1993, 32.

[12] R. Lindsey, The Falcon and the Snowman (New York: Simon &. Schuster, 1979).

[13] R. Lindsey, The Flight of the Falcon (New York: Simon &. Schuster, 1983).

[14] 如果想了解更多关于泰德·巴迪的事情,请参阅:Conversations with a Killer. New York: New American Library, 1989.

[15] 参见鲁尔撰写的戴安娜·唐斯的传记:A. Rule, Small Sacrifices(New York: New American Library,1988).

[16] 如果想了解更多关于尼维尔·哈思的事情,请参阅:For more on Neville Heath, see G. Playfair and D. Sington, The Offenders (New York: Simon and Schuster, 1957).

[17] 参见卡罗尔撰写的林登·约翰逊的传记:R. Caro, The Years of Lyndon Johnson: The Path to Power(New York: Knopf,1982).

[18] 参见曼彻斯特撰写的丘吉尔的传记:W. Manchester, The Last Lion: Winston Spencer Churchill(Boston: Little, Brow,1983).

[19] 见 Edward Rice's Captain sir Richard Francis Burton. (New York: Charles Scribner's Sons, 1990).

[20] 见 Tom Wolfe's The Right Stuff. (New York: Farrar, Straus, Giroux, 1979) or Chuck Yeager's Yeager, an Autobiography. (New York,

Bantam Books, 1985).

[21] V. B Carter, Winston Churchill: An Intimate Portrait (New York: Konecky and Konecky, 1965).

[22] Leon Dash, Rosa Lee: A Generational Tale of Poverty and Survival in Urban America (New York: Basic Books, 1996).

[23] D. T. Lykken, "Incompetent Parenting: Its Causes and Cures," Child Psychiatry and Human Development 27 (1997): 129—137.

[24] 儿童心理医师韦斯特曼在他很具煽动性的著作中,曾对不胜任的父母造成的浪费做过细致的分析。Westman J. 1994. Licensing Parents: Can We Prevent Child Abuse and Neglect? New York: Insight Books: 95.

[25] 路易斯·沙利文(Louis Sullivan),时任美国卫生和人类服务部部长,在1992年1月6日,于"美国价值研究院"的"美国家庭委员会"上发表了"危机中的家庭"致辞。

[26] M. S. Forgatch, G. R. Patterson, and J. A. Ray, "Divorce and Boys' Adjustment Problems: Two Paths with a Single Model," in Stress, Coping, and Resiliency in Children and the Family, E. M. Hetherington, D. Reiss, and R. Plomin, eds. (Hillsdale, NJ: Lawrence Erlbaum Associates, 1994), 96—110.

[27] H. N. Snyder and M. Sickmund, Juvenile Offenses and Victims: A National Report (Washington, DC: Office of Juvenile Justice and Delinquency Prevention, 1995), 31.

[28] Minneapolis Star-Tribune, March 21, 1993, 15A.

[29] Irving Kristol, New York Times, November 3, 1994, 3.

[30] M. Ingrassia and J. McCormick, "Why Leave Children with Bad Parents?" Newsweek, April 25, 1994, 64.

[31] Chicago Tribune, January 2, 1994, 1, 6—7.

[32] J. K. Wiig, Delinquents under 10 in Hennepin County (Minneapolis, MN: Hennepin County Attorney's Office, 1995).

[33] Snyder and Sickmund, 1995, 169.

9

宠 物 之 乐

让你的生命之舟轻一些,只装载你所需要的:一两个值得记住的朋友,你爱的和爱你的人,一只猫,一条狗以及一两个烟斗。

——杰罗姆(Jerome K. Jerome,英国作家)

如果你救起一条饥饿的狗,并且喂饱它,他就不会咬你。这就是人和狗的主要的区别。

——马克·吐温

美国人每年花上亿美元来喂养宠物:狗儿、猫儿、鸟儿,还有许多不同种类的更奇异的物种。不是所有人都是像我妻子那样的"动物人",但是,那些长着皮毛或羽毛的朋友在人们的主观幸福感中起着重要作用。那些具有"恋宠物癖"的人为什么以及如何能够充分利用我们的"礼物",就是这个简短的章节里要讨论的问题。

除非我们是全局观的生态学者,否则我们会认为树是木材的来源、荫凉的来源以及审美的来源。为什么许多人都不认为动物和其他物种一样,是食物的来源、是驮载用的牲口、是漂亮的皮毛或科学研究的实验品呢?为什么很多人倾向于照顾动物?一个可能的解释是：我们知道大多数雌性哺乳类动物在特殊的情况下可以"收养"其他物种的幼儿：一只母马会抚养一只小山羊；哺乳期的母狗可能让被遗弃的小猫和自己的小狗一起争夺食物，摸爬滚打。今年冬天，在缅因州的森林里，一只母熊和一对8周大的幼熊穴居在舒适温暖的洞穴里，它收养了一只走失的小猎犬，这只小猎犬碰巧带了一个无线电项圈。当小猎犬的主人耐心地哄它出洞穴时，熊妈妈总是把它轻轻拖回。母性的本能明显是大自然的一个基本设计，因为这让那些还需要父母照顾和喂养一段时间的幼崽可以生存下来。但是，由自然选择机制操纵的自然相当复杂，母性本能并不仅仅是由她自己的后代引发的，也会由幼小的、脆弱的小东西触发，在幼小的、脆弱的小东西面前展示母性。因此，许多筑巢的鸟类会接受杜鹃鸟蛋，而且在孵化后喂养那只异类的小鸟。

  人类灵长类的祖先不是成双成对聚居的，也很少有黑猩猩幼崽知道自己的父亲是谁，猩猩爸爸能确认自己幼崽的也很少。在第11章中会进一步解释，在人类"始祖母"开始生育了一个大脑袋、无助的婴儿时候，浪漫的爱情也被进化下来，使得父亲能参与到后代的抚养中来。因此在自然中也进化出一种父性本能，这种父性本能已经在许多鸟类和动物群中被发现，但是在人类直系祖先灵长类中非常弱。

  而且，像母性本能一样，男性抚养和保护自己的幼儿的倾向是非特异的，非常容易泛化到其他婴儿身上，甚至泛化到其他物种上。40多年来，我一直在观察哈瑞特和我自己是如何对待一群仓鼠、狗和猫的，它们都曾是我们的家庭成员，毫无疑问，我们对这些动物的感情是对我们自己孩子感情的"稍微削弱版"。哈瑞特是更具教养之心。比如她几乎做了全部的喂养工作，而我更倾向于设置规矩。

  对动物的宠爱，像所有人类特质一样，每个人的程度不同。在布沙尔所调查的250对从婴儿时期就开始分开抚养的双胞胎中，只有一对双胞胎两个都是爱犬人，其中一个人参加了纯种狗的全国巡演，另一个专门训练狗服从指令。她们是一对同卵双胞胎。但是许多其他的双胞胎都有宠物，比如"杰姆双胞胎"，他们都和狗一起长大，而且他们的狗的名字都一样。

　　正如我写到的，布沙尔试图找到另一对分开抚养的也同样是"爱犬人"的双胞胎。1996年，《史密森》（一种月刊，刊登关于艺术、历史和科学的文章）有一篇文章讲纽约市一位兽医专门为穷人的宠物提供服务。其中有一张占据整页的大照片展示了一个顾客和他的小狗快乐地拥抱在一起。这位顾客的小狗在一次事故中受伤，但是现在它的腿被夹板固定好了，用绷带绑着了，正在恢复过程中。在几天内，一位住在拉斯维加斯的男士，他是一位知名的爱狗者，发现别人祝贺自己照片上了杂志。布沙尔有这位拉斯维加斯男士的照片，他的形象确实和《史密森》上笑着抱着"奇瓦瓦"（一种原产于墨西哥的耳朵尖、皮毛光滑、非常小的狗）的男士一样。然而，他们不是同一个人，他是被收养的，很有可能在纽约有一个同卵的双胞胎兄弟！然而不幸的是，为《史密森》拍照的摄影师并不知道他所拍摄对象的名字，寻找还在继续中。布沙尔还遇到两个不相干的但是很像双胞胎的人，但是他们不是。这将有可能是第三个这样的例子；他们都是爱狗者的事实更增加了他们实际上是双胞胎的可能性。

　　我认为决定人是否要为宠物（一缸金鱼除外，或者一只夜莺）承担责任的经验法则是这样的：你能够想象让动物不仅在你的住宅自由活动，而且还和它说话，甚至替它说话："威利说，到打球的时间了"或"福克斯说很高兴这个冬天没有出去过流浪生活！"宠物应该是家庭成员；否则，你对它的责任以及它对你生活的贡献都得不到体现。

　　你为这些宠物付出时间、花费心思和兽医费，它们回报给你的是无条件的爱，如果你唯一的朋友就是没毛的两足动物，这种爱你是得不到的。我们的一只叫黛茜的猫，就喜欢看我沐浴。40

年前,某些人可能喜欢看我洗澡,但是现在浴室的镜子告诉我,只有老年医学研究专家和黛茜会对这个场景有兴趣,黛茜爱我而且觉得我长得很好。我抽烟袋,可能有恶臭,但是黛茜、福克斯和雪尼,都喜欢坐在我大腿上,咕噜咕噜叫;还有我的威利也是。条件不断改善的疗养院应该学着在娱乐室里面养一两只宠物,这样可以为人们提供一些安慰和宁静。

动物们对有孩子的家庭也会添加一些有价值的元素。人们要像为孩子一样为动物设一些限制,我觉得让约翰尼时不时看到妈妈和爸爸生气地责骂犯严重错误的宠物挺好的,同时也让约翰尼知道这只动物一直被大家爱着,而且将来也会和以前一样得到喂养和爱抚。当约翰尼犯错时,他看到爸妈以怜爱的方式对待家里的宠物;这样很好,家庭氛围就缓和下来,促进和解。而且孩子们也是能够(可能特别地)从这种无条件的关注和爱中获得益处。一个孩子的移情能力和助人能力是需要激发和训练的,当一只宠物是家庭成员的时候,这个培训的目的更容易达到。

我觉得大多数夫妇,不管在孩子出生前还是老人独居后,都会在家里养动物而获得益处,但是两个人都要分担照顾动物的责任才有这种效果。在某些特殊情况下,一条狗或一只猫可以像普通朋友那样作为夫妻争吵的调节者。如果气氛有点紧张,如果两方当时冷战,如果两人至少都和善地对狗说话,这将是有帮助的。其他时候(实际上,几乎所有的时间),无条件的关注和爱将继续得到偿还。我算是一个爱狗者,可能是因为我喜欢当我从大学回来时威利那无法抑制的热情,它在车道上跳跃、打转,剧烈地摇着尾巴跟着我进屋。哈瑞特则更算是一个爱猫者,可能是因为她更喜欢当她看书或看电视时,小猫坐在她腿上那种安静的表达爱的方式,或者当她小睡时趴在她的肚子上。我有时候会抱怨晚饭后的散步,特别是在零下40度寒风凛凛的时候,但是事实上威利和波利促使我饭后做至少6000英里的健康运动,否则我将错过这些。

人们从养宠物中得到快乐，一个重要的快乐来源就是提供了实践养育本能的机会。就像我有时抱怨要带威利出去散步或下午去玩球一样，哈瑞特有时会抱怨说她必须要去给那些"家畜"喂食，特别是为了阻止小猫冲撞卧室门，要在早上5点起床去给小猫准备早餐。但是，事实是她非常喜欢给它们喂食，特别是威利，因为杂食性的狗提供了更大的烹调创新空间，比如鸡脖子炒卷心菜，是威利非常喜欢的一道菜。宠物并不对每个人都适合，但是，那些喜欢宠物的人会发现它们给自己的幸福湖泊带来更多的波峰而不是波谷。

为宠物而写的后记

如果你想养宠物以便让你的生活更愉快，那么你需要遵守一些简单的规则来回报从它们身上得到的快乐，这是很有道理的。任何有经验的喜爱宠物的人都会同意以下这些规则：

（1）不要打算养珍奇的宠物，因为那将促使残忍的，而且通常是濒危动物的非法交易。

（2）记住，混血动物一般都比纯种动物更聪明、更健康。你可以在当地动物收容所中找到。

（3）除非你有确切的打算让你的宠物参加某些表演，不然一定把它阉割了。如果宠物生了小猫或小狗，它们中的一些几乎最终都会无家可归或被虐待。

（4）如果你的宠物是一只狗，报名参加指令服从训练课程吧。这会很有用，很有趣，而且令人满意，你和狗的生活都会更好。如果你的宠物是只猫，那就祈求上苍保佑吧。

（5）当你外出旅行时需要给你的宠物提供食宿，请不要把它成天关在笼子里，不然最终就要进兽医的地下室了。找一个爱宠物的人，一个朋友或一个专业人员，他能够让你在玩得开心的同时让你的宠物也玩得开心。

（6）当你的宠物不能再享受生活的时候，让它安静地去吧。远离那些不管让你花多少钱或让宠物受多大的罪而让它活着的兽医。

第四部分

性别问题

> 就像一个谨慎的商人需要避免将所有资产孤注一掷一样,智者告诫我们不能把我们的所有幸福建立在另一半身上。
>
> ——西格蒙德·弗洛伊德

自从亚当失去了一条肋骨得到了一个妻子,两性之间的关系就变得有点复杂了。或许可以相信汤姆·沃尔夫*在其文中所述:"美国最杰出的女权主义者格洛丽亚·斯泰那姆(Gloria Steinem),在 ABC 电视台的约翰·斯蒂文的电视访谈节目中强调,对

---

* 引自"对不起,可是你的灵魂已经死了",文章载于《福布斯》杂志科技版(1996 年 11 月 2 日)。

男性和女性神经系统的基因差异的研究应该立即停止。"但是男人和女人各自不同,尽管激进的女权主义者持反对的看法。男女在兴趣、价值观、才能、思考的方式上都存在差异。从基因的观点来看,男人和女人是一套容易出错的基因机制的两个部分——当一些小通道需要被建立以携带基因到下一个生命轨迹时,我们为之提供了暂时的栖息所。然而,即使在这些最基本的功能里,男女两性仍然有着不同的贡献,而且要经历稍微不同的过程。

性别的这些差异总是使人们喜忧参半。性别差异包含了两性关于幸福的不同内容,这些内容在大体上相似,细节上略有差异。婚姻是人类幸福的重要来源,有时也是一个障碍。在双胞胎研究中,研究人员发现为什么一对情侣会相爱并结合在一起,可是之后还会分开。

10

性别差异

美丽的双脚是自然赐予我们的美妙礼物。

——歌德

走进莎莉花园,我和我的爱人相遇;
她穿越莎莉花园,踏着雪白的纤足;
她请我温柔地对待这段情,
像依偎在树上的群叶;
但我是如此年轻而无知,不曾细听她的心声。

——叶芝(W. B. Yeats,爱尔兰诗人、剧作家)

作为一位老教授,50年来,我一直欣赏着流行于校园的少女时尚。那时,我从未想过摘一朵花插在衣襟上作"装饰",更别提是一束花。我最近发现,目前社会上流行的男女服饰给我带来了混乱。现在的校园是,总会看到褐色长发、戴金耳环的年轻人走过,我迷惑这人是男还是女呢?那个在我面前大步走来的短发、短裤和长靴的年轻人到底是什么性别?腰臀比例是一个有用但并不完全可靠的线索(而且不是总能看出来)。最近我通过实验确认了另一个线索,并且准备向大众宣布。这就是,相对于人的身高来说,女性的脚比男性的脚小。

这一发现只是一个严肃的科学项目中的一个小成果。一开始由我自己负责,现在由两位年轻同事比尔·亚科诺和麦特·麦古负责,而且他们会将这一研究进行下去。我在第6章中提到的明尼苏达州双胞胎-家庭研究中,当两组同性双胞胎第一次和父母来到我们实验室时,也就是11岁或者17岁。自那一次拜访后的(至少)9年里,他们每三年回来做一次进一步的测试。被试总共大约1300个家庭,从20000位访客中抽取大约5200个人。他们第一次来的时候就做一些身体测量,包括体形和脚长。在计算机上存储的所有这些数据——这是检验我的假设的一个好机会,即,男女相比,男人的脚与身高的比例比女人大。图10.1为双胞胎父母的这一比例,而且证实了我的假设。

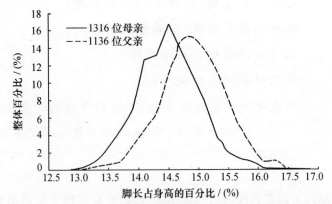

图10.1 明尼苏达州中年男性和女性居民的样本的脚长与身高的比例

尽管有相当多的交叠(在大多数性别比较中),但是任何高度的女性的脚的平均长度都小于同一高度男性的脚。注意:这一性别线索还不足以作为我的空想假设的基础。

当时人们自然怀疑这一性别差异是否像很多其他差异一样只是出现在青春期。假设如此,那么17岁双胞胎的这个比例应该与父母表现出同样的性别差异,而11岁的比例则应该完全相反。图10.2显示这个预测是错的。少年期男孩的脚相对于他们的高度来说比女孩的长,这与年长双胞胎或父母是一样的。但是图

10.2 显示了一个有趣的差异:相对于他们的身高来说,少年期的孩子比年龄稍大的孩子脚长。也许,当他们像所有孩子那样必须学习"站立"的时候,大自然好心地向他们提供了一个更稳健的平台。

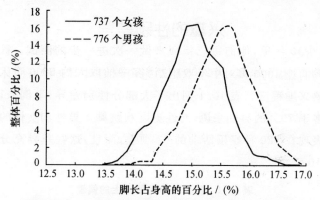

图 10.2　11 岁男女的双胞胎样本脚长与身高的比例

在这个年龄的性别差异与图 10.1 中他们父母亲的样本一样。这种差异不能归因于青春期的变化。然而,需要注意的是,相对于身高来说,他们在少年期时比在成年期时脚长。

在你认为联邦投资基金进行这项愚蠢的研究是罪恶的浪费之前,我担保我们有很好的理由收集这些数据,而且我花费了自己某个周末的时间来分析这些特殊的数据。重要的是,这些结果确实证实了很多人的怀疑:即,那些女性时尚界的设计师并不非常喜欢女人。自歌德或叶芝前的很长时间里,男诗人已经开始歌颂女性小脚的吸引力。而随后,那些时尚大师设计了一些笨重的女鞋,或许是因为他们不知道大多数男人的喜好,又或者他们根本就不关心。

然而,差异不仅仅出现在上文提到的方面和一些其他由性别差异导致的身体特征差异上。举例来说,对于性情,我们的研究指出:一般来说,男人比大多数女人(占 2/3)更具攻击性且更少恐惧感(更少的伤害-回避反应)。当然这个结果并不足为奇,女人比男人更多愁善感,更有教养,而且对其他人有更强的同情心。有趣的是,男人和女人在对动物的同情程度上是相同的。另外在明尼苏达州,男人和女人在他们的平均肥胖指数上,也就是说在肥胖的程度上是相同的[1]。

兴趣的性别差异

我们让 4000 多对中年双胞胎指出他们对 120 种不同休闲活动的感兴趣程度。表 10.1 列出了大部分性别差异;举例来说,相对于多于 70% 的男性来说,女性更喜欢跳舞。男性和女性的显著差异表现在 120 种娱乐活动的 62 项上,而且,这些差异充分反映在表 10.1 中。

表 10.1 男女在休闲活动上的偏爱*

女性休闲偏爱	男性休闲偏爱
生产织品、纺纱	建造车船
编织	玩小游戏
养花草	狩猎、打鸭子
烹饪	玩大型游戏
购物	看拳击比赛
看肥皂剧	目标射击
写信(或电子邮件)	修理东西
看话剧、音乐剧	看电视体育
讲究容貌、装扮	观看摔跤
阅读现代小说	发明
给亲朋打电话	建造工作室、暗房等
跳舞	钓鱼
创造艺术品	危险的消遣(比如蹦极)
做填字游戏	贸易、投资
晒太阳	骑自行车、摩托车
参加业余戏剧表演	

*表中列出的是在既定活动上,一种性别的人比另一性别至少 70% 的人具有较强的兴趣;表中的项目是按照性别差异大小递减排列的。这些数据是以明尼苏达州双胞胎注册表为基础,其中包括 1778 位中年男性和 2338 位中年女性的双胞胎。

从进化这个角度来看这些差异是非常有趣的。在新石器时代,性别决定了劳动分工;男人制造物品,主要是武器,他们远征去狩猎或者进行一些相当消耗体力的竞赛;女人也制造一些东西,但是与男人制造的东西不同,她们整理洞穴,做一些园艺工作(即"采集")。她们一起闲聊,或者是为男人的归来做准备;她们烹调男人狩猎带回来的东西;而且最重要的是,女人要照看孩子。那些不喜欢从事与自己性别相匹配的活动的男性或女性,就会因为表现的与众不同而可能找不到配偶,不会有他们自己的孩子,也就不能成为我们的祖先。

这种在职业兴趣上的性别差异并不等同于地位差异;举例来说,男性和女性在大多数的职业上表现是相同的。但是,一些明显的性别差异仍然在某些职业上存在,比如工程技术人员和儿科医生。男性和女性在寻找乐趣的方式上甚至生存方式上是不同的,虽然这些差异受到文化传统和期望的影响,但是,像所有其他的心理特征一样,这些兴趣具有强烈遗传基因方面的根源。然而,两性在兴趣上仍然存在交集,比如有些女人想要当宇航员、卡车司机或工程师,而一些男人想当护士、心理学者或陶艺制造者。

什么兴趣与幸福有关呢?请注意:幸福的人可能兴趣广泛,至少他们有一些强烈的兴趣可以让其投入、忙碌,实现自身价值,从而获得幸福快乐。至少一些不那么幸福的人漠视了自己天生的兴趣,或者因为他们认为自己的性别或地位(都是推辞)不适合做某些事情,或者因为他们忙于去做不感兴趣但又不得不做的事。

想要使自己的状态长期好于个体内设的"幸福定点"水平是比较困难的,因为你会很快地适应任何能带给你幸福的事,接着幸福感会再一次回归自然水平。如果你想一直保持生机勃勃的状态,那就意味着你得改变自己特定的产生幸福体验的活动,这里改变一点,那里再改变一点。比如,我喜欢写这本书,因为我认为它是有趣的,但是当我的狂热降温的时候,我就会按"保存"键,然后开始其他什么事情。但是第一个要求就是你必须清楚地知道你自己真正的兴趣是什么。

表 10.2　两性的职业兴趣差异*

女性职业偏爱	男性职业偏爱
照看孩子：托儿所或日间护理中心	建设巨大的建筑：桥等
文员，店员，秘书	专业运动员：拳击、摔跤等
美容师，理发师，化妆品制造商	急救车辆的司机
老年看护	赛车手，飞行员，特技替身演员
家庭主妇，家庭管理员	铁路员工：火车司机等
售货员，超市收银员	工程师：化学、电机等
护士，医疗人员，助产士	熟练的技工：机械工、木匠等
杂志或电视的时尚模特	警官或公务员
陶艺，刺绣，珠宝制造者	体育教练
博物馆或画廊工作人员	家庭装修：设计、喷漆等
创作人员：歌剧或戏剧	军官
宴会准备者，酒店管理者，面包店主	长途汽车司机
内勤人员，审计官，会计员	航空公司飞行员，机械师
儿科医师	专业运动员：集体项目（足球等）
画家，雕塑家，设计者	销售：不动产，机器，汽车
精神病医师或心理学者	公路巡逻官员，警察
	守卫，保安人员
	宇航员，测试飞行员，探险家
	政府官员
	工厂管理者，领班
	联邦调查局、美国中央情报局雇员
	林产、木材、森林巡守员
	驾驶员：出租、公交、包裹递送
	农场主
	狩猎监管员

*表中的这些项目，一种性别感兴趣的频率至少是另一性别的两倍；表中的项目是按照性别差异大小递减排列的。

身体魅力与幸福

> 我要娶的女孩应该是这样的:温柔的,精致的,就像护士……
>
> ——《安妮,拿起你的枪》

耶鲁大学年轻的心理学家阿兰·法因戈尔德(Alan Feingold)也许是真正的(这是公正观察者的评判)、富有想象力的(这是他对自己的评判)研究身体吸引力方面的权威。在最近关于这个主题的文献回顾中[2],他报告了一些有趣的调查结果。首先,大约三分之二的研究(至少是 168 000 个研究中的三分之二)来自美国。其次,在美国,处在平均水平的女性被认为比 60% 的男性更有吸引力,与其他地方(主要是欧洲)的男性比,这个数字是 70%。再次,在某种程度上,全世界的女性看待自己还不如男性看待自己那么有魅力。

然而最大的性别差异在于对自己身体的满意度。无论是美国还是其他国家,女性对自己外表的满意程度比 70% 的男人对自己外表的满意程度要低。而且,女性对于自身的这种不满已经从 19 世纪 90 年代以后开始增加了。此外法因戈尔德和其他人都相信这一趋势可以解释例如厌食症(自我挨饿)和暴食症(猛吃后再自动呕吐)这些现在才出现的饮食失调障碍,而且这两种饮食障碍的患者绝大多数是女性。当我还是学生的时候,厌食症很稀罕,根本就没人听说过暴食症,但是现在这两种病已经很普通了。

心理学者大卫·巴斯(David Buss)已经证明,在许多不同的文化中,男性把"年轻"和"美丽"作为决定女性吸引力的首要因素。然而女性更多在乎的是男性的身份。这有很强烈的进化意味。女人怀胎十月,然后还要用一年或更长的时间来哺育宝宝,她们是用来播种的花园,也是大自然让男人去寻找的一块拥有肥沃土壤的处女地。而男人的工作，首先提供相较于那些"小白脸"更强壮的种子，然后照顾花园和它的果实。强壮、成熟和负责任的男人受到后人的尊敬，会有更好的前途。事情常常如此，而诗人要比心理学家更早地了解这些。举例来说，拉·格什温的抒情诗写道："你有一个富有的爸爸和一个漂亮的妈妈，乖乖小宝贝，不要哭了。"

这些事实无疑解释了为什么一些病症与女人或女孩有关，比如饮食障碍就是伴随过度关注自身吸引力而出现的神经症。然而，对身体魅力的非理性关注一直存在。在20世纪60年代婚姻开始变得不入流之前，几乎所有想结婚的女人最终都找到了自己的配偶——大约有90%的女人结婚（而且大约三分之一从未结婚的人是本来就不想要丈夫的）。在为自己找一个配偶和照顾好子女之外，女性应该关心自己的健康，但是不必为自己的身体魅力而烦恼。生物学规则已经证明，对女性来说，重要的是来自孩子的爱以及与丈夫和朋友之间的尊重与感情——所有这些都不是以美丽为基础的。然而，有关基因的陈词滥调总是在她们耳边环绕，化妆品和时尚业也就会继续繁荣下去。

幸福的性别差异

虽然男性仍然比女性更容易得到较好的工作，而且做同样的工作男性拿的薪资也更高，但是我们已经在第1章中看到，大多数女性比男性报告了更高的幸福水平。而这一事实并不仅仅在美国有，欧洲亦是如此。罗纳德·安格勒哈特在密歇根大学做了一项生活满意度的调查，翻译之后，拿到16个不同的国家进行两性调查。他发现两性中80%的人对自己的生活感到满意，而21%的男性和24%的女性宣称他们至今为止都是"非常快乐的"[3]。大卫·迈尔斯[4]认为，1890年美国只有14%的已婚女性在外工作，此比例在1940年是25%，今天则大约是60%。然而职业女性并不比家庭主妇获得更多的对生活的整体满足感。迈尔斯明智地指出,职业女性的生活整体满意度源于她们所面对的挑战和工作最终所产生的满足感,而不是因为在家还是外出工作,或者薪水等。

迈尔斯教授还指出,女性的幸福湖泊的平均定点比男性的更容易波动。但和一般观念相反,这种较强的情绪变化并不能归因于月经周期。

社会关系中的性别差异

对于中年双胞胎、17 岁的双胞胎以及这些青年双胞胎的父母来说,男女之间的另一个差异也很明显,就是女性在亲社会性特质上得分较高。大多数的女性比大多数的男性有相对较强的亲近性,相信他人和寻求亲密关系的需要也更强。很多时候有女儿的家庭比只有儿子的家庭可能更需要第二部电话。此外,男性比女性更主动地去组织活动和带领团队;"指挥链"是男性的发明。我仍然记得几十年前我在海军新兵训练基地广场上演练的情景。我已经把自己当成了一个个人主义者,然而令我吃惊的是,至少是有一阵子,一种奇怪的满足感——像是一种元素溶进了一个机体,变成了这个机体的一条腿,要知道这个庞大的机体有 100 双腿。波维尔(Enoch Powell)是我于 1955 年在英国学习时英国国会的保守派成员,他从一个地位低下的二等兵慢慢升级为二战中的军官,但是,当被一位英国广播公司的记者问到他在他的军队生涯中最受用的是什么时候,波维尔说"在编队中行军"。

男女之间的另外一个主要差异表现在恐惧上,见图 10.3。图 10.3 中大部分的妈妈在 MPQ 避免伤害上的得分比爸爸的平均分高。大部分 17 岁女性双胞胎得分比男双胞胎高。这种不同是由多种原因引起的。虽然避免伤害具有强烈的遗传性,但是,以往的经验还是会对这一特质有影响的。需要注意的是,图中男孩的恐惧程度低于他们的父亲,女孩恐惧程度程度低于她们的母亲,这正是被成年人认为"有勇无谋"的青春期的高危险倾向。

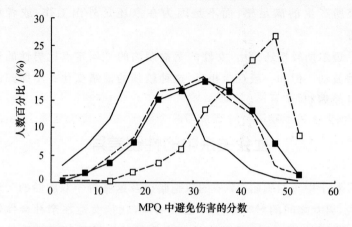

图 10.3 两性在避免伤害上的差异

此测验被试为 17 岁男女双胞胎以及他们的父母。大部分的母亲得分比父亲高;女孩得分比男孩高,而且两种性别的青少年的得分一般来说比相同性别的父母要低。

MPQ 用类似以下的题目来测量恐惧程度:

下列的两种情形我更讨厌:① 驾着独木舟在急流上飞速滑行;② 等候某些迟到的人。

选择①是惊慌而选择②仅仅是有些无聊。恐惧程度高的人不喜欢选择惊慌的程度超过了微弱刺激或无聊。难道青少年就不知道独木舟的危险吗?还是他们觉得自己比成年人更有能耐而不会受伤?

此外,我们知道正确的经验可以使胆怯的人在一开始减少一点恐惧。就像我将在第 13 章中讲到的,系统脱敏的治疗过程可以逐渐减少胆怯和恐惧。举例来说,每天增加一点攀登的高度可以减少对高度的恐惧。孩子对陌生人的恐惧能够通过逐渐安全地将他暴露给陌生人而减弱,第一次出现一个陌生人,当她不再对这个陌生人感到惊吓的时候,出现第二个,然后第三个,然后更多。在许多人类的文化中,男孩比女孩更被期望为具有冒险精神;而这就给男孩增加更大的压力,从而促使他们去攀登比他们能攀登的更高一点——这也就使他们比女孩减少了先天的恐惧。

然而,对于冒险,性别差异至少有一部分是先天注定的。最近,我坐在医生候诊室时观察了两个孩子,一个宝宝还不会走路,而另一个也不过两三岁。那个大一点的孩子已经开始玩攀登的游戏,他爬上咖啡桌,然后勇敢地从一尺高的桌子上跳下来。小一点的孩子看着,慢慢地挪动,每一次跳跃都引发他愉快的笑声。我不需要说,你也知道这是两兄弟而不是姐妹。许多有想法的父母都想避免文化偏见,而试图给孩子提供男女通用的玩具。然而,十之八九仍是小女孩要娃娃和锅碗瓢盆,小男孩则会被吸引到那些使他们更喧闹的游戏中。

在表10.1中可以看到,男人比女人更多地受到"冒险性娱乐"的吸引,如同在避免伤害上他们较低的期望得分一样。图10.4表明了双胞胎家庭成员在口头或身体攻击和反击倾向的测量上得到不同的分数:爸爸比妈妈的攻击性强,17岁男孩比女孩强,而且青少年的攻击性比父母要强。这些在恐惧和攻击上的性别和年龄差异可以解释为什么那么多的罪犯是那些有暴力倾向的男性,尤其是年轻的男性。然而女性有后来居上的趋势。女权运动的一个效果就是期望年轻女性和女孩更活跃、更冒险,不喜欢让男性和男孩承担所有的危险。这可能已经无形间的导致了女性犯罪和暴力比率的增加。举例来说,在1994~1995年之间,当男性犯罪率轻微下降的时候(因为那么多的男性已经入狱了),女性的暴力犯罪率增加了6.4%。虽然一般说来男性比女性更危险,但是这个数字说明有一些女性比一般的男性的攻击性更强。

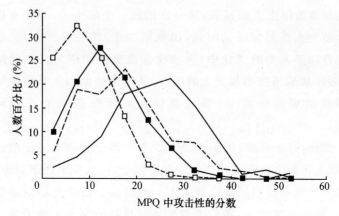

图 10.4 两性的攻击性比较

此测验被试为明尼苏达州双胞胎-家庭研究中的 17 岁男女双胞胎以及他们的父母。大部分爸爸的得分比妈妈的得分高,男孩得分比女孩高,而且两种性别的青少年一般说来比同性父母的攻击性高。

注 释

[1] 肥胖指数是用体重(磅)除以身高(英寸)。如果我们按照物理学家的方法测量肥胖程度,例如,以单位体积的特定比重为指标,那么,女性显然要比男性胖。但是,在关于性别差异的著作中,能感觉到男性作者的世故与圆滑。

[2] A. Feingold, "Gender Differences in Body Images are Increasing," General Psychologist 32 (1996): 90—98.

[3] R. Inglehart, Culture Shift in Advanced Industrial Society (Princeton: Princeton University Press, 1990).

[4] D. Myers, The Pursuit of Happiness (New York: William Morrow, 1992), 80—84.

11

如何保持婚姻的幸福

> 那（婚姻）是恩赐给少数人的祝福，施予多数人的诅咒，而对所有人来说，那却是不可预知的。
> ——选自哈迪《如何保持婚姻的幸福》

> 当我们刚刚坠入爱河的时候，一个吻也是绝妙的；
> 但那是很久以前的事了……
> ——霍奇·卡迈克尔的歌词

在自选市场里，当我留意别人的时候，我妻子在留意价格。哈瑞特估计（而且我相信她）如果由我来购物，我们的食品杂货账单至少会高出50%。所以，由我的妻子，而不是我来购物意味着我们结婚46年之后，会节约出140 000美元，仅仅因为她对折扣券和商品价格的了解。但是，比钱（似乎已经被我愚蠢地花光了）更重要的是，哈瑞特喜欢成为好的买家，她擅长这个，这的确是有用的技术；而且人们都喜欢这种有用的技术。

话题回到市场，几乎我们每次去购物时候，都会遇到至少一对看起来年老的夫妇在手推车旁互相埋怨。可以想象，他们的家庭生活一定伴随着唠叨、怨言、责骂和叮叮咣咣的声音，就像监狱中的乐趣一样。这些人到底怎么了？从前，他们的婚姻似乎是天赐良缘，他们在彼此的世界中找到乐趣；现在却完全不一样了。

当然，在"婴儿潮"时期（1946～1964年间）离婚已经很常见了，而且从那时以后，多次离婚也已不足为奇。鲍斯威尔曾经记载过，文坛巨匠塞缪尔·约翰逊曾经谈及"一个已经在婚姻中尝到不幸的绅士在他妻子死后立刻再婚了（在那个时代，只有国王才能离婚），这是理想超越经验的胜利"。许多孩子的成长伴随着父母整日的争吵，而且孩子经常告诫自己，不让自己的婚姻呈现这种状态。的确，当这种状况开始出现的时候他们就离婚了。那些最后维持婚姻的人，当他们到了自己父母的那个年纪的时候，他们会过得更幸福、更快乐吗？有趣的是，那对在市场斗嘴的老夫妇仍然在一起；我们应该怎么解释这些呢？

或许，如果更好地理解了人们为什么一开始会坠入爱河最后又一拍两散，就可以更好地理解这些令人痛苦的问题了。很巧合的是，最近对明尼苏达州双胞胎的研究已经为这些有趣的问题提供了新的线索。

迷恋的心理学

啊！生命中那个甜美神秘的东西，我终于找到了！
啊！我现在知道了它的所有秘密！
——维克多·赫伯特（Victor Herbert，作曲家）

在每种持久的伙伴关系中，除了那些血缘关系以外，关系纽带都是通过数年的共同经历、相互理解以及宽容慢慢形成的。当然还需要一些其他的力量，就如一位木匠用螺丝钉把两部分连在一起直到粘接牢固。长久的友谊通常需要外部环境促成，如同窗、同事、邻居，时间足够长久而变成彼此生活中的一部分。通常，美好婚姻的开始总是一样的，通常是突然间某种力量或"螺丝钉"使得他们建立了一种持久的伴侣关系。这个向心力、这个螺丝钉就是迷恋。

梅伦(Mellen)曾在关于爱的进化讨论中试图解释这一现象，即与人类的灵长类的堂兄弟姊妹不同，除了那些孤独的长臂猿以外，人类是一个成对配偶的种族[1]。没有一只倭黑猩猩[2]或大黑猩猩知道自己的父亲是谁，它们也不需要知道。当它们在树林中游荡的时候，它们能依附在母亲的身体上并且可以很快地成长，一个"单亲母亲"完全能够哺养和照顾孩子。但是当人类的祖先走出森林来到大草原开始用大脑教育孩子时，那些幼小的或者成长缓慢的宝贝就带来了一个问题：既然早期的原始人类母亲在看守和喂养无助的孩子上都会需要帮助，那么有谁比孩子的亲生母亲更能照顾好孩子呢？

这些成对的配偶并不总是排外的，也不是总能为生活忍耐，但是成对组合是所有跨文化存在的特性，而且在文化产生之前就存在了。因此，这种成对组合（有时是一夫多妻的组合）是文化氛围所广为支持的，就像对婚姻的支持以及对通奸的反对。我们可以证明其在适应意义上的重要性，但不能否认，其根源在于人类的 DNA。当然，进化这种适应意义上的重要性来自于父母双方共同努力来抚养他们独一无二的宝宝。

梅伦提到的这种结合是在进化史后期发展出来的，这种能力促使那些祖先中的父亲角色经受着家庭和危险的双重考验，使他们从猎场搬运沉重的猎物回家，而不仅仅是把体力消耗在猎场上。而且这些力量必须至少在配偶怀孕和最初哺育幼儿期间一直维持。这种成对配偶是人种进化期间产生的一种典型的人类趋势，这种趋势与贝舍德(Berscheid)和沃尔斯特(Walster)以及其他人认为的友爱相区别，"我们感觉到与那些人感情的同时，我们彼此的生活也深深地纠缠到一起"[3]。在古代——在现代也常如此——伴侣之爱产生于交配或婚姻之后，因此有大量的文献记载了关于决定伴侣关系是开花还是凋谢的因素[4]。但是伴侣关系是需要花费一定时间来发芽开花,需要相互调整,分享经历,形成关联的。人类文化通用的是婚姻机制,它具有一种效果(可能是有意的一种设计),可以提供时间给两个结合在一起的人,使他们成熟并发展出稳定的伴侣关系。

但是有个问题需要澄清:是什么在进化史上造成了这个结果?是什么促成了这一联结的形成?这就是为什么我们要提出迷恋或浪漫的"爱"的概念。浪漫爱情的时间进程与伴侣关系的时间进程是相反的,前者的第一个高峰迅速出现,然后开始平息,而第二个高峰逐渐慢慢成熟。年轻恋人通常对自己的爱人产生一股强烈而且独占的感觉,这种现象通常发生于相识一个月甚至几周后。贝舍德和坎贝尔把年轻恋人的这一状态表述成"提升和增强积极情绪经验的状态,这或许与大多数人生命中任何其他时间都是不一样的"[5]。

在一份含有 42 个条目的有关爱情态度量表中,几百对年轻爱侣的回答为浪漫之爱的早期阶段特征提供了实据支持[6]。在这些题目中最被赞同的是:"我和爱人之间具有合适的身体'化学'反应";"我感觉爱人和我彼此需要";"爱人合乎我对于美的理想标准"。在海赞恩和谢弗的研究中,85%的学生反对下列陈述:"那种浪漫的爱情故事只存在于小说和电影中,现实生活中并不存在。"[7]弗舍尔综合了 58 个不同时代、不同文化的研究后,发现一个明显的趋势:第一次离婚一般都发生在结婚四年之后[8]。这使她相信,"这反映了祖先的一个策略,即,维持成对配偶的状态保证了至少有足够长的时间养育一个婴儿使其度过哺乳期"。利博维茨则主张,这种浪漫的爱与某种神经递质的活动性增强有关[9],而这种活动性可以产生欣快和乐观的感觉,这是迷恋状态的一个特征,而且这个生物化学过程的自我限定为两或三年,也有其他研究者提出迷恋状态是浪漫关系的特征[10]。坦沃(Tennov)明确地用"limerence"一词来区别较清醒、较稳定的伴侣关系与浪漫的、狂乱的关系,而这种 limerence 在观念上是可以预示的,我可以提供许多故事来说明这种现象[11]。坦沃在她的研究以及一些文献中也发现了"非 limerent"的人的例子,他们有着性关系但从没有真正"相爱"。

人们为什么会恋爱?

> 是的,我们从内心深处知道,那是爱,
> 尽管我们对此了解很少
> ——霍奇·卡迈克尔的歌词

当婚礼进行时,大多数年轻夫妇正沉浸在幻想中,幻想着找到了唯一属于自己的那个人。但是,当人们在寻找配偶的时候,最流行的理论是寻找那些与自己相似的人。这种"相似的吸引"是有支持依据的。无论什么特征,从年龄、身高、IQ、教育水平,到兴趣和宗教信仰,夫妻总是比随机配对的人更相似。但是,大多数人与朋友的相似性几乎和他们与爱人的相似性一样。而且,就像在自助餐厅里,有太多你喜欢的佳肴,可以跟你配对的配偶也有很多。因此,这并不能帮你解释,你为什么认为这是唯一的选择。

奥克·特勒根与我使用了大量的有代表性的中年双胞胎样本,对他们如何选择配偶进行调查。我们假设,即使每个人都用特定标准进行选择,而同卵双胞胎,有相同的 DNA 且在同一家庭和社区环境中长大,应该有非常相似的标准。事实上,我们知道同卵双胞胎的选择大部分是相似的:他们喜欢相同的汽车,相同的娱乐,相同的衣服,相同的电影。甚至被分开养育的双胞胎,通常也使用相同牌子的香烟或化妆品,为他们的孩子取相同的名字,有相似的工作或嗜好,等等。因此,似乎可以合情合理地推想,同卵双胞胎会选择(也就是说,会爱上)相似的配偶。我们统计了上百对双胞胎的配偶在心理学和人口统计学上的 74 个特征,以此做初步推测。令人惊异的是,同卵双胞胎的夫妻并没有比异卵双胞胎夫妻具有更多相似性,至少在我们测试的这一组上是这样,仅仅比按年龄和性别随机配对的相似性高一点。

也许需要收集更多的数据。我们进行了一项保密调查,分别向男性或女性的同卵双胞胎和同性别的异卵双胞胎各 125 对,共 500 对(即 1000 个已婚个体)寄出我们的问卷。回收问卷三分之二(734 份)[12]。一开始的几个问题只是为了确定同卵双胞胎具有相似的品位。要求这些双胞胎评价他们兄妹的衣服、家具、假期计划和工作。的确,与 40%～61% 的异卵双胞胎相比,有 64%～80% 的同卵双胞胎喜欢他们胞兄妹的选择。然而在工作问题上,只有 54% 的女性同卵双胞胎喜欢胞姐妹的工作,而男性有 64%,或许这意味着女人仍然不如男人那么容易找到自己喜欢的工作。举例来说,如图 11.1 显示,同卵双胞胎容易赞同胞兄妹的着装选择,而与此相比,异卵双胞胎却并不赞同彼此的着装。

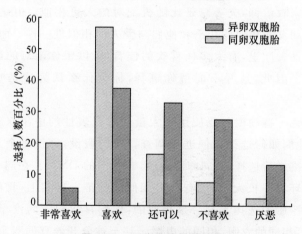

图 11.1 双胞胎的服装选择

500 对双胞胎对询问他们是否赞同胞兄妹的着装的反应,就像期望的那样,同卵双胞胎显示出比异卵双胞胎更多的品位相似性。

问卷中根本的问题是不同的。在进行保密承诺之后,我们要

求每个双胞胎回忆当他(她)们的胞兄妹第一次决定结婚的时间以及描述当时他们对于胞兄妹的配偶的感觉。例如选项有:

① 我觉得我宁愿单身也不愿与我胞姐(妹)的未婚夫结婚。
② 我不会选择我的胞姐(妹)的未婚夫。
③ 无论如何我对我的胞姐(妹)未婚夫都没有非常强烈的感觉。
④ 我真的喜欢我的胞姐(妹)的未婚夫。
⑤ 我可能被我的胞姐(妹)的未婚夫迷倒了。

在这一问题上结果是完全不同的。对于同卵和异卵双胞胎来说,讨厌还是喜欢胞兄妹选择并要结婚的伴侣的态度是差不多的!事实上,如图11.2,当我们要求这些双胞胎为胞兄妹所选择的人对自己的吸引力打分时,他们给出的分数分布和我们之前预期的一样——就如同问邻居对他们的吸引力时的分数相似。

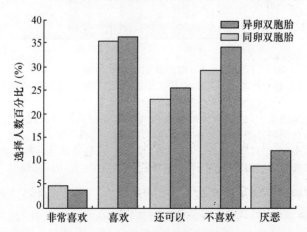

图 11.2 双胞胎对配偶的选择

"当你第一次见到你的胞兄妹爱上的并且最终结婚的人时,你觉得那个人怎么样?你被吸引,或排斥,或中立?"同卵和异卵双胞胎似乎对胞兄妹的配偶产生的好感跟对任何这样年纪和性别的人产生的好感差不多。

现在对于这些结果有这样一个疑问：当双胞胎们遇到他们胞兄妹的心上人时,也许他们对进入双胞胎关系之中的这个人产生一点嫉妒。或许一些双胞胎低估了他们胞兄妹的心上人对自己的吸引力,从而尽量避免跟自己的胞兄妹潜在的竞争。还好,特勒根和我也把调查表送给这些双胞胎的配偶而且要求他们告诉我们,他们刚刚恋爱时的感觉以及第一次与他们的心爱人的胞兄(妹)见面的感觉,结果如图11.3显示。

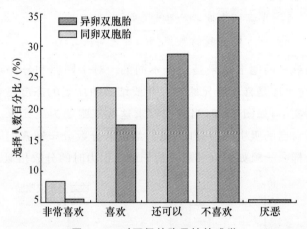

图11.3 对配偶的胞兄妹的感觉

"当你第一次爱上双胞胎中的一个并最终结婚时,你对他或她的双胞胎兄妹感觉如何?"因为某些原因,异卵双胞胎倾向有消极反映。作为同卵双胞胎的妻子,报告积极的与报告消极的反应有相同的比例(37%)。但是女性同卵双胞胎的丈夫却更趋向于积极的一面,大约有53%说"喜欢"或"爱"但是只有32%是"讨厌"或"憎恨"。或许这是因为男人很肤浅,与女人相比更容易被外表所吸引的缘故。

我们第一次是问他们是否"克隆"恋人会爱上这些人的心上人,答案是"不"。这一次,我们问是否恋人会被"克隆"的爱人吸引,答案仍然是"不"。这意味着,不仅从选择者(因为同卵双胞胎选择者不可能做出相同的选择)的特性或那些被选择者(因为被选择者的爱人不可能被恋人的"克隆人"所吸引)的特征,我们都不能预测谁会爱上谁。这的确非常奇妙！特勒根也认为我的想法是正确的(虽然仍然很神秘)。

如果这种成对配偶趋向的演化是为了提高易受伤害的幼小人类的生存能力,得出以下结论似乎合情合理,即,浪漫的爱及其相关能力可能只有人类具有,这种共同进化是因为它促成了成对配偶。在这明确的成对配偶的特定条件下,具体谁和谁结合并不重要;只要女性年轻、健康,男性强壮并且专心养家,进化的重要目标——生儿育女传宗接代的目标就可以达到。与现代的婚配相比,祖先的婚配需要并没有太多的选择性或者个体特征上的要求。但是这种爱促成的祖先婚配必定是单一的,是一个特定男性与特定女性结合足够长的时间来度过孩子易受伤害的时期(或许为了发展为永久关系)。

> ……少女把这叫做三色紫罗兰。
> 给我摘那朵花,我曾拿给你看的那种。
> 它的汁液,淋在沉睡的眼睑上,
> 它会让男人和女人都为之疯狂,
> 它会看到另一种生命,
> ……上帝,这些人是多么愚蠢啊!
> ——选自《仲夏夜之梦》

早熟鸟类的印记行为(就像鸭子和鹅,它们几乎刚孵出来就可以到处跑)是因为刚孵出就会到处跑的小鸭子与它们的母亲建立了一种无形的联结,这种联结可以教会它们觅食和寻求安全。特勒根认为,这种浪漫的爱就像印记一样,在多数情况下,它几乎是偶然形成并持续足够长的时间,让双方有时间来了解和相互适应,并最终形成伴侣关系。

小鸭子具有特殊的"图像搜索"能力,这使得如果在关键期出现两个移动物体,它们会对更像鸭子的那个留下印象[13]。但是小鸭子的图像搜寻只是图式性的。任何母鸭和大多数不合适的代替者(非正常地出现在荒野中)都可以作为印记本能的释放者。

在小鹅被孵化出不久,洛伦兹就把小鹅与妈妈隔离开,而他自己走到巢边,成功地使小鹅对他产生了印随[14]。数据显示出,人类配偶选择的图像搜寻同样是具有相似的图式性;几乎任何异性个体都可以近似地作为一个释放者。可是,我们还不了解人类的性印记或迷恋的机制。

人类有迷恋的关键期吗?如果有,那么应该是不止一次的。非人类的一夫一妻的动物(如鹅、狼或长臂猿)在其配偶死后会再次配对,人类也是如此。已经存在亲密关系,会排除另一方迷恋配偶以外的第三者的可能性,而且可能正是一段亲密关系的终结导致了另一种关系关键期的重新开始。然而人类并不像小鸭子那样,即使在易感期也不会在任何走过身边的人上留下这种浪漫的印记,即使他符合搜寻标准。青春期确实是个关键期,然而即使青少年也不会被任何潜在的释放者所迷惑。一起被养育似乎可以抑制这种浪漫的铭记,到底什么会引起回应呢?

通常,人们不会迷恋上无法把握的目标。夫妻间的这种适当的身体吸引关系意味着,容易将搜寻目标集中在那些他们认为"值得结合"的同一类人身上,比如自己的潜在原型。我怀疑当两者互惠时,吸引会转变成真正的迷恋,例如,"我也爱你"或类似的话是重要的触发机制。(比如维克托·赫伯特的抒情诗:"我认为我会发狂地爱一个人,如果他只爱我一个!")我不用做进一步推测,它是更多的研究关注的吸引人的问题。

这些都意味着什么?

好吧,首先我们有一些非常强有力的科学证据:诗人们一直都是正确的。你爱上那个人并不决定于你的DNA或他的DNA,亦或你在你的家庭、学校、研究所中学到的东西。你爱上哪个人决定于当丘比特的箭射击的时候谁碰巧站在你的身边。那些人可能是某个像你自己的人,你"设定"的某个人,因为那些人是经常碰巧在你身边的人。但是,这些并没有保证而且没有证据表明他与你将来有重要关系。

我们不知道你是否会被丘比特射伤,但是,你可能知道。问问自己:如果一些非常有魅力的人深情地注视自己的眼睛而且坦白他爱你,会怎么样呢?你会感觉一阵震颤或者畏缩吗?如果你已经有稳定的关系,畏缩是比较好的。如果你已经有一座数年的"爱的大厦",那么被丘比特的箭射中就像是踩在地雷上。我很高兴这些从不发生在我身上,但是我已经处于与朋友爆发战争的倾向中。我的一位朋友亨伯特,爱上了一个比他女儿小很多的年轻女孩。我看到了一个不可思议的画面,这个20岁的女孩,看起来大约15岁而行动像12岁。亨伯特最后终于看到了差距,带着他的婚姻、钱财和被毁灭的自信逃跑了。

很久很久以前,世界比我们看到的要美好……
但是,不知何故,过去的时光一去不复返。

——选自 L. 亚当斯的抒情诗

但是,如果你自己的浪漫的梦褪色了,我是指过了七年之痒后,你发现对你的伴侣只有忠诚但不再迷恋的时候会怎么样?要做的第一件事是停止自己被骗的想法;我们都在同样的小船中漂浮摇摆,这条船就是人性。你掌控好这条船也许会比你赢得更多世俗的东西(比如百万美元)让你感觉更好。感情持续不确定的人是一种失败者,他们总是得不到爱人;你想与他们一样吗?

下一步要做的是去处理那些在你被浪漫、迷恋占据时就应该发展的伴侣关系。思考一下你们在一起时的相互"投资",也许是在一两个孩子上,也许是在对彼此的人品的深刻理解上,无论好坏。如果牵涉孩子,那么除非父母有精神病或对孩子有危险,否则我都采用强硬的观点:你们应该把关系继续下去,你应该感激那些被你带到这个世界上的宝贝。你和爱人都有义务让孩子有生活的能力,也就是说,最起码让他们以自己的能力上高中而没有受到吸毒或怀孕等不良行为的羁绊。在第8章中,我已经列举了一些证据,被单身父母养育的孩子与由父母共同抚养的孩子相比,被虐待、辍学、有私生子或失业继而犯罪的可能性高出7倍。

在回答如何使婚姻关系继续这个问题之前,最好先考虑一下,为什么目前这么多婚姻关系不起作用。在明尼苏达州双胞胎研究中登记在册的忠实的参与者中,出现了有助于说明这一话题的一些有趣的(并且是令人惊讶的)数据。

离婚的遗传学

爱情来了,带着它的魅力;
它会给你唱歌吗?是在说再见吗?
……谁能告诉我?

——霍奇·卡迈克尔的歌词

几年前,我和同事麦特·麦古给大约一半的同性双胞胎被试邮寄了一份简短的调查问卷[15],回收了3316份,被试年龄在34~53岁,其中大约7.5%的男性和5.9%的女性从未结婚。双胞胎均回答问卷的有1516人,其中大约50%是同卵双胞胎,大约63%是女性双胞胎。(女性在回寄问卷上是做得比较好的,祝福她们!)问卷中问他们结婚几次、离婚几次以及他们的父母是否离过婚;也问了他们现在的配偶(如果应答者从未离婚)或有关他们的第一个或前配偶(假如应答者离过婚)的相同的问题。

调查中大约20.3%的人至少离婚过一次,这一比率仅仅比1980年美国户口普查数据中相同年龄段的18.4%高一点。有离婚经历的人中22.6%的人已再婚,而且没孩子的夫妻离婚率比有孩子的高2.5倍。而这些双胞胎的父母离婚率是比较低的,大约为13%,部分是因为父母的婚姻已经有了后代。然而,我们最感兴趣的是,是否可以从他们的胞兄妹、父母或者配偶的父母是否离过婚来预测他们婚姻失败的危险性。

首先,我们发现上述的三类离婚增加了大约50％的风险(也就是,从22.6％到31.9％),而且这些效果是独立的和附加的——也就是说,如果你自己的父母或配偶的父母一方曾经离过婚,你的危险性提高50％,但是如果双方父母都离婚过,那么危险比那些父母都未离婚过的人高100％。其次,如果你或配偶碰巧有一个兄弟姐妹或异卵双胞胎,那么如果那个双胞胎离婚过,你的危险也会增加大约50％,而无论两者父母是否离婚。再次,如果碰巧你有一个同卵双胞胎离了婚,那么你的婚姻失败的可能性将会升高大约132％!(从17％到39％)[16]!

但是,婚姻和离婚都是两个人的游戏。似乎可以合理地推论,配偶双方都有大约50％婚姻失败的危险性。然而我们的数据显示,只能预测一半的危险,因为我们只知道其中一方父母产生的相关遗传因素(从父母的行为和双胞胎)!为了弄清楚所有问题,麦古(曾主修数学,他比我更了解这些事情)已经对假设夫妻同为出生在明尼苏达州的同卵双胞胎计算了离婚的危险性。如果父母没有离婚,而且配偶的同卵双胞胎兄妹也未离婚,那么这些幸运夫妇只有5％的可能性出现在离婚法庭上。此外,如果两人的父母和两人双胞胎兄妹都离婚过,那么,危险就会像火箭似地窜升到77.5％!

这是否意味着有离婚基因的存在呢?当然不是。人们离婚的理由很多。但是这些理由大部分和个人的气质、个性、兴趣、态度——个体的心理特征——有关,而这些都有强烈的遗传性。举例来说,在后续的研究中,这些双胞胎中的大部分人填写了特勒根的个性量表(也就是MPQ),发现离婚危险的遗传可能性中的三分之一是个性差异[17]。到底哪些个性最重要是一个我不久将会谈到的有趣问题。同时,你可能想要做个冒险的猜测:进攻性?社会亲密?社会效力?冲动性?避免伤害?传统主义?

重要的是,这里谈论的心理特质并不是决定是否离婚的全部因素,但是离婚的一个渐进或量变的过程。目前看来,具有某些易导致婚姻破裂的心理特质的人,仍然会选择结婚,即使在百年以前当离婚还是一大障碍的时候。文化的、宗教的和合法的因素决定了障碍的高度,然而心理因素、部分遗传基因,决定了你想跳多高。对于某些人来说,离婚是更好的选择,何况在当今社会,离婚比百年前容易多了。无疑,开始新的生活比维持现在痛苦的关系要好得多。

然而,我确信现在很多人在办离婚时,就像那些家里脏乱、院子杂草丛生、地下室里满是垃圾的人,他们仅仅是把这一切烧毁然后搬家。如果他们卷起衣袖清扫干净,然后下决心创造美好未来,那该有多好。他们已经在家庭、婚姻上花了很多的投资,没有尝试所有的挽救措施就放弃是毫无理由的。

婚姻中的幸福

市面上已经有很多婚姻指南和自助手册了,(其中 A. 艾利斯写的是最好的,你可以看出他是位非常敏感的婚姻咨询专家)[18],在这儿,我不想重复相同的东西。相反,我要从自己短暂的心理咨询师、长期的研究者以及 46 年的身为人夫的经历中所获得的一些东西呈现给大家。我希望你会发现它们的乐趣——谁知道呢?——也许非常有用。

个 人 特 质

在我们前面提到的 MPQ 研究中发现,高社会性(外向、负责任)的人相对于比较内向的人有更高的离婚风险。不足为奇,一个传统的人具有相对较低的风险。可能会使你吃惊的是(至少使我们吃惊)MPQ 中传统主义维度受到遗传基因的强烈影响。也许你会认为,孩子是从父母那里学到他们的社会和宗教价值观的,然而被不同父母养育的双胞胎在这一人格特质上比其他特质有更高的相关性。人类在类似保守主义、右翼权威主义和宗教虔诚度这些价值观的相关测量的50%的变异量可以归因于遗传差异[19]。而且,在配偶间最相似的不是IQ或教育水平,也不是体形或年龄,而是他们在传统主义上的得分。如果夫妻俩得分都比较高,那么他们比一般夫妇离婚的可能性要低一些。

冒险者或者胆大的人会增加离婚的风险,比如在冲动特质上得分高的人。或许对这最后两个特质的正确解释是,爱冒险和胆大的人更可能做一些导致夫妻之间产生摩擦的事情,甚至是暴力和婚外情。快乐的人危险较低,而且我相信如果我们能够测量被试的真实幸福定点的话,这些特质就会显示出更明显的关系。罗勃特·路易斯·史蒂文森说:"没有理由如此低估快乐的作用。"因为快乐是具有传染性的,如果有个快乐的人在房子中就会给其他人也带来好心情。

但是这些人格特质有相当强的遗传性,而且我们1996年的研究表明,人格特质的可遗传部分是可以预测离婚危险性的。这是否意味着如果你是外向、爱冒险、爱思考的人,你的家庭生活就要付出代价呢?如果你决定让自己的遗传基因来为你作决定的话,答案是肯定的。想想在交通驾驶中,那些冲动、大胆、忽视规则的特质会使你陷入一个又一个交通事故中。如果你让遗传基因对你操纵到那种程度的话,那么你将交出你的驾驶执照和婚姻执照。但是,幸运的是,你可以控制你在交通中的驾驶,这就意味着如果你真正努力的话,你也能在其他的情况下控制你自己。

嫉 妒

嫉妒这个绿眼怪物在男人中比在女人中制造了更多的麻烦。大卫·巴斯(David Buss)这位密歇根大学的心理学者从进化论的角度进行了预测[20]。男性需要保证,那个他们照顾而且准备养育成人并送去哈佛的孩子真的是他们的骨肉,是自己基因的传递者。男性的性妒忌建立在害怕其他种子偷偷植入自己花园里的基础上。然而,女性则从未怀疑那个怀胎十月的宝贝不是自己的。女性妒忌的是,那些狐狸精会偷走自己丈夫的爱和承诺,以至于他的力量和资源将会投入到那些狐狸精和她们的孩子而不是自己和自己的孩子身上。

为了检验这一推测,巴斯和他的同事让男性和女性被试生动地想象,假如他们发现自己的配偶与其他人有性关系(身体出轨)或爱上其他人(精神出轨)的情形。当他们专注这些痛苦事件的时候,除了问他们对每个假设的感觉之外,巴斯也测量了他们的生理反应。就像预测的一样,巴斯发现男性在发觉配偶身体不忠时更烦恼,而女性在发现配偶精神出轨时更难过。在所有这类性别差异的心理测试中,一些女性的反应更像典型的男性,而一些男性的反应像典型的女性,但是一般来说这种差异还是清晰的。

最近的研究显示,女大学生更倾向于认为爱情导致性而不是性关系产生爱。男大学生容易认为两种因果关系的方向都是有可能的[21]。这些研究者认为,他们已经触动了进化论的困境,但是正如巴斯和他的同事指出的[22],自然选择观点是性别差异最经济的解释。大多数男性从个人经验认为偶然的性关系可以在发生前后不需要情感卷入。然而,大多数女性认为最适合她们的情节是"首先有爱,然后是婚姻,接着是宝宝在婴儿车里"。

现在来描述一下奥尔森,他住在一个社区的中部,史密斯和琼斯分别住在街区的两端。史密斯太太和琼斯太太比奥尔森太太年轻10岁,而且即使不敏感的奥尔森先生也意识到这对他妻子有一点点威胁。一方面,琼斯太太是胸部丰满的淑女并且有一点卖弄风情。因为奥尔森先生发现了她吸引人之处,他试着保持一定的距离以免给他的妻子造成错误的印象。另一方面,史密斯太太是一个离婚的女人,带着两个孩子,看起来似乎很害羞并且无助,奥尔森先生同情她,总是在她看起来需要某个人帮她铲平路面或换保险丝的时候来帮助她。奥尔森先生从没想过,在他妻子看来史密斯太太才是真正的威胁。

再来看看克里甘和莎莉的情况,这一对年轻夫妇在20世纪60年代我还在进行心理治疗的实习期间曾请求我帮忙。他们已经在一起生活了大约四年之久,在我看来他们是真正相爱的。但是他们有一个问题。他们加入了一个组织,这个组织的成员对生活、环境、战争的邪恶、"逍遥丸"的价值以及爱和性都有着超前的看法。克里甘和莎莉都签署了入会协议,也就是说和其他事情一样,两个人都不能排除与他人发生性关系。但是克里甘和莎莉无法相处;克里甘时常看起来粗暴和不满,莎莉却不明白为什么。

经过和他们一起面谈和一对一面谈后,我给出我的诊断:"你们生活在一个对我来说完全陌生的世界,但是我知道如果我是克里甘,我无法忍受莎莉和其他男人发生关系,而且我认为它会使我感到受伤害而且非常悲惨。我知道你们两个人认为人不应该有这样的感觉,但是我认为人类确实是这样感觉的,尤其是男人,因为那是我们男人做人的方式,我们不能真的摆脱它。"我害怕他们嘲笑我的观点,但是克里甘的眼泪和哽咽的声音让莎莉表现出她的母性:"我没有做那些事,宝贝;我知道你在乎!"这是我做治疗中为数很少的成功例子之一。

怨　　恨

当两个人开始一起生活的时候,年复一年难免有些摩擦:"她不尊重我的意见";"他总是留下一团糟让我清理";"她对我的计划或主意不感兴趣";"他不关心我的感觉",等等。怨恨不断增加,越来越感到修复关系的必要。她需要道歉说"对不起",他需要看到他的错误方法。有时说出来的确是一个好主意,尽可能平静、适度地解释到底是什么困扰了你,为的是增加相互理解。但是,通常最好的办法是忘记它。这些事物发生了,除非你今天认为它重大,否则明天它就变得不再重要。

我们中的大部分人都会认为这样的错误应该修正,我们不应该"任其发展"。而且,我们使自己不断生气和愤恨,甚至有时激烈的争论一开始,就不可避免地导致了新的怨恨。在我最终认识到这是一种盲目的行为表现之前,我认为自己是一位结婚30年、受过高级培训、广为人知的心理学教授。30年来,我一直都坚持"反效果"的观点,如果我因为我妻子说了什么话、做了什么事或者没做什么事让我发怒、受伤、失望,那么改正错误是她的职责,而我的职责就是继续保持愤怒直到她改正。现在,如果我因某件事而被激怒(奇怪的是现在很少发生了),我会觉得平静地处理这件事是我的职责。我知道因此会感到快乐,我相信我妻子也是如此。

积极强化的作用

伟大的心理学者 B. F. 斯金纳曾在我所在的大学阐述了他一生中最好的思想,后来在他工作过多年的哈佛大学,斯金纳和他的学生证明了这些思想是多么好。他展示了训练大鼠、鸽子或者人的行为的最好方式就是积极的强化或奖赏,而不是处罚。就像第8章中解释的,如果你想要大鼠去触动杠杆,从开始就应该在它偶然间碰到杠杆时按键给予食物作为一个强化。然后,当大鼠花费了大量时间在邻近地区,只在它的后腿接近那个水平时按键,然后只有当它可能意外地碰到杠杆以及最后真正碰到的时候再按键,一次一次地试验。

斯金纳喜欢讲一个关于两名聪明的哈佛学生的故事。两个人有些羞怯地来问他意见,他们发现与他们同住的"运动狂"只关心运动和追女孩,没有任何可分享的智力或美学的价值。这些男孩选修了斯金纳的心理学课程而且决定试着改造他们室友的兴趣,从而使他们可以共处。现在他们怀疑自己是否做得太过分了。每当他们的室友享受最近足球的胜利或者约会的事情,他们就对他视而不见,似乎没听见或者不关心。但是每当他问起学术或艺术的问题,他们就很有兴趣地从自己的书本中抬起头来,并且很高兴地与之交谈。在学期末,他们的室友正在变成一个像他们自己一样的审美主义者而且谈到要改变他的主修科目。斯金纳确信他们和室友都学到了有用的东西。

我并不主张你该把你的配偶像只小老鼠一样放入斯金纳箱中进行训练。但是,我确实建议你应该开始注意,当你的配偶做了些让你感觉很好的事情的时候,或对你所说的东西表现出兴趣的时候,你是如何反应的——给你一个小球作为积极强化。那些圆球会让你感觉非常不错,不是吗?它们提高了你的幸福感觉,使你不那么自卑,并且生活得更轻松。这可能对夫妻双方都是好事,用心理学的定律来说,就是斯金纳之前就被发现的:黄金规则。

一个家庭的爱情故事

我的挪威、美国混血的父亲出生在北达科他州的一个农场,是9个孩子中最年长的一个。在那里为了传宗接代,所有的人都按照旧式的方式结婚。比如,爸爸最小的兄弟劳伦斯与他的妻子海泽尔在州北部的一个农场上生活了72年。他们似乎过着幸福的生活,从两个人交换的笔记就可以看出(海泽尔少女时就耳聋,因此他们的沟通都必须通过书写)。下面是劳伦斯在他们的第60个结婚周年纪念时写的:

> 最亲爱的妻子:我认为我不可能找到另一个比你更好的妻子。我与你相爱了60年。当然我能在约翰森农场第一次与你跳舞,然后送你回家的那个晚上就向你求婚是非常幸运的。我第一次和你约会的时候便爱上你。我总是喜欢和你两个人待在家中。我们在一起的幸福

生活无人能比。应该没有任何男人比我更爱自己的妻子,而且从我和你生活的一开始就如此。我会在将来比过去刚爱上你的时候更加想你、爱你。谢谢你给我的所有一切。

这是海泽尔写于他们结婚70周年纪念时的:

最亲爱的劳伦斯,最好的丈夫:我全心全意地爱你,当你我不在一起的时候我感觉如此心神不宁。你已经给我所有我想要的东西。我试着当你的好妻子,而且我知道,没有人会像你一样陪我一起散步。我可以用整本书来写你,我是如此深深地爱你。

海泽尔从不写她的书,至少不是用钢笔和纸。她和劳伦斯叔父在一起有72年,共同为人父母,作为彼此的爱人、伙伴和最好的朋友。

注　释

[1] S. L. Mellen, The Evolution of Love (San Francisco: Freeman, 1983).

[2] 倭黑猩猩产于非洲刚果河以南,被认为是猿类中最接近人类的一种。

[3] E. Berscheid and E. H. Walster, Interpersonal Attraction (Reading, MA: Addison-Wesley, 1978), 177.

[4] For example, S. M. Drigotas and S. E. Rusbult, "Should I Stay or Should I Go? A Dependence Model of Breakups," Journal of Personality and social Psychology 62 (1992): 62—87; C. Hendrick, Close Relationships (New York: Springer-Verlag, 1985).

[5] E. Berscheid and B. Campbell, "The Changing Longevity of Heterosexual Close Relationships." In The Justice Motive in Social Behavior, M. J. Lerner and S. C. Lerner, eds. (New York: Plenum Press, 1981), 227.

[6] C. Hendrick and S. Hendrick, "A Theory and Method of Love," Jour-

nal of Personality and Social Psychology 50 (1986): 392—402.

[7] C. Hazen and P. Shaver, "Romantic Love Conceptualized as an Attachment Process," Journal of Personality and Social Psychology 52 (1987): 511—524.

[8] H. Fisher, "Monogamy, Adultery, and Divorce in Cross-Species Perspective, in Man and Beast, M. H. Robinson and L. Tiber, eds., (Washington: Smithsonian Institution Press, 1991), 95—126; H. Fisher, The Evolution and Future of Marriage, Sex, and Love (New York: Norton, 1992).

[9] M. R. Liebowitz, The Chemistry of Love (Boston: Little, Brown, 1983).

[10] J. Money, "The future of Sex and Gender," Journal of Clinical Child Psychology 9 (1980): 132—133; see also Tennov, note 11 below.

[11] D. Tennov. Love and Limerence (New York: Stein and Day, 1979).

[12] D. T. Lykken and A. Tellegen, "Is Human Mating Adventitious or the Result of Lawful Choice? A Twin Study of Mate Selection," Journal of Personality and Social Psychology 65 (1993): 56—68. 注意：此处样本大小比引用的文章中的记录要多50％，这是因为，在文章写好准备发表时，又收到了追加的一些案例。

[13] J. L. Gould, Ethnology (New York: Norton, 1983), 266.

[14] K. Lorenz, King Solomon's Ring (New York: Crowell, 1952).

[15] M. McGue and D. T. Lykken, "Genetic Influence on Risk for Divorce," Psychological Science 3 (1992): 368—373.

[16] 对于离婚的状态，将双胞胎的父母与双胞胎一起考虑，我们发现，在离婚风险上他们有(52.5±5.4)％的变异性。Turkheimer 等在1992年的行为遗传学研讨会上发表的一篇文章报告了更低的可能性，在他们的样本中离婚率仅是6％。这表明高离婚率可能是环境因素造成的。

[17] V. Jockin, M. McGue, and D. T. Lykken, "Personality and Divorce: A Genetic Analysis," Journal of Personality and Social Psychology 71 (1996): 288—299.

[18] Albert Ellis, Rational-Emotive Couples Therapy (New York: Pergamon Press, 1989).

[19] 见 N. G. Waller, B. A. Kojetin, T. J. Bouchard Jr. , D. T. Lykken, and A. Tellegen, "Gentic and Environmental Influences on Religious Interests, Attitudes, and Values: A Study of Twins Reared Apart and Together," Psychological Science 1 (2) (1990): 1—5.

[20] 见 D. M. Buss, "Sex Differences in Human Mate Preferences: Evolutionary Hypotheses Tested in 37 Cultures." Behavioral and Brain Sciences, 12, (1989): 1—49; D. M. Buss, The evolution of Desire: Strategies of Human Mating. (New York: Basic Books, 1994); D. M. Buss, R. J. Larson, D. Westen, and J. Semmelroth, "Sex Differences in Jealousy: Evolution, Physiology, and Psychology," Psychological Science, 3 (1992): 251—255.

[21] D. A. Desteno and P. Salovey, "Evolutionary Origins of Sex Differences in Jealousy? Questioning the 'Fitness' of the Model." Psychological Science, 7 (1996): 367—372; C. R. Harris and N. Christenfeld Gender, Jealousy, and Reason. Psychological Science, 7 (1996): 364—366.

[22] D. M. Buss, R. J. Larson, &. D. Westen, "Sex Differences in Jealousy: Not Gone, Not Forgotten, and Not Explained by Alternative Hypotheses." Psychological Science, 71 (1996): 373—375.

第五部分

幸福的盗贼

> 我们认为,那些从生活中感受到幸福的人,已经学会了如何去承受生活中的痛苦,而没有被这些痛苦所击败。
>
> ——尤维纳利斯(Juvenal,古罗马讽刺诗人)

人们的积极情感和消极情感是同一连续体的两个极端,正如瘦和胖、好和坏一样。然而,我的同事特勒根却认为,积极情感和消极情感是两种互相分离且独立的基本情绪。也就是说,有些人两者都高——被形容为高度情绪化的人;而另一些两者都低——可能被形容为迟钝的人。一方面快乐或幸福是积极情感的一些成分,积极情感还包括社会效力(热衷于担当领导角色,喜欢引人注目)、成就(超越和完成某些事情的动机)以及社会亲密(享有亲密的个人关系)。另一方面,消极情感包括应激反应(紧张,担忧,焦虑,脆弱感)、疏远(感觉受骗、被虐待、不幸)以及攻击(易怒感,敌意,想要惩罚他人)。

问题在于消极情感的每一个组分都能影响到幸福感;它们是幸福感潜在的盗贼。行为活动系统(BAS)——涉及积极思维和以目的为导向活动的主要机制——会被行为抑制系统(BIS)的刺激所抑制,这种抑制会使行为活动产生的退缩。当事情进展顺利的时候,情绪化的人会有很高的幸福感,但是,如果一些会引发相反情感(如焦虑、孤立或攻击)的事情出现时,他们的幸福感常常被盗走。恐惧症(不同于焦虑,我将会在后面解释)是另一种破坏幸福感的人格特质。

在1997年国际健康统计中心(NCHS)的一项研究中,43 000多名美国成年人被问及在过去的两周里他们是否经历过以及经历了多少次不同的消极心境*。被问及的消极心境包括厌倦、焦虑、沮丧、体验到"由于某人议论自己而感到不安"以及"非常孤独和被遗弃感"。每个项目计分是从0("从不")到4("经常"),总分是从0到20。大约8%的人报告说在此前两周里经历了强烈的消极情感(分值从10到20)。相比之下,不同于先前关于"满意"或者"满足"研究,这项研究的结果发现,在不同的人口统计群体内消极情感普遍存在显著的差异。比如,9.1%的女性报告了强烈的消极情感,而男性只有6.3%;黑人报告的强烈的消极情绪是白人的两倍(14%对7%);教育程度低于高等学校教育的人中,12.9%报告了有强烈的消极情感,而高等学校毕业生只有6.4%的人有此种报告。

如何将这些发现和我们已有的证据对应起来呢?有证据表

---

* Jonas B S, Wilson R W. Negative Mood and Urban Versus Rural Residence// Advance Data from Vital and Health Statistics. Hyattsville,MD: National Center for Health Statistics, 1997.

明，总体上来说，女性和男性一样地"知足"和满意，黑人和白人一样地幸福；并且，主观幸福感和教育程度几乎没有相关。因为积极情绪和消极情绪的感受性相关微弱，在两个趋势上有可能高，或者低。然而，毫无疑问的是，当他们感到沮丧、孤独抑或是不安时，反应都不是幸福。

在下面几章里，我将会讨论将幸福感的盗贼拒之门外的方法。首先，我们必须先抓住最大的小偷——抑郁。

12

盗贼之一：抑郁

> 事情变得最糟的时候，也是出现转机的时候。
> ——苏姗娜·穆迪（Susanna Moodie，加拿大作家）

> 治疗这种病痛，并不是安静地坐着，或者是闷在家里的火炉边看书；而是抢着大大的锄头和铁锹去挖地，直到你逐渐流出汗来。
> ——拉迪亚德·吉卜林（Rudyard Kipling，英国诗人）

令人惊奇的是，病态的抑郁并不是过多负情绪的结果，而是由于缺少正情绪。真正抑郁的人不仅感到悲哀、伤心和哀愁，还会感到没有希望、绷得过紧、焦虑，或者是愤怒、想报复，再或者感觉他人没有正确地对待自己，这些并不是有趣的事情。但是，这些消极情感至少和希望是可以共处的。"如果这个肿瘤可以变成良性的"；"如果我的老板可以认识到我的价值"；"如果我的丈夫能够承认他做错了并请求我的原谅"……但是，不能想象还有什么事情可以减轻死亡的短暂痛苦，无法看到一个人的世界从野草丛生变得富有生机，无法把握、或厌倦于把握将来，一切都是平淡、陈腐和徒劳的——这就是抑郁。

严重的抑郁不仅仅是幸福的隐患，还是一种威胁生命的疾病。大多数的自杀都是病态抑郁造成的。一些患者间歇性交替发作抑郁和躁狂,被称为双向情感障碍。在重症抑郁中,只有病态抑郁。这两种疾病的易感性很大程度上决定于遗传因素[1]。如果你的同卵双胞胎姐妹(兄弟)患了抑郁症或是躁狂-抑郁症,那么你将会有40%~60%的可能性也患有这样的病症。因为病态的抑郁症(包括躁狂症)与某些神经递质(在大脑细胞之间传递神经冲动的分子)的失调有关,而且由于大多数患者是间歇性地经历这些问题,遗传上的缺陷并不是疾病本身,而是对这些疾病的易感性。病态抑郁有时是自发发展的,但是,常常被痛苦的生活经历所诱发,包括一些致人虚弱的精神失调。很多人由于分裂症,或强迫症的折磨而患上抑郁症。在老年性痴呆的早期阶段的人,仍然可以评价他们的心理能量如何下降,于是很容易成为绝望的受害者。我的兄弟罗伯特,处于老年性痴呆早期阶段,总是说要自杀,所以我和其他兄弟藏起了他的手枪。后来,在罗伯特生理死亡前几年他的脑和人格就已经死亡了。我不知道我们当时所做的是否正确。

幸运的是,现在几乎每一例病症(除侵蚀性痴呆)都可以得到有效的帮助。大多数的抑郁病人对一种或多种抗抑郁治疗反应良好。事实上不同种类的抗抑郁药对不同的神经递质有特异性的作用,特别是去甲肾上腺素和5-羟色胺,这表明大脑心境机制的不同成分失调会导致严重的心境障碍。对待某一特定病人,有经验的专家能够选择最少副作用的矫正治疗方法。

对于患双向情感障碍的病人(过去称之为躁狂-抑郁症),有研究已经证明矿物质锂在防治躁狂阶段是非常有效的,尽管没有人知道它为什么以及如何在起作用。一些双向障碍患者在躁狂阶段变得易激动和偏执,不管是对自己还是对别人,这肯定是不愉快的。然而,对于大多数这样的患者,至少在早期阶段或者是轻躁狂阶段是快乐的,他们真正感觉到充满自信和能量、有创造力以及非常乐观。当一个人感觉很好并且功能正常的时候,他就试图停止每天吃药。但是,从创作的多产的状态到不现实且无法控制的状态,这个过程显然是有害的。后果可能是冲动的购物、糟糕的投资以及以极端的方式纠缠于桃色事件。在我们早期的研究中,一对关系融洽的双胞胎中的一个是双向情感障碍患者。在我很久没有听到关于他的消息之后的一天,他充满信心地给我打电话,解释说他已经决定去租明尼阿波利斯礼堂,当然,他希望我能上他的项目。"乔治,你身上还没有带着锂吧?"一个较长停顿后,他以一种不同的语气回答我说:"我又再次失常了吗?"还好,他回到了现实,虽然症状比较轻微,但是已经足以使他和他的精神病医师进行一次紧急的会谈。

很多人不相信,人类历史上很大一部分卓越成就是由具有双向情感障碍倾向的人实现的,他们在躁狂阶段充满极大的热情和自信[2],不知疲倦地工作。前面提到的英国前首相威廉姆·格拉德斯通,差不多就是一个"两极人",他的轻度躁狂帮助他成为了一位著名的演讲者、国会议员、多产的作家和学者,而且是"有些类似现代自由主义的领袖"[3]。

在20世纪50年代早期,当我还是一个研究生的时候,我在明尼阿波利斯总医院的精神病房工作了一个夏天。当时用于精神药物治疗的仪器还没有,病房里住满了非常躁动的病人,一些病人被监禁。这里的医护人员有两种:有些人是两个月轮换一次,这些人大都对于医药的类型非常不了解。还有一些是在这个岗位工作上很有经验的护士和武装的管理员以及兼职的精神病专家,他们简单地巡视,每个星期三次,负责按电击机器的按钮。电影《飞越疯人院》给人们展示了一幅非常精确的画面:躁动的或者是难以应付的病人,不管诊断如何,都被拉去接受"电击"治疗。他们在治疗桌上仰卧躺下,被四个人牢牢地抓着一支胳膊或一条腿,因为电击时会出现癫痫大发作;一个用以防止病人咬到舌头橡胶球套在病人的嘴里,电极夹在太阳穴的两侧,病人害怕地等待着,睁大了眼睛,为求大赦。猝然间电流引起病人暂时无意识,接下来是收缩时的剧烈抽搐。再一次放松后,病人被用担架抬到恢复室,同时下一个"牺牲品"也准备好了。幸运的是,这些场景目前已有了很大的改变。肌肉迟缓药可以防止痉挛,以防剧烈痉挛伤害到病人的骨骼。镇静剂驱散了治疗的恐慌。对于那些有严重心境失调的病人,他们对治疗用的药物反应良好。曾经让人恐惧的电休克治疗(ECT)法现在已经变得温和多了,以致它可以用于门诊病人治疗。

然而,如果你正在读这本书,我希望我可以安全地假定你没有病态的抑郁,至少在这个时刻不是。因此,我应该讨论的是适中的或者是轻度的抑郁,也称情绪低落、忧郁、短时的轻度忧郁,这是大多数人会经历到的。

对于轻度抑郁而言,最大的问题并不仅仅是由此产生的悲伤和毫无希望的感觉,而是抑郁的自身催化的作用:它会自动产生。我们人类天性中好像有一种法则:我们憎恶那些自己都无法解释的情绪。假设我悄悄地将一个电极埋在你大脑里的某个部分,这个部分可以产生一些抑郁的情感,然后悄悄地通过遥控器将电极激活[4],这将使你有足够的理由去解释为什么你感到没有价值、没有希望,或许内疚。如果继续让电极做这种阴险的工作,你很快将会有更直接的且实实在在的理由去认为自己感觉非常糟糕。你将会变得与你的配偶关系紧张,成为你的孩子的负担。你将没有能量去应付日常的职责。而且,你将会比任何人更清楚你的失败,因为你理性的、有秩序的头脑将会密切地监控并且秘密地对你解释说你不仅仅在很多方面有不足,而且告诉你为什么你让所有的人都情绪低落:因为你是一个没有用的人,几乎是一个坏人。因此,你将会感到更加的糟糕,功能也变得更差;这就是抑郁的恶性循环。下面是一个明智的英国精神病学家亨利·耶洛利斯写的:

> 我曾经不下几百次疲倦地对一个病人的亲戚解释,他或者他们将病人的病态抑郁归因于某个假定的原因

其实是没有关系的,这些只是一个症状而不是病因。在他生病之前,它们从来没有扰乱过他,而且一旦他康复了也将不再会想起这些。试图说服他不想这些,就好像试图去说服一个病人不要患上扁桃体炎一样[5]。

在精神病治疗中,即使是对一个中等程度的抑郁病人,首先的也是最困难的工作就是让她(抑郁更常见于女性,而不是男性)明白——真正地明白——她现在正在遭受的是她大脑里化学物质的暂时性不平衡,所以她现在的病就像流感(或者,像耶洛利斯所说的扁桃体炎),她应该停止去做使她的病更糟糕的事情,而是去做能够缓解病情的事情。尤其是,她必须停止为自己的感觉辩解,停止向自己解释这些感觉。"如果你正在流鼻涕,并且你的胃很难受,你会说:'看,又病了,我真没用!'这种愚蠢的想法只会使得你的感觉变得更糟。那么,现在这样也是愚蠢的,并且也会使得你变得更糟糕,所以你必须尽力停止这么做。"

幸福的人是积极的,总是很忙碌,然而,抑郁的人对所有的事情都丧失了兴趣和自信,他们倾向于意志消沉地坐着。我们不能要求一个抑郁症病人像正常人那样做自己喜欢做的任何一件事情,他们就是不能那样。他们必须找一些有用的事情去做,那些他们能做的,他们喜欢做的事情,尽管不是十分有兴趣的事情。对于女性和男性来说,经常都会是一些家务活——打扫,修理,拾掇,修整草坪,为花园除草——这些事情不会涉及其他人,也不会需要很大的创造性和精力。做简单的并且有用的事情会比用娱乐消遣好,因为当一个人抑郁的时候,很难使得他对书或者电影产生兴趣。此外,如果一个人非常想去读一本阿加莎·克里斯蒂的小说或者看一些有意思的电视节目,那么就去做吧。这里所尝试做的是让这件事情顺利完成,让大脑中的化学物质保持正常的运作,而不是变得更糟糕。

对于普通的情绪低落者或者抑郁者,一种简单而有效的治疗方法就是体育运动。在堪萨斯大学一项著名的关于抑郁学生的研究中,所有的病人都是女性,她们被分为三个组:第一组是没有治疗的;第二组给予放松的训练;第三组参加一个为期10周的慢跑和有氧舞蹈的计划。之后进行重测,没有给予任何治疗的组仍然是抑郁的,进行系统放松的组普遍较好,运动组的改善却是最显著的[6]。一个人自己可以做充满活力的运动,但是当和其他人在一起——和一个朋友一起打网球或者参加一个有氧舞蹈班时,它的治疗效果就提高了——因为这不仅增强了继续下去的动机而且帮助抑郁者消除通常具有的孤立感。

如果我有持续的、超过数日的情绪低落,且并不是由于疾病或者其他的负性生活事件引起的话(我倾向于将之归因为我个人的弱点),下面就是我为了反击将要做的事情:我将会避免社会的或者是需要智慧的工作,而是积极地去做简单的事情。我将会带着威利,在早饭前去进行一次较长的散步,正如我们在晚饭后常常进行的一样(这对于我们两个都是有好处的)。我将会清扫好家里的工作间和学校的办公室——这是需要花几天完成的适度的有用的活动。我将会开始使用一种香草,这种香草在古希腊时代是为了驱散邪恶的妖怪,被现代欧洲人作为一种对抗抑郁的天然特效药。《英国医学杂志》[7]最近报道了一份包含24项研究的元分析结果:关于香草神秘且无害的活性成分——金丝桃素[8]抗抑郁的效果是显著的。

我在第2章曾经指出,大的成就和其他喜悦的经历类似于地震,在事情过后,人们偶尔回忆这些幸福的事件时,个人的幸福的湖泊还能引起小小的波澜。严重的灾难也会发生——一个所爱的人去世了、生活不幸、婚姻破裂以及类似的事情——在我们后来沉思的时候可能会产生余震。我的第一只强壮的小猎狗波利是我日常生活的一部分,它是我失去的唯一的心爱之物。对于人类来说,理解起来并不奇怪,真正的动物正如其他人一样,失去了一条狗,就好像失去了一个孩子。但是,波利在我家的10年里,我们和它一起度过的时间远远超过了和其他的朋友一起度过的时间;它毫无保留地爱我,狗真的是这样。当我们不得不让它"沉睡"的时候,正如一些人所说,就好像家庭中一个成员的逝去。一年之后,我们有了第二只杂种犬威利,它填充了我们生活中的很多空闲时光。然而,即使多年后的今天,我回想起波利,仍会感到心痛。但是我不能说这些回忆就是抑郁——它们是痛切的,是不定的,使得我感到短暂的悲伤,但不是感觉糟糕。毕竟,人类常常热衷于悲伤和多愁善感的故事,我并不知道为什么。或许它们使得我们想起我们与其他生存的生物的联系,我们都会死去,都值得尊敬和关心。如果我曾经如此不幸地失去了一个孩子,我相信——我希望——在最先的极大痛苦和孤寂之后,我将逐渐以相似的方式思念他,眼里充满泪水但仍感谢那些回忆。

  我认为当人们负担了太多的情绪伤痛时,这些伤痛的愈合是缓慢的。在传统的社会里,痛苦往往被家族所分担,我认为这样的分担是自然的,恢复也常常是必要的。那些不可以恢复元气的家族成员必须依靠朋友,在一些案例里是依靠精神病医师。如果几个月后痛苦都没有减弱,唯一的方法就是把病痛讲出来。一个可以建立良好心理感觉的现代发明就是支持团体:会见其他有相似失落感的人们,这样能够分担一个人的痛苦;甚至还有一些针对失去宠物(就像波利)的支持团体。当它死去的时候,我的家人就是我的支持团体。但是,如果我是一个孤零零的人,那我将需要和他人进行交谈,那些人要能真正理解我的感受。注意不要总是相信接下来的持续的痛苦或多或少是必需的,不要认为这样的"必需"是出于继续对已故的人表示怀念,不要以为如果你能忍受自己的生活凌乱不堪,那全世界就会认为你的前配偶背信弃义。当然,和其他气质相比,有一些气质能够轻松地应对这些灾难。如果你是一个沉思的人,如果你倾向于慢慢地创建一个充满不幸的回忆的巢穴,那么你就面临一个选择:你可以操作基因的舵手使你在这个巢穴里流泪,或者你可以将自己扭转开,把握自己,回过头来,穿上你的袜子,回到生活中来——有无数的这样的陈词滥调用来激励人们,也许只是因为它们都提供了一个普通的倾诉者需要的处方。

谁规定人们可以总在期望幸福,期待充满活力,活跃兴奋?即使是聪明的威利,有时也感到无聊。威利一天中最开心的时段就是下午的院球游戏(漫长的冬天里,我们经常玩这种球)。尽管,威利看上去从没有病过,几乎每隔两周一次,当我把球抛开让它取回,他会走着去追而不是跑着,并且走回来的时候更慢。它身体里的物理化学的东西偶尔也会出问题,威利的生活乐趣就在于短暂的奉献。有些日子我也是这样,但是我并不觉得自己被骗了。正如某个明智的人所说,人们必须学会在痛苦的时候也能把幸福带在身边。

百忧解的意义

要多少次亲眼看过一只两头兽,你才相信它的存在?
——马克·吐温

在20世纪70年代,美国礼来医药公司的研究者声明,他们发现了一种新药——盐酸氟西汀,它能够相当有选择性地抑制5-羟色胺回收,从而提高以这种分子作为神经递质的大脑通路的活动。这种新的合成物商业用名为"百忧解",在20世纪80年代上市之后被证明是对很多病人很有效的抗抑郁药,尤其那些对三环类药物,比如丙咪嗪(盐酸丙咪嗪)或者阿密曲替林(盐酸阿密替林),反应并不好的病人。1990年,媒体恐慌地报道服用百忧解的病人有自杀的危险甚至有行凶的可能,但是,看上去这只是治疗并不理想的已经失调的人和想自杀的人服药的结果。与其他精神类药物相比,百忧解的副作用显著较少,而且上瘾的危险也较弱。现在,世界上有超过千万的人已经服用或正在服用百忧解。

（最后这两句看上去并不矛盾，我已经使用了好几年的类似的抗阻胺剂来控制过敏性鼻炎，但是我并没有对它上瘾，也没有形成耐受性，所以我需要的量不会越来越多，当我用完时也没有渴望它——我只不过打了很多喷嚏。）

这种药物特别有趣的，也是使得精神病学家彼特·克雷默（Peter Kramer）写出《倾听百忧解》[9]（Listening to Prozac）的是它的正常化效果，超过"仅仅地"改善病态抑郁。克雷默的书提供了大量的过去病人的案例，当采取这种治疗时，病人大多数是成功的、有创造力的，他们先天的性情看上去开始有所变化，更健康了。被害羞、自我怀疑或者轻度的但是令人讨厌的强迫性的冲动所困扰的人们感到解放了，就好像他们得到了重生。在其他生命科学领域里的心理学家和研究者习惯于从群体统计的角度去考虑，且忽略个案和其他的"逸闻趣事的证据"。但是，和其他的内科医生一样，我认为还是可以从这些个案中学到很多东西的。正如马克·吐温提醒我们的，一旦你看到了一只有两个头的牛，你就不需要一个大规模的控制性研究来证明它会出现。这就导致我们去假设百忧解至少能够使一些人真正提高天生的幸福基点。

然而，除了马克·吐温，我自己的想法也是不同的。目前，百忧解并没有在那些认为自己在主观幸福感上是属于前三分之一的人们中进行尝试。这样的研究将是极其引人注目的：200个中年成人，其中一半人服用6个月的百忧解，而另一半人服用的是外观类似的安慰剂。在接下来的6个月里，第一组里有50人转而服用安慰剂，第二组里有50人开始服用百忧解。没有人知道谁服用的是什么，只有计算机储存了记录。这就形成了一个"双盲"研究，意味着病人和搜集这些数据的研究者都不知道谁服用哪种药，所以被试的自我报告和研究者的评估都不会被对药物的期望所影响。

如果这样一项研究表明，一般的、调适良好的人服用百忧解时比平时感到更幸福，那么就可以得到这样的结论，所有的人都可以"禁不住感到幸福"。然而，我猜想，百忧解发挥其非凡的作用并不是通过提高幸福定点，而是使幸福感的大量盗贼丧失能力，包括抑郁、害羞、胆怯、不愉快的强迫性冲动。我怀疑克雷默的病人已经被给予了改良幸福基因组合的东西。相反，他们已经能够开始自由地挖掘自己与生俱来的最大潜能。

注　释

[1] 见 T. Reich, P. Van Eerdewgh, J. Rice, J. Mullaney, J. Endicott and G. Klerman, "The Familial Transmission of Primary Major Depressive Disorder," Journal of Psychiatric Research 21 (1987): 613—624.

[2] 例如 D. J. Hershman and J. Lieb, The Key to Genius. (Buffalor, NY: Prometheus Books, 1988), and K. R. Jamison, Touched with Fire. (New York: Free Press, 1993).

[3] Adam Gopnik, "The First Liberal," The New Yorker, February 10, 1997, 78.

[4] 也许，为了做这个实验，我们需要把各种电极插入你的大脑，以此来抑制幸福感。

[5] 这个消息出自一位伟大的临床精神病学家的一本可爱的小书：Henry Yellowlees, To Define True Maddness (Harmondsworth, Middlesex: Penguin Books Ltd., 1953).

[6] L. McCann and D. S. Holmes, "Influence of Aerobic Exercise on Depression," Journal of Personality and Social Psychology 46 (1984): 1142—1147.

[7] K. Linde, G. Ramirez, C. D. Mulrow, A. Pauls, W. Weidenhammer, and D. Melchart, "St John's Wort for Depression—An Overview and Metaanalysis of Randomised Clinical Trials," British Medical Journal 313 (1996).

[8] 一些专家建议，在服用这种"圣约翰的草药"时，应避免食用酒精类饮料、成熟的干酪、红肉以及发酵的面包。见 N. D. Brown and J. Donald,

"St. John's Wort Overiew," Phytotherapy Review and Commentary (Seattle, WA: Bastyr University's Department of Continuing Education, 1995). 如果这种草药能够有效地缓解抑郁,在预防抑郁方面,它一定是非常棒的药物替代品。

[9] P. Kramer, Listening to Prozac (New York: Viking Press, 1993).

13

盗贼之二：畏惧和害羞

> 勇气是对恐惧的抵抗，掌控恐惧——不是没有恐惧。
>
> ——马克·吐温

> 在我们结束一种经历的时候，应该细心、谨慎，并且应该稍做停留，思考一下这段经历中蕴涵的道理；至少我们可以像那只坐在烫火炉盖上的猫。它将不会再坐在烫火炉盖上；而且也将不会坐在一个冷火炉盖上。
>
> ——马克·吐温

正如所有人类的品质一样，人们在对待畏惧、对未知事物或狂乱的心跳、出汗的手掌，以及对由恐惧带来的威胁反应倾向上，具有与生俱来的差异。特勒根的人格问卷中的回避伤害量表，用来测量恐惧反应中的个体差异。在回避伤害上的得分有大约50％的变异来自遗传。几乎所有的人都喜欢享受观看悬念或恐怖电影时的那份激动，但是却不会为了好玩而从飞机上跳伞。即便是跳伞者和蹦极爱好者，如果真正害怕的时候也不会感受到幸福。他们爱好玩极限游戏，喜欢那种从恐惧的边缘滑过的兴奋[1]，但是，对于你我而言，他们的"畏惧边缘"太高了，而且需要更多的冒险才能达到。有趣的是，很多罪犯，特别是夜贼和抢劫犯，由于同样的兴奋而喜欢这样的工作[2]。然而，对于畏惧和害羞的人来说，不仅是极限游戏，就算是很多平淡的乐趣，包括普通的社交，也会因为太紧张而不能去享受。

发展心理学家杰罗姆·坎甘已经报告了大约20%的健康儿童在1岁时容易被刺激唤醒并感到悲伤，并且在2～3岁的时候，倾向于避免不熟悉的刺激[3]。他们当中的大多数（而不是全部）在接下来的几年里倾向于保持这种相对的抑制和害羞。在童年后期仍然保持抑制、容易悲伤的孩子的父母，可能会保护自己的宝宝，避免他们受到某些刺激而产生困扰。此外，一些父母把自己胆怯的孩子暴露在大范围的刺激之中，常常发现孩子长大后已经可以适应环境，而且不再有儿童期的过度敏感。像我一样，坎甘是作为一个基本的环境论者开始职业生涯的，但是一些研究数据——别人的以及他自己的研究，最后还是使他回到了遗传论的阵营。但是，坎甘正确指出了"基因的力量是真实的，却是有限的"。良好的抚育能够改善过度害羞或者抑郁的性格。不要说每一个儿童都可以被随心所欲地变成外向的人，但是，当一个人去认真考虑这种改变的实施的时候，就已经很好了。

当然，畏惧和疼痛的感觉一样，也具有适应的特点。我曾经观察了一个天生对疼痛没有感觉的6岁儿童，他由有过犯罪经历的养父母抚养，从小就受到忽视。在他舌头的前三分之一处和几乎整个嘴唇，以及每一根手指的末梢指骨都没有了；在他的锋利的乳牙被拔掉之前，他已经嚼碎了它们。有意思的是，这个孩子的畏惧感高于平均值。我曾经想要测量他对电击的忍耐性，并且通过将电极放在自己的手指上去说服他做实验。我花了大量时间向他演示，电击值在10左右时，并没有什么感觉，然后再将电击值拨到30此时有一些疼痛，以至最后到了我能够忍耐的极限。过了很久，他才让我将电极放在他粗短的手指上，然而，一旦他感到了奇怪的电流的麻刺感,他就要我停止。在他看向另一边与护士说话的时候,我将一支消过毒的皮下注射针扎入他的胳膊,并没有诱发他的害怕,直到他看到了我正在做什么才有反应。

坎甘也发现了大约15％的男孩和仅5％的女孩,"表现出了低反应性、非常低的心率伴随着低畏惧"。一个从出生时就是相对不畏惧的儿童几乎和这个不知道痛的男孩一样危险,同样需要有经验的父母的抚养,不仅仅是他可能试图去做会让他受伤的冒险的事情,而且他也倾向于抵制父母的管束。一般的孩子对"做这个"或者"不要做这个"至少是部分地处于对结果的畏惧,而相对无畏惧的孩子就会无视这个结果,争吵或者发脾气。除非父母有能力在每次这种斗争中都取得胜利,否则这样的孩子将会学习抵抗和反击管束,并且他的无纪律行为将会随着每一次的教训而变得越来越糟。

人类具有极佳的对重复刺激的适应或者熟悉的能力,而这些孩子会由于这些经验而变得更加的无所畏惧。在约翰尼常常爬栅栏之后,他试图去爬树,然后当他在树上的感觉和在家一样自在时,他就想去爬房顶或者悬崖峭壁了。当父母难以帮助这些爱冒险且难以管教的孩子正常社会化时,他们可能成长为精神病患者[4]。乐观一些的结果就是,他们会成长为那种当有危险威胁大家,或需要志愿者去火星旅行时,人们喜欢并围绕在其身边的人。

但是,本章所关注的孩子是天生处于畏惧正态曲线的另一个极端位置的:即使是初学走路的孩子,也是胆小的、害羞的,他们不敢去攀登、探究或者冒险,使得大人着急。当他们长大一些时,很多小孩子所热衷的游戏和冒险的事情看上去对他们来说是过于危险的。人们希望这样的孩子能被有技巧的父母保护。这些父母耐心、温柔地帮助他们,通过循序渐进的练习,一步步、一次次地脱敏,使他们走出自己的角落。

我的三个儿子,他们在避免伤害的倾向上都属于中等程度,但是,我还是对他们进行了一点脱敏治疗。比如,在他们会走路之前,我常常用手来摆动他们,在我的两腿之间前后摇摆,使得他们睁大了眼睛但不会非常恐慌。正如我预料的一样,他们对更加大而有力的摇摆的忍受能力提高了,直到我们可以跑出房间而且把我累得上气不接下气。我认为父亲比母亲更倾向于进行这种脱敏,但是,我也认为母亲常常可以做得更好,或许是因为孩子倾向于认为和母亲在一起更安全。

我6岁的孙子泽克有一次跌倒后下巴被划了一个口子,然后被带去医院缝针。他的妈妈说他没有掉一滴眼泪。这个故事真正始于36年前,当年,他的爸爸,也是6岁,曾经也去医院缝合一个在额头的类似的伤口。在去医院途中,我告诉他美洲印第安人是以勇敢著称的,他们其中的一个秘诀就是"不表露出来"。"如果你保持一副表情不外露的脸孔,并且不表露出你此刻的恐慌或者你受到的伤害,那么你就会更少地觉得恐慌,而且事实上它也真的不那么疼了。"我之所以在那个时候没有进去看他缝针的原因,是因为情绪是内部感觉以及大脑对你身体反应的反馈的混合物;如果你表现得恐惧,那么你就会更有可能感受到恐惧。杰西在缝针的时候像一个男子汉,医生也说他很勇敢。在回家的路上,他说"哇塞,爸爸,这真的有效!"[5] 反过来,当泽克头一次不得不去医院缝合他的下巴的时候,杰西告诉了他同样的道理,这次仍然很管用。对于这个原则有一个推论:如果抑制了消极情绪的表达就会减少它们的作用,那么不抑制积极情绪的表达——对喜悦、爱以及其他的种种高兴的感情进行丰富的表达——应该能提高人们的快乐,事实确实如此。

当我们的孩子分别10岁、12岁和14岁的时候,我正在做一个关于痛苦电击的实验。正如所有的感觉实验心理学家一样,我要我的妻子做了第一个被试。她了解由于实验的运作,电击必然会产生伤害,当我在实验开始调整强度的时候,她要我提高到最大值(后来作为我被试的人中没有人能够忍受的最大量的75%;我的妻子并不是胆小的人)。在下一个周末,我的孩子参观我的实验室,想要试一试他们母亲试过的最大值。两个稍大一点的孩子也将强度调整到最大值,而10岁的孩子调到了85%。这些孩子并不比那些被试更加勇敢或者更加能忍受痛苦(尽管我认为我的妻子或许是这样的),但是,因为他们在此之前已经从母亲那里得到了保证,或许部分源于是他们的父亲在操作,重要的是他们在有了这次经历后更加勇敢了,因为他们发现,恐惧可以被克服。

即使在成长的时候有这种帮助,真正胆小的孩子也不会成为勇敢的冒险者。然而,他们将会更多地了解世界并发现世界赋予他们的可能性。此外,如果完全由他们自己选择生活,他们会倾向更隐居的生存方式。当然,在修道院里一个人可以幸福地生活,但是,那是孤独的并且有很少选择的机会。

当我还是一个年轻的临床心理学家时,我对来到我们大学医院的名为"拉尔夫"的人进行电击治疗,这是一个激进的、危险的程序,在很久以前就已经禁用了。拉尔夫在30岁时,有持续10年时间很害怕离开他父母的房子,除非是傍晚的短程散步。拉尔夫有很严重的旷野恐怖症,也就是害怕人群和空旷的地方。我被指定在他接受电击治疗前做病情的心理检查。我对他的案例很感兴趣,并要求跟进,尽力以一种较不激进的方式去帮助他。在几次使他产生信心的谈话之后,我开始给拉尔夫布置一些家庭作业。"今天下午,拉尔夫,我要你走下5层楼去,并且走到医院的前门。然后你才可以回家。"在下一个星期,他不得不每天走同样的路线,但是,需要与其他人一起坐电梯。当拉尔夫已经掌握了使用电梯,我要他在一个固定的下午在一个负责人员的陪同下围绕社区步行。

大约一个月的时间里,拉尔夫可以自己出发了,一开始是短距离的散步,然后远一些,接着是走到杂货店,之后就是真正在杂货店购物。密西西比河上横跨一座大桥,离我们医院并不远,拉尔夫对桥非常紧张。他用了至少一个星期的时间才能过桥,但是他非常自豪!那个时候,拉尔夫已经开始意识到他可以做到,和几年前相比,他已经少了很多限制,而且他可以走得更远。我上一次听到拉尔夫的消息是,他有了自己的居所,也有了一份工作,而且有了一个女朋友。重要的是从中可以看出我的角色非常类似于一个害羞孩子身旁的父母。我对拉尔夫的问题很感兴趣,我在正确的方向上给了他适中的推力,而且在他每一次成功的时候我也和他一样地高兴。

如果拉尔夫晚出生 30 年,也就是 20 世纪 90 年代,他就会被认为患了"恐慌焦虑症",这主要是精神病学家唐纳德·克雷恩[6]的功劳。拉尔夫也将会被使用药物治疗,但是,他仍然需要像我一样的人驱使他去开拓世界,不断拓展接受的范围,使他确信巨大恐慌对自己的破坏性攻击不会潜伏在下一个拐角处。

舞台惊恐

除了蛇和蜘蛛,另外一个似乎在人类中普遍存在的天生的畏惧倾向就是舞台——发现自己成为了众人目光的焦点。如果可以站在礼堂的后面表演,而观众注视屏幕上投射的幻灯片,那样几乎没有演员或者演讲者会感到同等程度的恐惧。在其他的灵长类动物中(在一些文化里也是一样),一次持续而直接的注视是一个威胁的信号,当我们的祖先发现所有的目光集中在他们身上的时候,他们可能正处于危险情境,而且应该选择逃跑。我们崇尚那些"善于言辞的领袖"并且倾向于接受他们的领导的一个原因就是他们具有不平凡的能力——能在公众的目光前仍很有信心的去活动。

多年前我曾经遭受到过一次严重的舞台惊恐——对于一个心理学专家来说是一次严重而令人尴尬的经历。它始于一年前我和我的家人一起到伦敦度假,在那里,我羞愧地拒绝参加讲座的邀请。为了控制好我自己,我参加了一个在伦敦旅馆开设的每周一个晚上的卡耐基培训课程。这些课程是以"系统脱敏"原则为基础的，非常类似于我为拉尔夫设置的日益增多的苛刻的任务。在8个星期后，我不仅可以大方地站在观众面前讲话，而且甚至可以在最后一分钟做一个即兴发挥。真正毕业考验是我接受了一个做演讲的邀请，这个演讲面对的是由伦敦毛德斯雷医院杰出的汉斯·艾森克教授组织的一组人。早年，我曾经就艾森克教授的很多著作中的一本写了一篇批判性的综述。这就像走进了虎穴，尽管艾森克是非常友好和宽容的。自从那个时候起，我就可以在不同数量的观众面前和电视上（更为简单，因为可以看到的眼睛更少）演讲。

应对畏惧和紧张

　　社交恐惧限制了一个人做需要做的事情的能力，限制了人们享受生活中更多可能的机会。系统脱敏最好在儿童时期就作，虽然这些只是经验之谈，但是，什么时候开始都不算晚。如果害羞和畏惧出现在你要完成一件事情的时候，如果这些"盗贼"正在偷走你的幸福，那么就开始行动，寻求专业的帮助去反击它。同样要记得，当一个害羞的人有一个朋友，即使这个朋友也是一个害羞的人，那么两个人在一起比任何孤单一个人都要勇敢。

　　我所居住城市的电话黄页上列出了8个提供训练或者咨询的机构，他们采用玄妙的冥想和有关技术。这些都与古老的印度或者佛教修炼有关，而且都对普遍存在的担忧和紧张提供安慰使之中止，因为它们至少都在某些方面上有模糊的宗教意味，很难解释它们广为流传的原因是对他们能产生治疗效果的陈述，还是宗教本身的感召力与对超自然的向往。但是，还有另一种有效减轻紧张的简单的冥想方式，它没有令人不愉快的有关来世的陷阱；下面就是其工作程序：

　　　　当你想到你将有30～60分钟的时间不会被人打扰，

坐在一张舒适的凳子上,两只脚放在地上,手舒适地放在膝盖上时闭上你的眼睛并告诉自己,在下面的至少半小时里,你将不会动,除了必要的呼吸和吞咽。在开始的时候比较困难;你的鼻子将会发痒或者将有一种冲动想改变你的手的位置或者轻微地改变你的姿势。但是你确保不向这些诱惑屈服。你并没有被要求唱颂歌或者集中精力在任何一件事情上——除了不能动。开始时你会感觉时间很长(大约是5分钟左右,除非你太紧张),然后抓痒和扭动的冲动将会消失,你的思想开始漂浮。让它随着意识走。你完全是清醒的,但也是完全地放松了。在静止的状态里有某种魔法,就好像抑制了所有的活动,而这种对行动的抑制一直慢慢蔓延到对关注情绪的抑制。你第一次尝试的时候,可能想要去设置一个30~60分钟的计时器。你不可以睁开眼睛去看表,所以可能想从闹铃那里得到保证,以致你不会在这种奇怪的状态下用掉整个下午的时间。尝试一下:这是简单的、惬意的,并且对你是有好处的。

现在广泛用做处方的安定剂确实对那些中度的社交焦虑患者有作用,但是,这些药物却被大大地滥用了。临时的药丸可以帮助你躲避正在盗取你幸福的社交畏惧,但是,它们并不会提供不存在的幸福的源泉。如果第一次超过一片的安定药可以使得你感觉舒适地去做一个报告或者拜见未来的岳父母,那么,你就应该去考虑报一个简短的心理治疗的课程或者阅读阿尔伯特·艾利斯的一本优秀的有关自我帮助的书[7]。你还可以阅读《害羞的历史》和在彼特·克雷默的书《倾听百忧解》中的第4、6、7章里关于抑制的、过度敏感的或者自我贬低的病人的描述;通过神奇的药——百忧解和有技术的心理治疗的结合,这些人们看上去已经从幸福感的盗贼那里得到了援救。

人们将会怎么想(WWPT*)

　　我的岳母葛拉第斯在很多方面是一位很优秀的、不平凡的母亲。事实上,作为一个嗅觉敏锐的心理学家,我很佩服她某方面的能力。看上去葛拉第斯似乎因心灵感应的天分而备受困扰并不觉得引以为荣。比如,在纸牌游戏中,使她感到没兴趣玩的真正原因是——她了解其他人手中的牌。有很多关于葛拉第斯的预感的故事,但是这些预言的问题在于:我们不会注意到相同的预言失败过几次。这里有一个例子,葛拉第斯没有怎么努力就让我成为她的相信者。

　　葛拉第斯被某个政府委员会指派去视察明尼苏达州的一所精神病院。视察小组打算周六搭乘其中一人所开的大巴前去。在之前的那个星期四,葛拉第斯坦言她的忧虑:"我有一种非常奇怪的感觉,在那个大巴上的某个人将会弄湿自己的裤子!我不知道会是谁,但是那个早上我不喝咖啡。"星期六到来了,大巴准时开来了。开始上路半小时的时候,坐在她后面的一位年龄稍大些的女人斜靠过来小声跟她说,"葛拉第斯,可怕的事情发生了!我弄湿了我的裤子!我想我必须得去洗手间。你能帮帮我吗?"葛拉第斯告诉司机在下一个加油站停车并在女洗手间里帮这个年长的朋友弄干净。

　　另外,很多理智的同卵双胞胎也相信他们有时会产生心灵感应,被连接到胞兄妹共通的思想上。他们很多的"证据"能够更容易地解释相似的人在相似情境下做出相似的反应,但是,我曾经从一对双胞胎那里听到的一些奇闻轶事很难用葛拉第斯的这些经历来解释。这些明显的心灵感应的问题在于是他们不能够按着线索来行事,而且并不能够找到中彩的号码或者跑马比赛的赢

---

　　* WWPT: What will people think(人们将会怎么想)。

家。如果葛拉第斯能够对她的天分控制得更好的话,她就不会有像这样的很多困扰:"人们将会怎么想?"像很多她那个年代的人一样,葛拉第斯对他人会怎么评价她做或没做某件事表现了过多的焦虑。如果曾经能够事先去直觉感知"他们的"反应,那么她就会知道她所在意的人想的跟她想的是一样的,并且知道他人想些什么其实是没什么关系的。

  幸运的是,尽管有时候会担心我妻子可能遗传了她母亲的某些心灵感应的倾向,但我发现葛拉第斯却没有传递这种"人们将会怎么想"的特质传到她的女儿身上。一个很好的例子发生在某年夏天的星期六,正值首都歌剧团在明尼阿波利斯进行年度巡演。哈瑞特有晚上演出《浮士德》的票,她和12岁的儿子约瑟夫一起去。出门的时间到了,约瑟夫下了楼,洗漱干净并穿着他最喜欢的花衬衫——那是他妈妈花了一刻钟的时间从一大堆大减价的衣物中挑出的,还有旧的高帮网球鞋。在那个时代人们去观看演出,会穿着礼服,戴黑色的领结,至少是在宴会上的全套装配。哈瑞特正要对约瑟夫去解释所有的这些,却马上收住嘴并说:"你看上去很好,我们走吧。"约瑟夫很愉快地观看了《浮士德》。当然,现在,每一个人都会穿着自己喜欢的衣服去参加音乐会或者看电影。或许这是约瑟夫开创的潮流。

注　释

[1] 见 M. J. Apter, The Dangerous Edge (New York: The Free Press, 1992).

[2] 见 J. Katz, Seductions of Crime: Moral and Sensual Attractions in Doing Evil (New York: Basic Books, 1988).

[3] J. Kagen, Galen's Prophecy (New York: Basic Books, 1994).

[4] 我在这本书中记述了精神病患者和他们有趣的家属。Lykken D. T. 1995. The antisocial Personalities. Mahwah, NJ: Lawrence Erlbaum Associates.

[5] 杰西最近回来向我们展示了他最新的纹身图案,这代表了90分钟的热针刺痛。他的忍痛的经验依然有效,当然,不一定是最好的。

[6] 例如,D. F. Klein and J. G. Rabkin,eds., Anxiety: New Research and Changing Concepts (New York: Raven Press, 1981).

[7] 例如,Albert Ellis, The Practice of Rational-Emotive Therapy (RET) (New York: Springer, 1987); Albert Ellis, How to Stubbornly Refuse to Make Yourself Miserable About Anything—Yes, Anything! (Secaucus, NJ: L. Stuart, 1988); Albert Ellis,The Essential Albert Ellis: Seminal Writings on Psychotherapy (New York: Springer, 1990).

14

盗贼之三：愤怒和怨恨

> 任何人都可以愤怒——这是很容易的事情。但若要在适当的时间，为了正确的目的，对适当的人，用适当的程度，和合适的方式表达愤怒——这并不容易。
>
> ——亚里士多德[1]

> 计算一下有多少天你没有生气。我常常每天都会生气；现在是每两天生一次气；接着就是每三天、每四天一次；如果你有30天不生气的话，那就做一场供奉感谢上天吧。
>
> ——埃比克泰德（Epictetus，古罗马哲学家）

> 愤怒的时候可以数四下；非常愤怒的时候，就要诅咒了。
>
> ——马克·吐温

这是一个几乎不被人们了解的事实——愤怒或许是畏惧和软弱的最普遍的解毒剂。如果一个人可以对某人狂怒——对配偶、孩子、狗——那么他就会感到强势，可以控制别人，并且可以把畏惧和软弱扔到后面。当然,畏惧和生气的不相容是在不同的方向起作用;如果畏惧的刺激更为强烈,那么愤怒就会掩盖掉自己的嘴脸。这就是为什么人们常常忍受那些我们不敢对抗的人的虐待,而会在后来当着那些我们不畏惧的人的面发火,或者以安全的形式进行幻想,想象反抗那些使我们苦恼的人。弗洛伊德学者称之为"替换",并建议瓶子满了就要释放愤怒,就像我们把被迫喝下的毒药呕吐出来。这里面或许有一些真理,但是我认为它忽视了另一个微妙的却重要的真理——愤怒的感觉实际上要好于畏惧或者耻辱。

大多数的孩子会认同愤怒的工具性好处。在操场上,赢得打斗的男孩通常是最疯狂的孩子,而不是最大或最强壮的孩子;巨大的愤怒会对他人造成胁迫。正如第8章里写的,一些愚蠢的父母会不经意地告诉孩子要以愤怒的、压迫的方式对待人际间的挫折,通过发脾气获得胜利。记得大概在10岁的时候,我发现了正当的愤怒的好处。在我所在班上的一个孩子愤怒地拒绝了老师的指责,而且他的愤怒看上去非常强烈以至于让老师道歉了。那个场景一直呈现在我脑海里,几天之后,我在我母亲身上试验这个新的发现,试图用伪装的愤怒去掩饰我的颤抖。在和四个哥哥的意志较量中从没有失败过的母亲,仅仅是透过她的眼镜看着我说,"回你的房间去!"我就走了,事情就是这样。

在20世纪60年代,为了支持刚刚开始的反越战运动,妻子和我参加了当地的民主农工护卫俱乐部(Democratic-Farmer-Labor Ward Club)。俱乐部里的一个成员明显地是由一个和我母亲完全不同的母亲抚养大的。他用愤怒的争斗来对付每一个和他有不同意见的人,简单地胁迫别人。人们认为对付他的唯一有效的方法就是用砖头去拍他。他是一个商业主管,或许在那样的环境下他好争斗的行事风格是有效的。他那看起来总是很疲惫的妻子向我诉说他们很少款待别人:"我们所邀请的人好像总是在那天晚上比较忙。"这种对待生活方式的严重问题就是没有人想要看到他的到来。

大多数人,如果他们尽力,就可以识别什么是他们可以自我放任地去培养和表达愤怒的场合和环境。当自己开着车遇到交通阻塞的时候,很多人就会发牢骚,批评其他司机的技术、性格或者出身。当我阅读被报纸编辑或某个专栏组稿人退回的信时肯定就会被激怒,毫无疑问,比起当我感到担忧、忧虑或者气馁的时候,强烈的愤怒更加使我充满活力和自信。

据说希特勒为了让自己从偶然的怯懦中扭转过来,会对《凡尔赛条约》的不公平和其他诱发愤怒的事物咆哮。而且,天生有易怒、易激动的情绪的希特勒(毫无疑问,由于他沉溺于安非他明而更为强烈)[2]胁迫他的将军和所有的德国人陪他一起到最后的哈米吉多顿。与希特勒不同,我是以我的好脾气而著称。然而,我记得当孩子还小的时候,有两次我愧疚地意识到我是那么愤怒地对待他们,这并不是作为一个有责任的父亲应该做的,但是,比起他们给我借口生气的时候,愤怒使我感觉更好。我们可以看到有很多人忍受抱怨,但是当他们变老的时候发展成为一种慢性的易怒。当一个人愤怒的时候,瓶子里的汁液就开始溢出,从而使得一个人变得强壮有力。这种反社会人格特点的一个很好的虚构的例子就是小说《与神交谈》[3]里的合同杀手,他完全用这种原则来判断生活。

但是,感到愤怒或许比感到畏惧或软弱要好,仅仅感到幸福也可能并不令人十分满足。尽管正当的愤慨有时会有效,但是如果你能够管理好自己的情绪,把气生在适当的地方,那么你,特别是你的家人,将会感觉更好。相对而言,男性比女性更困难做到这点,一部分是由于文化的观念,在一些文化中,愤怒的情绪和行为是男性化的。布沙尔的关于分开抚养的同卵双胞胎的资料表明,在攻击、愤怒的行为表现上,基因的影响在男性中比在女性中更为强烈。在 MPQ 攻击量表的得分上男性显著高于女性。

其中两个分开抚养的同卵双胞胎所填写的自我评价的题目

如下：

易怒性：频繁地被一些人和事打扰，被他人的言语或行为激怒的倾向——一个"急性子"；你的感觉与你是否表达自己的情感无关。

愤怒：你是经常生气还是很少生气，当你确实在发脾气时，有多强烈？如果当你生气的时候人们避开你，就给自己打"4"分，如果你有肢体上的暴力就给自己打"5"分。

我们对198对中年双胞胎测验了两次，时隔三年，调整过的同卵双胞胎易怒性和愤怒的相关系数分别是0.55和0.89，相比之下，异卵双胞胎相关系数分别是0.06和0.03[4]。这意味着，首先，遗传因素强烈地影响着易怒性的稳定成分，特别是愤怒的准备状态；其次，这些遗传的影响，就像那些幸福定点，是"显性的"且不会遍布于整个家族。但是，如果你本身具有特别易怒的特质，这并不意味着你必须要向它屈服，这点是非常重要的。这将近400个双胞胎个体在愤怒项目上的自我评定是非常不同的（三年间的重测相关系数仅仅是0.40），这意味着如果你尽力，你是可能管理这个倾向的。如果你选择让你的"基因舵手"来负责自己的生活，那么，如果你已经遗传了易怒的倾向，可以预计你的愤怒会周期性的爆发，你（以及你的家人）将要接受这个结果。但是，这是你自己的生活，你应该明智地去控制好自己。

很大一部分杀人犯罪的部分原因出于口角。在口角中犯罪者（称之为Perp）感到他的尊严被受害者（称之为Vic）侵犯了。如果现在在狱中的Perp当时能让极端情绪逐渐消退，等到第二天再决定如何对付侵犯行为，会如何呢？如果，他自问一下Vic的侵犯对自己来说真的有那么重要吗？自己需要那样对他吗？自己付出入狱这么大的代价，值得吗？

如果公牛或者种马在幼时被阉割，那它们成年后就比较不具有攻击性和危险性。如果给这些成熟的被阉割的动物注射睾丸激素（是由男性睾丸分泌的激素混合物），那么它们将表现出攻击性，特别是在交配的季节。难道这意味着睾丸激素——"男性荷尔蒙"对男性的暴力和攻击性有作用么？是的，但不完全。看上去，男性攻击性在很大程度上是习得的，睾丸激素是对习得倾向起到了促使和释放的作用。如果一群已经建立了统治等级体系的雄性猴子被阉割，但等级仍然存在。如果位居第二的猴子这时被注入了睾丸激素，它确实会变得更加具有攻击性，但是仅仅是对第三或者等级更低的猴子而言。它仍然会顺从于第一位的猴子，正如它在注入睾丸激素之前。但是在野外，没有人能够根据它们的睾丸激素的水平去预测哪些雄性会占有统治地位。在统治等级建立之后，可以发现在高等级的雄性猴子比在低等级的猴子具有较高的睾丸激素的血液水平。在攻击中，男性荷尔蒙是重要的，但是并不是简单的因果关系。生物总是比人们想象得要复杂。

　　一次，我的研究生研讨会上来了两个医院里的患者（由两名武装保安陪同）。其中一个是一种被克拉克雷描述为"不是极端罪恶的人，但是，他的每一只手都能轻松地带来灾难"的个体。另外一个是被我称之为反社会人格障碍的患者，是一个在孩童时期就有困难气质的人（尽管并不像精神病患者那么困难），且由于父母的不法行为而在长大后更难以被社会化。这两个人的犯罪历史非常相似，但是有一处惊人的不同：反社会的人总是打架；而无畏的精神病患者总是从暴力中走开。在讨论的时候，愈见清晰的是精神病患者相对的无畏使得其能够以一种理性的方式去反应——他不害怕"别人将会想什么"，从石器时代开始，这种恶魔般的思想就已经在伤害世界各地的青年人了。"人是可以避免伤害的。为什么我要为了别人的想法而把自己陷入困境？"此外，其他的人似乎认为，如果一个人不肯走开却强行把他推到角落里的话，是很危险的。

　　人们会禁不住生气，必须设法解决的就是突然生气时想做的那件事情。这种本能类似于在争取新鲜猎物时狮子或者土狼互相抓咬,在搏斗的同时也在享受这场血腥厮杀的快感。这对于它们来说是具有适应作用的,正如以前我们的祖先一样,因为最可怕、最迅速的捕猎者常常得到最多的猎物。但是它却在很多场合下不再适用,现代文明里,这首"基因的史前的颂歌"是必须被抵制的,愤怒也只是像火花一样一闪即灭。

我那身材高大、性格文雅的父亲就是一个很好的例子。我记得有一次吃过饭,当他要去商店买饭后的雪茄,临走前到壁橱里取他的帽子。"我的帽子呢,老伴?""噢,亨利,我把那顶脏帽子给了一个乞丐,戴上我给你买的新帽子吧。""真糟糕!"我父亲说。在戴上他不喜欢的新帽子之后,他小声咕哝说,"真是糟透了!"然后走了出去。当他15分钟后回来时,短暂的坏情绪就没有再出现了。我的父亲做的事情似乎总是对的。

怨　恨

我确信我的同事几年来在商业萧条的年代为病人做了很多好事,但是,他们当中的一些也做了一些有害的事情。包括直接地处理病人,或者间接地对公众以权威的身份说话。很多受过良好教育的人被说服去相信错误的且非常极端的环境论,特别是将他们个人的过错和问题归因于他们被对待的方式,尤其是在儿童时代。当我还是一个研究生的时候,为了训练自己,我开始对自己进行心理分析,我开始思考自己从来没有主动去从头至尾地阅读我父亲的《大不列颠百科全书》,这到底是谁的错。我明智的心理分析教授温和地暗示,或许我只是对此不感兴趣。(我儿子马修10岁的时候就一页一页地阅读了我的《世界百科全书》,但是马修天生就比我勤奋,而且《世界百科全书》没有《大不列颠百科全书》那么有威慑力。)

尽管有的孩子遭受了家庭成员的性虐待,但是,最近很流行对这样的虐待进行"恢复记忆",这很大程度上是由于医生的治疗而引起的或者是由医生本身引起的。几年前,我去参加在旧金山举行的美国心理学会的年度会议,在我等待做演讲的时候,我踱步走到了隔壁拥挤的会议室,听到演讲者总结:"所以,如果你的病人不能回忆起任何的性虐待,那么你作为临床医学家的责任就是帮助她——或者他——回忆!"我几乎不敢相信我的耳朵,它就好比一个内科医生建议同事:"如果你的病人现在还没有被(某种不能根除的病毒)感染,那么你现在就有责任去感染他。"

  当一个人把自己的失败或者其他问题归咎于别人的错误时,当一个人完全以受害者的身份来愤慨地看待一切时,那么一个人就丧失了解决自己的问题、继续自己的生活的机会。大多数人之所以是他们自己,就是因为基因舵手在把人们推向这个状态。即便在责备中有一些是有道理的,可是人们还要继续迷失和抱怨下去么?我的10个孙子女中有5个有美国黑人血统。在生活中,他们必然会偶尔遭遇到别样目光。但是在当前的思潮中,他们也必然将会一次又一次地由于他们的血统而获益。幸运的是,他们的父母将会使得他们看清楚将来把握在自己的手中,从目前的优势来看,他们的将来会是幸福的。

<h2 style="text-align:center">注　释</h2>

[1] 我的这段格言引自丹尼尔·戈尔曼(Daniel Goleman)的名著《情绪智力》,原出自亚里士多德的《尼克马克伦理学》。

[2] 关于希特勒安非他明成瘾的事在此本引人入胜的书籍中被证实:Leonard Heston and Renate Heston, The Medical Casebook of Adolf Hitler (London: William Kimber, 1979).

[3] T. Hillerman, Talking God (New York: Harper & Row, 1989).

[4] "校正过"意思是指:以双胞胎之间的、不同时间的相关系数的平均数除以重测相关的平均数。例如,经过同样的调整,同卵双胞胎的抽象智力的相关系数是0.85,异卵双胞胎的是0.41。

第六部分

幸福的长者

不要悄无声息地走进那美好的夜晚中。
老者应该在接近黄昏时燃烧咆哮；
愤怒，愤怒，向着那就要熄灭的灯火。
　　——狄兰·托马斯(Dylan Thomas，英国诗人)

　　狄兰·托马斯的问题是在他还是个孩子的时候就开始愤怒了，因为他未到老年就去世了。假如他能多活些年的话，那么他会发现年长以后会有一些改善。首先，你不需要去参加诗歌朗诵会或者摇滚音乐会(除非因为某些原因你必须参加)。托马斯犯了一个很平常的错误，他假定在其他人的人生棋盘上观察到的同伴所想的东西和他想的是一样的。他忽略了人类惊人的适应性。那些做油布生意的幸福的年轻人，可能还是学校的高中生时，会很害怕看到他们10年后的样子。当我50岁的时候,我会很害怕看到我现在这个样子,满头白发,"我的火焰几乎要熄灭了"。

尽管洗澡时我已经几乎够不到脚趾头,但是今天早上起来时我好像感觉很好。我对今天充满期盼,对明天,对后天也是如此。几乎所有跟我同时代的人都是这样的状态。误导年轻人认为长者阴沉、绝望的部分原因是:许多长者布满皱纹的面孔,静止的时候看上去好像很生气或者很悲伤。哈瑞特和我在星期三去剧院听音乐会,大多数观众在远端,我在开场前以及节目中间观察这些听众。当他们静止的时候,很少是幸福状态的面孔。随后,当他们热情鼓掌时候,面孔闪烁着真正的愉悦。我们在另外一天观看了一部达斯汀·霍夫曼的电影,上百个白人(大多数是女士)由始至终都在大笑。

本书的最后两章讨论老年人的幸福。

15

愉快的退休生活

人的一生中,50岁到70岁的日子是最难熬的,因为你虽然老了,可是还没衰老到要别人伺候的地步,生活还总是要求你做各种各样的事情。

——托马斯·艾略特(T. S. Eliot,美国诗人)

你只要记住:只要你到了一座山的山顶,开始下山的时候,你就开始不断地加速。

——查尔斯·舒尔茨(Charles M. Schulz)

像我这样到了退休年龄的美国人,一般可以再活20多个年头,退休的人唯一要面对的问题是:接下来这些日子是快乐的还是伤心的,是令人满意的还是令人沮丧的?我是家中五个男孩中最小的,我比老四小9岁。从三年级开始,我就一直是班上年纪最小的。甚至到了军队里,我也是训练基地中年纪最小的,因为我是在1945年17岁生日那天入伍的。所以,现在我觉得很奇怪,我竟然是心理学系中最年老的教师,我以前学生竟然已经成为我的同事。我的学生现在都成为杰出的研究者,并在各自领域享有盛誉。而多年以前,正是我引导他们进入这一领域的。更加令我觉得奇怪的是,我自己竟然开始喜欢这种年长的身份,并且希望再过几年我能够成为荣誉退休教授。那时,我会保留办公室,除了那些带薪职位必须完成的繁琐的工作,我也会继续我现在的工作。我以前一想到退休就感到害怕,可是现在我已经到了退休的年龄,我发现我已经做好退休的准备了。

首先,我找到了一些相当优秀的榜样供我仿效,例如:我的父亲、保罗·梅尔和鲁福斯·拉姆瑞。我的父亲是一位退伍军人,退伍后他一直从事写作并乐在其中,直到他77岁去世。保罗·梅尔是我读本科时候的心理学系主任,他是前任美国心理学会主席,美国国家科学学会成员,并几乎获得了心理学家能得到的所有荣誉和奖项。有人可能会认为,退休对于他来说,可能会使他失去原来快乐的生活,取而代之的是烦恼和忧郁。相反,他退休后仍然为多得做不完的项目忙碌,出版书籍和发表文章,每天早上仍然像以前一样,醒来之后就去干他想干的活。拉姆瑞是我的朋友,他现在是化学系荣誉退休教授,他掌握了蛋白质分子领域的前沿研究成果,并忙着把这些发现写下来。他总是在校园俱乐部吃午餐的时候才出现在校园里,然后就一直呆在化学楼的办公室里,孜孜不倦地把他的知识传授给未来的物理化学学家,一直到深夜,才离开他那堆满资料的办公室。梅尔和拉姆瑞两人都认为,退休生活是他们各自生命中最快乐的一部分时光。

亨利是我最年长的哥哥,现在他80岁了,退休前是一家公司的经理,现在和妻子一起住在佛罗里达的一个退休老人社区。亨利以前负责组织整个公司的日常事务,现在他仍然是一个组织者,经常组织白发苍苍的朋友和邻居进行各种他们喜欢的活动,我也很希望他们能一直这样活跃。亨利对小机械很着迷,包括电脑。他经常摆弄他的电脑,尤其是给电脑更新换代。他现在用来工作的电脑至少已经是他的第三台电脑了。其实电脑就像一位聪明而殷勤的朋友,总是会帮你做任何你想做的事情,只要你友好地提出要求(也即准确地提出要求)。和我一样,亨利的拼写能力也很差（拼写能力是可以遗传的），有了电脑里的拼写检查器，我俩就不用再为拼写错误而烦恼了。

许多人把他们的一生都奉献给他们的工作，但他们的工作退休后就不太容易继续。我们学术界人士有一大优势，就是退休之后仍然可以像退休前那样，继续工作和干许多使自己生活更幸福的事情。我有一个年轻的同事，他的父亲是一位消防员。消防员必须在65岁时退休，他的父亲对这一规定非常不满。消防员生活中有一半时间是在消防队中度过的，他们有一半的吃喝拉撒活动是在那里进行的，所以同事间的情谊深厚而牢固。他们的工作中总有危险和激动人心的事发生，可是平淡的退休生活则完全不一样。当警察和军人最后要永远脱下制服的时候，同样要面对这样的问题。刚退休的时候，他的父亲觉得自己像是被连根拔起，无所依靠，无所事事，但后来他发现他比邻居的男性都长寿，他们的妻子经常需要像我同事的父亲那样手巧的人帮助修理家里的小玩意。这些活以前由她们自己的丈夫负责，现在却都交给了他。他对自己能够充当这样的角色感觉很有趣，也很满意。

我们的研究收集的数据表明：并不仅仅是前大学教授（和纯种良驹）喜欢退休之后自由自在的生活。我们的研究第一次招募被试时，中年双胞胎们处于30~50岁这一年龄段，他们回答的幸福感量表中，76％题目都是倾向于快乐一端。我们的双胞胎家庭研究中，在17岁的双胞胎身上也获得同样的结果。可是，比我们年长的人情况又如何呢？他们被问到本书第2章中的问题时，又会如何回答呢？他们的生活有趣吗？他们有没有想办法使生活变得更快乐呢？他们会不会报告说"每天早上起来，我都会觉得这一天的生活会非常美好"呢？我们的研究对象是从明尼苏达州人口出生记录中选取出来的双胞胎。我的同事麦特·麦古受我们研究取样方式的启发，用同样的方式招募了一批60岁及以上的双胞胎，并对他们进行跟踪研究。

大约400名65~91岁的老人做了多项人格测试（MPQ），这一测试在我们的研究中也用到了,而且麦古很友善,允许我审查研究结果。结果显示,那些平均年龄为70岁的双胞胎有84%的项目是倾向于快乐一端,超过了我们研究的结果——76%。

值得注意的是,我们研究的对象无论是年老的还是年幼的,都没有生理和心理的疾病,当然不会包括住院或住在疗养院的病人。麦古招募的对象的相对年龄分布比例和我们的研究非常相似。所以,我们很有信心预言:当我们的研究对象退休时,他们的幸福感会提高,而不是下降。我觉得这是我生命中一个令人鼓舞的观点。

什么令老人如此快乐?

以前,我们一些长辈很长寿,活到了满脸皱纹和满头白发的年龄,他们比今天领取养老保险的老人更快乐。曾有一段时间,年轻人很尊重老人(据说在拉丁语国家,现在仍然是这样)。老年人生活阅历丰富,即使他们不断地重复自己的故事,还是值得一听的。他们的儿孙都住在离他们不远的地方(不会出现"空巢"现象和养老院)。老人看到他们的同龄人逝去,可能他们会觉得自己还活着,很幸运。现在,他们如果在报纸上看到自己多年不见的老同学的讣告,他们会觉得这则消息是意外的令人震惊的死亡暗示。就更不用说名人的去世了,这些名人都已经成为人们生活中的一部分了。

我们这一代人中,许多人绝望的时候,曾经一度用美好未来的梦想来安慰自己。现在看来,那些梦想根本不能实现,甚至是可笑的,因为现在相对的将来和以前相对的将来是不一样的。我不得不面对我再也不会去学习法语,或者我再也没有机会参与国家科学学会(心理学家最希望加入的学会)的选举。我的生理和心理机能衰弱开始加剧,我总是觉得别人说话声音太小了,书上的字印得太小了。我在饭店或者街上遇到朋友和同事的时候,要好久才能记起他们的名字,可是等我记起来的时候已经太晚了。有时候晚上睡在床上,只是弯一下腿,我都会觉得痉挛般疼痛,这样的事以前是从来不会发生的。(经验表明,只要吃一粒金鸡纳霜胶囊,就可以止痛。这种药常用来治疗疟疾,现在却能够止痛,这算得上是药理学上的一个谜。)老人有那么多不便,为什么大多数还表现得很快乐呢?为什么他们的幸福感还那么强烈呢?

老人幸福感强烈的原因很多,至少有一点是:他们的同龄人中沮丧和爱发牢骚的人已经去世了。我们知道,快乐有助于健康。和不快乐的人相比,快乐的人更不容易患病,更容易从疾病或者意外中恢复过来。如果不快乐的人比较脆弱,则他们就更有可能卸下身上的担子,把担子留给剩下那些快乐的人,永远地离去。图15.1显示,在明尼苏达州1928年出生的男性中大约50%在1999年及以前去世,而女性相应的比例则是40%[1]。(这印证了查尔斯·舒尔茨的评论,只要你到了一座山的山顶,开始下山的时候,你就开始不断加速。)

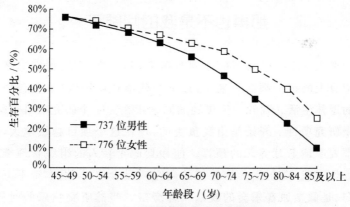

图15.1 不同年龄段人的存活率

如果我40年前就开始收集同辈人幸福感的数据,那么现在就可以检验下面的假设:同龄人中,现在仍然活着的比早就去世的人要快乐。可是我40年前没有收集数据,现在只能够报告一下

1945年高中毕业生第15次聚会的情况：我的高中同学是一群非常快乐的人，给我留下深刻印象的是一些"女生"，她们仍然像学生时代一样爱卖弄风情。

虽然这些和本书要讨论的内容无关，我还是忍不住要把那天晚上发生的事情说完。我的妻子因为不认识我的高中同学，而不愿意和我一同参加聚会，我的朋友罗杰的妻子的想法和我妻子的一样，所以我只好和罗杰一起去。到了深夜聚会结束了，我们才开车回家。途中我无意识地转了个弯，我至少40年没有在那里转弯了，然后把车子开到了我父母40年前住的房子，并停在了房子门前。我对罗杰说："罗杰，看我干了些什么？"他答道："对，你回家了。"这真是太奇妙了！人人都会对这样神秘的事情感兴趣的。

虽然没有人做过纵向研究，可我相信可以遗传的快乐能力有助于长寿，可是，我也认为退休的生活也有另一面，它使生活变得比充满不确定性的青年时期和被责任所缚的中年时期更快乐、更顺利。

那再也不是我的问题了

老人的幸福感强烈的原因有很多，其中之一是：他们退休之后把身上的担子都卸下来了，让下一代承担，自己则享受自由自在的退休生活。我的一位年轻的同事正在为一个研究项目忙碌，那个研究项目一开始是由我负责的，现在这个项目越做越大，每年都要申请上万美元的预算。他和其他年轻人的组织管理能力远远优于我，现在我参加他们的研究项目会议时，根本帮不上忙了，只是像参加音乐会的观众一样旁观。当然听交响乐的时候，我还是可以分辨出乐章的旋律和不和谐的音调。30年以来，家里的两支卡宾枪一直由我看管，我也很乐意充当这样的角色。不过，现在这一责任由我的儿子接管了，我也很乐意接受这一转变。退休前，人们从有意义的工作中获得幸福感；退休后，人们可以根据自己的感觉选择要干的事情,这时工作再也不是一种义务,而是一种选择。

40年前,一次很偶然的机会我开始对多参量分析感兴趣。自从我做了两个实验,并把实验结果写成文章发表后,我就成为这一领域举足轻重的人物,我的论文还在"测谎仪"的世界科学论文集中占有重要地位。测谎仪是美国人发明的,睿智的老参议员山姆·列文把它称为"20世纪的魔术"。我也成为唯一能够用科学来证明测谎仪可以还无辜者清白的人。我的《跳动的脉搏:测谎仪的使用和滥用》是唯一一本关于对多导测谎的学术专著。这本书的影响很大,成千上万的美国人要求重审,要求用测谎仪向警察证明他们是无辜的。过去有20多年,我一直在加拿大和美国的民事法庭和军事法庭上,以专家见证人的身份帮忙做测试。这期间以及近期的进展,比如将电脑的神秘与测谎仪的神话结合产生大量的有意思的创想——都记录在我的第二版的关于测谎的书中*。

世界上第一台测谎仪是由哈佛博士威廉·莫尔顿·马斯顿(William Moulton Marston)发明并改进的,他富于想象,后来还以William Mouton的笔名创作了一部喜剧短片,其中的女主角是"神奇女郎"(wonder woman)。读者可以在喜剧中看到,神奇女郎有一只神奇的圈套,只要一套住了坏人,就会逼他说出事情的真相。可是,测谎仪的设想可以追溯到更加久远的人类历史。我的著书的题目是来自《鲁宾逊漂流记》的作者丹尼尔·笛福。他在1930年出版的小册子《快速消除街头抢劫和夜间犯罪的有效方案》中说:"内疚和恐惧总是相伴的。贼的脉搏跳动和一般人是不一样的,一旦脉搏跳动的异常出现,他的身份就暴露了。"笛福(和联邦调查局、中央情报局、特务机构和美国军队)忽视了一点,那

---

* D. T. Lykken, A Tremor in the Blood: Uses and Abuses of the Lie Detector, 2d ed, (New York: Plenum, 1998).

就是无辜的被告人的脉搏也有可能异常。达尔文的自然选择学说认为：我们说话和故意说错话的能力都是进化的结果（因为这样的两种能力都具有适应性）。可是，我们在说谎时不自主的生理反应是一直保持的，没有被进化掉。

我喜欢和测谎仪的支持者争论。以前，和我研究同一领域的人很少，当我的研究没有进展的时候，我要面对用那些无力的证据支持自己的观点的局面。可是，现在我更喜欢许多人一起研究同一领域，并相互交流。很幸运的是，我以前的学生比尔·艾考诺，也是我现在的同事，已经成为多参量分析方面的专家，我可以向他请教与测谎仪相关的问题。这对一个人职业生涯的发展很有益，而且，当得知自己的事业后继有人的时候，会感到很欣慰。这再也不是我的问题了。

在学校里，曾有两个问题一直困扰着我，我想我知道如何解决：一个是关于我们系处理因不道德行为而受到控诉的人所采取的"先惩罚，后审讯"的方法[2]。另外一个是关于"人类被试委员会"（Human Subjects Committees）的，这一组织的宗旨是防止医生偷偷地拿病人来做试验。可是现在这一组织甚至扬言，要禁止伤害程度较轻的、重要的心理学研究[3]。

事实上，如果我还年轻，我可能在官僚作风充斥的学校机构中充当一定的角色。官僚制度是一个问题，社会必须在我们被它控制之前解决这个问题。在校园里研究这个问题比较容易，可以先对学校的官僚制度提出改进意见，并在学校里试验，之后才推广到社会上。可是我已经老了，我只能向行政官员表达了我的不满和愤怒，然后把问题留给别人去解决。

无论你的祖父母是否体贴，是否无私，当他们知道自己还能为孙子解决问题的时候，他们心里能不欣慰吗？我认识一对夫妻，他们的女儿离婚，并带着两个孩子回到父母家，和他们同住，这使得这对夫妻放弃了原来的退休计划。现在他们活得很快乐，也像所有人一样适应新的生活。可是我认为，当他们70岁的时候，他们回答的幸福感问卷中只会有76%的题目是指向快乐的，而不像其他退休人一样是84%。

我的五个孙子都有拉美血统，如果我是他们的父亲，我肯定会因为公立学校强调"多元化"和"多文化主义"而担忧。公立学校的目标是，或者应该是，消除种族刻板印象，给孩子灌输共同的价值观和技能。但是教少数民族孩子一种文化，并让他们相信他们的学习和感知方式天生就和白人同学不一样，这样的教学方法是不能够达到他们的目标的。可喜的是，我的儿子和儿媳都明白"多文化主义"只是一个矛盾的修饰词，一个社区的真正意义取决于一起分享共同的文化。当有人问及他们的孩子的种族的时候，他们会说"人类"。他们很高兴他们的儿子泽克如此聪明伶俐，可是他们不希望他成为一个典型拉美家庭长大的孩子，而让他接触多种文化。泽克的祖母看到夫妻俩的教育方式，也非常满意。

事情是越变越好，还是越变越糟？

因为记忆力不好，所以才有对以前日子的美好回忆。
——罗伯特·本奇利（Robert Benchley，美国演员、编剧）

乐观主义者声称，我们生活的世界是最美好的；而悲观主义者则害怕这是事实。
——詹姆斯·布兰奇·卡贝尔
（James Branch Cabell，美国作家）

我和妻子一直在争论，社会趋势是在进步（我的观点）还是退步（妻子的观点）。我认为从科技角度看，我妻子的观点是可笑的。人类的发明会逐渐解决人们的大多数问题，当然科技本身也会带来许多问题。她特别关心野生动物和生态环境的将来。必须承认,现在的情况不容乐观。我想如果不是因为哈瑞特和她的律师,大灰狼(Canis lupus,它是现在美国人每年花上亿元饲养的宠物狗的祖先)会因为猎人(设置的)搜捕它们陷阱而从美国48个州中消失。有趣的是,哈瑞特这个悲观主义者在幸福感量表上的得分比我还高。这说明,一个人对大千世界的期望并不一定取决于他们对自己及家庭的信心。

我是家中的乐观主义者,我对于我们能够直接饮用房子北边的湖水而感到非常高兴,因为没有几个地方的居民能享受这样的待遇。我曾经问过我一位学习生物化学出身的同事,我们是不是应该根据一般的程序检测一下这个湖的水质,他回答我说:"你都已经亲自尝试过了,这可是我们所知道的最敏感的一种测试(由人亲自品尝)。"

另外,还有一件很重要的事情我俩也一直很感兴趣,美国单亲家庭中的孩子的命运和将来。这些孩子和父母一起居住,可是他们的父母都喜欢责骂孩子,或者自己本身负担过重,或者对孩子不够称职。我用的是"居住",而不是"抚养、教养",因为不称职的父母没有尽到真正的父母应尽的主要职责,即帮助孩子完成社会化的过程。他们没有培养孩子的亲社会意识,或者培养他们共情、利他的意识以及个人的责任感。因为父母本身自己就不懂得这样的道理,当然就不能够教育他们的孩子,成为一个有责任感、有生产能力的良好公民。今天,父母离异或者非婚生的原因,使得将近50%的美国儿童成长过程中,都不能感受到亲生父亲的关怀,也就不能接受他们的教导。在我的《反社会人格》[4]一书中,我十分肯定地说,这样的年轻人受到虐待、走上犯罪道路、辍学、因为非婚生成为未婚父母或者入狱的可能性是一般人的7倍。总之,成千上百的美国儿童的生命和与生俱来的权力、自由和对快乐的追求都被剥夺了。

一直以来,哈瑞特对未来的期望都比我悲观。她害怕我们社会化程度好的孙子们长大后会成为一个像动物饲养员一样的人,他们要抚养和照顾一大群从小就失去亲生父母照料的孩子。

此外,我一直提倡"当父母要领许可证"的观点[5],令我感到惊讶的是,心理学家、杂志主编和善于思考的公民都接受了我这看似偏激的观点。有一句古话是这么说的:"Your rights end where my nose begins!"和我谈过话的人很容易就会明白:如果给了一个婴儿生命,可是不对他的将来负责,这样不负责任的父母是不应该有生育权的。1997年明尼波利市长候选人芭芭拉·卡尔森宣布,她也支持父母领许可证的观点。州议员托尼·扎若斯计划根据我的提议,把父母领许可证列入法律中。我想总有一天,对亲生父母的要求,和对领养孩子的父母的最低资格要求会变得一样。

注　释

[1] 明尼苏达州的健康委员会为我们提供了1910年以来人口出生统计资料,以及1997年人口年龄/性别比例估计的数据。因为并非所有的本地居民都出生于本地,而且有些人后来将离开了这个州,所以图15.1只代表大概的情况。

[2] 我们系在处理因不道德行为而被投诉的人所采取的方法如下:首先,由行政人员对这件事做出判决,如果他们认为指控属实,则可以对被告人宣判惩罚。然后,被告人则接受惩罚。如果被告人在任期内向教工司法委员会(Faculty senate's Judicial Committee)提出上诉,才开申辩会。当然,这时学校行政一方仍然保持原来的观点,这一过程对双方都不利,而且费用昂贵。奇怪的是,当被指控的不道德行为是学术性的(例如:剽窃、撰改数据等)时候,我们会在宣判前开申辩会。最近我觉得我有责任说服当局,把这种公正和公平的审判程序推广到所有的类型的控诉审判中。现在不知道为什么,我只是在等待,看我的理由是否充分。

[3] 每所美国大学现在都保留"人类被试委员会"(Human Subjects Committees,很奇怪,也被称为"机构审查委员会",Institutional Review Boards—IRB)。他们要在每一项以人为被试的研究实验实施之前,对实验进行评估。这一组织一开始是为了解决医学研究者滥用职权的问题

而成立的。医学研究者在病人不知情的情况下,在他们身上实验新的疗法,让病人自己承担实验的风险。我记得一次发生在我本科阶段的研究,那是给癫痫病人做脑部手术。可是医生把一根电极插入了超出合理深度2倍的无损伤的脑区,这无疑损坏了许多脑细胞和细胞间的连接。其实这是一个神经学家和一个神经外科医生在秘密地做一次非正式实验,这种实验通常不会对不知情的病人造成长期的影响。但是这种行为本身是不道德的。机构审查委员会几乎禁止所有类似的行为。他们扬言也要禁止损害程度轻的而结果有益的心理学研究。如果没有头脑的吹毛求疵的机构审查委员会早就存在,那么我的论文"反社会人格"综述中前人的所有研究都不能实现,当然我现在的研究除外。

在我的研究中,我们让各个年龄阶段的双胞胎回答一份多维度人格问卷,并让监狱中的囚犯也回答同样的一份问卷。我的预期是,只要囚犯在监狱中待了六个月或者已经适应了监狱中的生活,则他们就会像被捕前一样快乐,就像大多数高墙外守法的公民一样快乐。监管所的负责人同意实施我们的研究计划。监狱里的心理学家也愿意协助和配合。我们还一致同意无论犯人是否愿意参加本次研究,他们的分数我们都要记录在案。为了吸引犯人参与研究,我会为每一位参加者打印一份反馈报告。报告中会告诉他们各自的分数,以及和其他人相比较的情况。这个研究简单、无害又不费资金,所以我觉得值得做。

但机构审查委员会竟然对我的研究感到愤怒和震惊!他们认为犯人是容易受到损害的,必须十分小心谨慎地对待。在这里我只想指出,在我们开始这个研究项目之前,他们给出的其中一条"发疯"的建议:这个委员会由大学里的教师、英语教授和建筑学家等组成,由一位职业治疗教授主持。他们告诉我,我的研究会对犯人造成伤害。理由是,我在个别咨询情境以外,告诉他们问卷的分数。他们建议我给参加研究的犯人的反馈方式改成如下:雇佣一位专业的咨询师,让他单独会见每一位参加者,告诉他们分数,回答他们的提问,并保证即使参加者知道自己在攻击性上的得分高于76%的一般人群,也不会对他们造成心理上的伤害。当然,由于这些愚蠢的建议,导致这个研究项目搁置了。

我们知道,在某个时间内下,重刑不一定有威慑作用(我不是这样认为的,当然,立法者对毒贩子处以重刑,这时对市民唯一的影响是,早早就把危险的犯人释放出来,把监狱里的空位让给那些在街头出没的毒贩子。)大多数人也都知道,监狱不是教养所,不能起到教养的作用。如果犯人被关在一间管理得好的监狱中,即使超过了六个月,犯人也不会觉得自己是在受惩罚,这时监狱的唯一作用就是防止危险的罪犯在街头出没,这些明白事理的人早就知道了。

如果上面的观点用另外一种方式呈现给机构审查委员会,他们也会觉得很有趣。他们都很聪明,都接受过高等教育,而且心地善良,然而他们被赋予责任和权力去执行他们一无所知的职能。在机构审查委员会的官僚制度中,他们要为他们因疏忽而犯的错(向高层)负责,可是根本不用为在工作执行中出错而向当事人负责,他们的作风愚蠢、武断而又官僚。如果我还是年轻人,并且意识到这对于我选择的职业和个人来说的妨碍和威胁有多大,我觉得我有责任反对他们的观点。我会组织起那些因为机构审查委员会而把研究搁置的研究者,要求更高的权威提出一些简易且显而易见的方法,来改善现在的局面。例如:要求每一个机构审查委员会中有一半成员是专门从事这方面研究的,如果每次评审都有感兴趣的研究者参与,那就最好不过了。

[4] D. T. Lykken, The Antisocial Personalities (Mahwah, NJ: Lawrence Erlbaum Associates, 1995).

[5] D. T. Lykken, "What to Have a Baby? Not Unitl You Get Your Licence!" Law and Politics, December, 1995; "Psychopathy, Sociopathy, and Crime," Society 34 (1996): 29—38; "Incompetent Parenting: Its Causes and Cures," Child Psychiatry and Human Development 27 (1997): 129—137; "Factory of Crime," Psychological Inquiry 8 (1997): 261—270; "The Cause and Costs of Crime and a Controversial Cure," Journal of Personality (1998); "The case for parental licensure," Psychopathy: Antisocial, Criminal, and Violent Behaviors (New York: Guilford Press, 1998). 还可见 J. Westman, Licensing Parents (New York: Insight Books, 1994); D. Blankenhorn, Fatherless America (New York: Basic Books, 1995).

16

最后一章

我们为他人的出生而欢呼,为他人的死亡而哭泣,这都是因为我们自己不是出生和死亡的人。

——马克·吐温

我认为死亡祈祷的最后不应该是"请"(please),应该是"谢谢",就像主人站在门口答谢客人一样。

——安妮·迪勒(Annie Dillard,美国当代作家)

没有任何事情像死亡一样自然而不可避免,死亡像是由上天安排好的。

——乔纳森·斯威夫特(Jonathan Swift,英国作家)

1936年12月26日的晚上,我觉察到了死亡。我妈妈的姐姐安妮,一位小个子、害羞的独身女士,她和我们住在一起。安妮姨妈在圣诞节那天送我一个飞机模型的风筝,我肯定那个风筝很贵,不是她能买得起的。正当我躺在床上想这些的时候,一个念头忽然出现在我的脑海里。总有一天,安妮姨妈会死去,我的父母也会死去,甚至连我的兄弟也会死去!他们都离开了,就只剩下我孤零零一个人了！那时候的孤寂和凄凉的感觉，我现在还记得。我是哭着睡着的，第二天早上，当我醒来的时候，我觉得我的一生都改变了，我是"孤独的，所有的欢乐和快乐都与我无缘"。我记得那天和以后的日子里，当我和朋友在邻居家玩耍的时候，我会想如果他们知道了我知道的事情，他们的感觉会怎么样。从那时起，我就一直想知道，这是不是一种普遍的经历，其他人是否能记起在他们的生命中，也曾有那么一次，不可避免的忽然间，死亡从一个抽象的概念变成令人心碎的现实。

虽然过了一些日子，我仍然觉得自己很孤寂和凄凉。并不是我自己的死亡使我感到如此痛苦，而是我不知道当我爱的人死去时我会是什么感受，当我自己死去的时候又会有什么事情发生。这些事情已经过了60年了，现在当我想到我自己的死，我不再心怀焦虑和悔恨。"死了，就像睡着了。"这是一种十分平和的观点。因为我不信仰宗教，我不会像哈姆雷特那样害怕"当我们摆脱了这垂死的皮囊，在那死亡的长眠中，又会有怎样的梦境来临？"

但是，我很害怕那些在医院或者临终关怀院的病人经常在临死前所经历的噩梦。可怜的本尼是我的侄女婿，他得了癌症。这不仅使他要忍受极度的痛苦，而且还妨碍了呼吸的畅通，所以，在他临死前，他一直有窒息的感觉。我年迈的母亲在她生命的最后两年失忆了，每天早上起来，她都身处陌生的地方，面对她周围陌生的人。我的哥哥罗伯特患了老年痴呆症，忍受了四年精神和肉体分离的煎熬后去世。这些都是丑恶的、痛苦的、可怕的、不光彩的事情，这都是我的错、你的错和我们的错，因为我们不愿意和没有勇气想办法阻止这些事情发生。

以前一些大胆而体贴的医生，在必要的时候会帮助病人安乐地离开。弗洛伊德因为长年吸食大量烟草，而患致命的下颌癌。这位伟大的人物仍然坚持工作。几年后，他终于忍受不住，对他的医生马克斯·舒尔说："亲爱的舒尔，你还记得我们第一次谈话吧？那时你答应过我，在我实在坚持不了的时候，你会帮我的。

我觉得现在对我来说简直就是一种煎熬,这样活下去根本没有任何意义。"最终,舒尔医生实践了他的诺言,给他的病人注射了大量的吗啡,让他平静地离开了[1]!

40年前的一个下午,我父亲驾车把清洁女工送回家,然后漫不经心地自己开车回家。他竟然驶过了一个停止的标志牌,被一辆侧面驶过来的快车撞上了。父亲整个人被抛出了车,头撞在了防护栏上,送到医院的时候已经失去知觉了。主治的神经科医生是我的朋友,他同意接受这个病例。大约深夜的时候我开始在医院号啕大哭。我的朋友也哭了,他从手术室出来告诉我:"头颅骨损伤程度比我一开始估计的严重得多。我们可能能够保住他的生命,可是他的大脑损伤得很厉害。"我意识到这确实是个问题,我的父亲一辈子都在思考;他不能够接受失去一半大脑的现实,如果他不知道这一点,那么醒来的就再也不是我的父亲了。父亲的离开对母亲来说,肯定是一个沉重的打击,可是,如果她知道她强壮而友善的丈夫变成一个无能的瘫痪的病人,这对她的打击更大。"那么,让他离开吧。"我告诉我朋友,他只好无奈地点点头,回到手术室。10分钟后,他出来告诉我:"大卫,你的父亲离开了。对不起,他自己一点知觉都没有。"

然而,现在只有医生有这样的勇气,面对因为帮助病人安乐死而遭受的攻击。我希望我生命的最后一刻能够有安全感,能够在医院的一个专门为濒死病人设置的小房间里平静安乐地度过。现代医学技术可以用药物消除我们的疼痛和恐惧。病人如果还清醒,在他安静离开之前,可以和家人道别。可是如果真的要这样,我们设法使人们认为安乐死是合情合理的,接受安乐死。其中一个考验就是,政府和医学专家是否认同麻醉剂和海洛因是一种理想的老年止痛剂。海洛因的止痛作用和吗啡一样,能够使老人免受疼痛的煎熬。而且,病人服用后感觉很舒服。可是,海洛因并没有被列入美国药典,因为这是违法的药物,而且服用后容易上瘾——我们并不能因为病人快死了,就让他服用易上瘾的药。

但是,我已经在我的遗书和律师授权书上签了名,并加入了当地的安乐死组织(Hemlock Society)。作如此的准备,是因为我期望能好好地享受我的退休生活。我希望我能够看到我的孙子们长大成人,可是,如果不能,我至少希望我生命的最后一章能像你刚才所读到的一样简单、安详。

注　释

[1] 弗洛伊德死亡的故事是转载自 Alan Stone 的文章。见 Harvard Mental Health Letter for January, 1997, pp. 4, 5.

译者后记

翻译《幸福的心理学》也算偶然。可是，偶然中是否也蕴涵着某种必然？最早留意此书，希望《幸福的心理学》可以被翻译成中文的是美国明尼苏达大学的何生教授。他发现这是一本非常难得的关于"幸福"的科普读物，对中国社会现实生活具有重要的指导意义。当时还是2002年，国内媒体并没有像现在这么关注"幸福指数"之类的话题。

幸福是一个谜。幸福是人类生活的终极追求之一，我们可以在许多哲学、伦理学著作中看到关于幸福的理论探讨。可是，幸福似乎不是普通大众最迫切关注的问题。起初，曾有同事对我要翻译《幸福的心理学》感到奇怪。可是，幸福已经是社会心理学和生物心理学的一个前言热点了。从2005年165卷第3期《时代周刊》发表的"幸福的新科学"和"快乐的生物学"可略见一斑。关于幸福，最有代表性的研究来自美国伊利诺斯大学社会心理学家艾德·戴恩纳（Ed Diener）。在他及同事长达25年的幸福研究中，发现一般人所热切追求的生活目标，如高收入、高学历、婚姻、年轻美貌，甚至日照时间等对日常生活中的幸福感的实质贡献很小，而最起作用的是和谐友好的人际关系，至爱亲朋的关怀，温暖的社会支持及适当的社会交往技巧*。美国威斯康星大学的里查德·戴维森（Richard Davidson）和斯坦福大学的布瑞恩·纳特森（Brian Knutson）等情绪心理学家关于幸福的生物机制的研究发

---

* The New Science of Happiness. By：Wallis et. al. TIME, 1/17/2005.

现，主观幸福感并非飘浮不定、难以琢磨、可遇而不可求。人脑内可能存在功能特异的某些脑区、神经递质、内分泌及免疫系统等参与了"幸福感"的工作*。也就是说，人们之所以可以比较稳定可靠地维持在一定的幸福感水平，是因为其内在的与幸福相关的生物机制一直在起作用。看来，在社会心理学家研究造就人类幸福的社会认知及行为原因的同时，情绪的生物机制研究更多的关注决定幸福感的生物机制。生物机制研究可预示"幸福感"的发生具有一定的先天生物遗传机制。同时，人类大脑在发展进程中所存在的极大的可塑性也能说明"幸福"在后天发展经历中的社会认知建构可能。戴维·吕肯（David Lykken）在《幸福的心理学》一书中提出的"幸福定点"理论，正是要向大家说明，幸福是可以在后天成长中积极培养和争取的。《幸福的心理学》最吸引人的地方是作者能够将自己关于幸福的行为遗传学研究成果及许多相关的科学研究和自己的幸福生活经历糅合起来，栩栩如生地呈现给读者。读者可以愉快地感受和领略其中的科学研究成果及作者现实生活中许多的快乐趣事和真知灼见。

　　幸福仍然是一个谜，尽管科学研究对此已有了一定的了解。从情绪角度看，幸福感涉及更多的是正情绪，如快乐、兴趣、希望等。在这"五味杂陈"起起落落的人生长河中，如何能把握住命运的咽喉，将自己的心态调整并维持在积极向上健康良好的动力状态？依我所见，情绪调节机制起重要作用。情绪调节涉及两个方面。一方面是情绪如何被调整，达成个体所接受及希望的状态；另一方面是情绪如何驱动其他心理过程，实现情绪的适应/实用功能。其实，人生的终极追求可能是幸福和快乐。可是，在每一个情绪反应过程，目标追求和享乐的追求经常是有冲突的。也就是说，缺乏享乐体验的情绪，如悲伤、愤怒、恐惧、厌恶、羞愧、内疚等，同样具有适应意义，驱动个体追求恰当的幸福。简而言之，恰

---

* The Biology of Joy. By: Lemonick, et. al., TIME, 1/17/2005.

当良好积极健康的调节机制可以使我们在对待日常各种生活事件和人际关系互动过程中保持一种积极主动的把握和选择状态。在一定程度上,我们可以依据自己和社会环境的要求和规则,主动理性地选择适合我们发挥最佳作用的环境,对我们所赖以生存的环境以恰当现实的认识和理解,调节我们的行为表达,以维持具有可持续发展潜力的良好和谐的自我与人际关系。关于幸福感在人类智慧和身心健康发展中的作用机制,尤其是中国人的幸福感发生发展机制,我们还需要做更多的探索。

翻译是一件比较吃力但不是特别讨好的事情。自从2002年我们决定翻译,之后联系出版社,协助出版社联络作者处理版权相关问题,到2004年正式与北大出版社签约,开始翻译,至今竟然5年过去了。感谢我的这些学生积极认真地参与了《幸福的心理学》的翻译工作。译者贡献大致如下:第一部分:黄敏儿、王筠榕;第二部分:崔丽弦、黄敏儿;第三部分:袁俏芸、崔丽弦、黄敏儿;第四部分:马淑蕾、黄敏儿;第五部分:胡艳华、黄敏儿;第六部分:张小东、黄敏儿。索引由马淑蕾、崔丽弦、黄敏儿翻译。作者序言、引言、封面、封底等部分由黄敏儿翻译。注释部分由陈小红翻译。林川、李枫、刘丽、高鹏程、刘文华、王筠榕、廖文娜等同学参与了译稿的校对,终稿审阅和校正由黄敏儿负责。

感谢北京大学出版社编辑陈小红女士对《幸福的心理学》中译本出版的热心支持及细心阅读校对。《幸福的心理学》由北大出版社出版发行,我很高兴。感谢所有关心此书翻译的朋友。愿《幸福的心理学》能成为幸福的种子,播撒广阔,生根发芽,开花结果。

黄敏儿
于中山大学心理学系
2007年6月22日